1ère EDITION

STATISTIQUE APPLIQUEE

POUR L'ETUDIANT CHERCHEUR

Saisir et analyser statistiquement les données collectées

Par Docteur
Abdeslam HAMRANI

Permissions

Les permissions de représentation des captures d'écran ont été obtenues auprès des organismes suivants :
- IBM Corporation ;
- CSPro Corporation.

Remerciement

Je remercie mes professeurs, **Najat Mokhtar**, **Hassan Aguenaou**, **Noureddine El Haloui**, **Azzeddine El Midaoui**, **Azzouz Essamri**, **Abdelmajid Soulaymani**, **Abderazzak Khadmaoui**, **Mohammed El Mzibri**, **Asmaa El Hamdouchi** et **Mohammed Igouzal** pour la confiance dont ils m'ont toujours témoignés, pour leur aide et leur disponibilité pendant la réalisation de cet ouvrage.

Mes remerciements vont également à mes collègues et amis, **Kaotar Dimou**, **Fatima El Hilah** et **Thami EL Kihel** pour leur encouragement et leur soutien tout au long de ce travail.

Enfin, et non des moindre, je remercie tous les professeurs ayant contribué à la réalisation et la correction de cet ouvrage.

Comité de vérification

Le contenu statistique a été vérifié par :

- Mr. **Abdelmajid Soulaymani**, Professeur en statistique, Laboratoire de Génétique et Biométrie, Université Ibn Tofaïl, Maroc ;
- Mr. **Abderazzak Khadmaoui**, Professeur en statistique, Laboratoire de Génétique et Biométrie, Université Ibn Tofaïl, Maroc.

Le contenu linguistique a été vérifié par :

- Mr. **Hassan Aguenaou**, Professeur et Directeur de l'Unité Mixte de Recherche en Nutrition et Alimentation, Laboratoire de Nutrition et Santé, Université Ibn Tofaïl, Maroc ;
- Mme **Kaotar Dimou**, Doctorante en Biologie, Laboratoire de Nutrition et Santé, Université Ibn Tofaïl, Maroc.

Sommaire

Préface
Introduction   11

Chapitre I
Saisie et filtration des données collectées

1. Saisie de données   15
1.1.   Saisie de données sur SPSS   16
1.1.1.   Affichage des variables avant modification de leurs propriétés   17
1.1.2.   Affichage des variables après modification de leurs propriétés   18
1.2.   Saisie de données sur Excel   19
1.3.   Filtration des données saisies   21

Chapitre II
Adaptation au logiciel SPSS

1. Création de nouveaux fichiers   25
1.1.   Fichier de données   25
1.2.   Fichier de syntaxe   25
1.2.1.   Analyse statistique sous forme de syntaxe   26
1.3.   Fichier de résultats   27
2. Ouverture d'un fichier   28
2.1.   Ouverture d'un fichier de type SPSS   28
2.2.   Ouverture d'un fichier de type Excel   29
2.3.   Ouverture d'un fichier de type texte   29
3. Exportation d'analyses statistiques   32
4. Insertion d'une variable / une observation   32
4.1.   Insertion d'une variable   33
4.2.   Insertion d'une observation   33
5. Fusion des fichiers   34
5.1.   Fusion des variables   34
5.2.   Fusion des observations   36
6. Copiage de l'ensemble de données   36
7. Scinder un fichier   37
8. Sélection des observations   37
9. Calcul d'une variable   39
10. Recodage des variables   40
11. Création de variables   42
12. Remplacement des valeurs manquantes   43
13. Affichage d'informations   45

Chapitre III
Notions importantes en analyse statistique

1. Caractéristique d'une population	**49**
1.1. Paramètres de position	49
1.2. Paramètres de dispersion	50
1.2.1. Paramètres associés à la moyenne	50
1.2.2. Paramètres associés à la médiane	50
1.3. Paramètres de forme	51
2. Type d'échantillons ou groupes	**54**
3. Choix du test statistique	**55**
4. Types d'hypothèses	**58**
5. Risques d'erreur	**60**
5.1. Seuil de signification	61
6. Test unilatéral et test bilatéral	**61**
7. Tests paramétriques ou non paramétriques	**61**
8. Mesures de la distribution	**63**
8.1. Coefficients d'asymétrie et d'aplatissement	63
8.2. Test de Kolmogorov-Smirnov	64
8.2.1. Définitions	64
8.2.2. Applications	64
8.3. Diagramme P-P et Q-Q	65
8.3.1. Diagramme P-P	65
8.3.2. Diagramme Q-Q	67
9. Transformation des variables	**69**
10. Pondération des observations	**72**
10.1. Calcul du facteur de pondération	72
10.2. Application du facteur de pondération	74

Chapitre IV
Description graphique et imputation multiple

1. Imputation multiple	**77**
2. Diagramme de Pareto	**78**
3. Génération de diagrammes	**80**
4. Modèles de représentations graphiques	**84**
5. Diagrammes en bâtons 3D	**86**
6. Diagrammes en secteurs	**88**
7. Boîte à moustaches	**89**
8. Diagramme en dispersion/points	**92**

Chapitre V
Description numérique et analyse des valeurs manquantes

1. Analyse des valeurs manquantes	**97**
2. Analyse des variables qualitatives	**98**
3. Analyse des variables quantitatives	**100**
3.1. Cas de distribution anormale	100
3.1.1. Définitions	100
3.1.2. Applications	101
3.2. Cas de distribution normale	102
3.2.1. Définitions	103
3.2.2. Applications	104

Chapitre VI
Tests paramétriques pour des variables quantitatives gaussiennes

1. Définitions		**109**
2. Test de Student		**109**
2.1.	Echantillon unique	110
2.2.	Echantillons indépendants	111
2.3.	Echantillons appariés	114
3. Analyse de variances		**115**
3.1.	Analyse de variances à un facteur	118
3.2.	Analyse de variances univariée	123
3.3.	Analyse de variances multivariée	126
3.4.	Analyse de variances à mesures répétées	131

Chapitre VII
Tests non paramétriques sans tenir compte du type de distribution

1. Définitions		**141**
2. Tests non paramétriques		**142**
2.1.	Cas d'échantillon unique	142
2.2.	Cas d'échantillons indépendants	144
2.3.	Cas d'échantillons liés	146
3. Test du Chi-deux		**148**
3.1.	Cas d'intra-modalités	148
3.2.	Cas d'inter-modalités	150
4. Test Binomial		**153**
5. Séquences		**155**
6. Test de Mann-Whitney		**157**
7. Test de Wilcoxon		**159**
8. Test de Kruskal-Wallis		**161**
9. Test de Friedman		**163**

Chapitre VIII
Association, analyses de corrélation et de régression

1. Mesures d'association		**167**
1.1.	Coefficients	167
1.1.1.	Coefficient de contingence	167
1.1.2.	V de Cramer	168
1.1.3.	Phi	168
1.2.	Applications	168
2. Analyse de corrélation		**169**
2.1.	Corrélation bivariée	170
2.2.	Corrélation partielle	171
3. Analyse de régression		**172**
3.1.	Tests de nullité	173
3.2.	Méthodes de sélection	174
3.3.	Méthodes d'estimation	176
3.3.1.	Moindres carrés	176
3.3.2.	Maximum de vraisemblance	176
3.4.	Applications	176
3.4.1.	Modélisation linéaire automatique	177
3.4.2.	Régression linéaire simple	179

3.4.3.	Ajustement des fonctions	181
3.4.4.	Régression linéaire multiple	184
3.4.5.	Régression logistique binaire	189
3.4.6.	Régression logistique multinomiale	196
4.	**Modèles linéaires généralisés**	**201**

Chapitre IX
Analyses factorielles et de correspondance

1. Analyse factorielle		**211**
1.1.	Factorisation des données	211
1.2.	Nombre de facteurs	212
1.3.	Rotation des facteurs	213
1.4.	Applications	214
2. Analyse de correspondance		**219**
3. Analyse des correspondances multiples		**223**

Conclusion	**227**
Références	**229**
Démarches statistiques	**235**
Base de données	**237**
Différents types de fonctions polynomiales	**239**
Liste des tableaux	**241**
Liste des figures	**245**
Index	**249**

Préface

La statistique est la discipline la plus déterminante dans le domaine de la recherche dont sa maîtrise aide à prendre des décisions définitives. Le présent ouvrage sert à aider l'étudiant chercheur en analyses statistiques pour la rédaction de publications, tout en se basant sur des objectifs bien définis.

La lecture de ce livre ainsi que sa compréhension seront d'une importance capitale pour tout étudiant chercheur débutant. Son contenu facile, logique et directionnel lui permet d'exploiter au mieux les données collectées par des représentations sous forme de tableaux, de graphiques bien lisibles, ainsi que d'appliquer des tests statistiques en l'aide à la décision pour une publication ultérieure dans des revues scientifiques.

Ce livre vise d'enrichir la littérature en matière d'usage des concepts statistiques et d'encourager les échanges scientifiques entre les étudiants chercheurs de différentes disciplines.

*Pr. **Azzeddine EL MIDAOUI***
Président de l'Université Ibn Tofaïl
Kénitra, Maroc

Introduction

Suite aux difficultés vécues lors de ma première année de doctorat en analyses statistiques, j'ai pensé à mettre au point les problèmes rencontrés et les solutions proposées tout en adoptant une démarche simple et fructueuse sous forme d'ouvrage en l'occurrence. En effet, toute étude statistique est basée sur trois étapes essentielles : la collecte, la représentation et l'interprétation des données. Par ailleurs, ces données recueillies sont par la suite saisies sur des supports informatisés de plusieurs logiciels conçus pour ceci tels le SPSS "Statistical Package for the Social Sciences", le SAS "Statistical Analysis System", le STATISTICA, le CSPro "Census and Survey Processing System", etc.

Dans cet ouvrage, nous allons apprendre comment saisir, filtrer et définir les données collectées. Ainsi, s'y appliquer à des analyses descriptives, des tests paramétriques et non paramétriques, des analyses de corrélation et de régression, des analyses factorielles et de correspondances, etc.

Ce livre sera subdivisé en chapitres :

- Chapitre I : Saisie et filtration des données collectées ;
- Chapitre II : Adaptation au logiciel SPSS ;
- Chapitre III : Notions importantes en analyse statistique ;
- Chapitre IV : Description graphique et imputation multiple ;
- Chapitre V : Description numérique et analyse des valeurs manquantes ;
- Chapitre VI : Tests paramétriques pour des variables quantitatives gaussiennes ;
- Chapitre VII : Tests non paramétriques sans tenir compte du type de distribution ;
- Chapitre VIII : Association, analyses de corrélation et de régression ;
- Chapitre IX : Analyses factorielles et de correspondance.

Une conclusion sera élaborée à la fin de cet ouvrage.

Chapitre I

Saisie et filtration des données collectées

Dans ce chapitre, nous allons apprendre à saisir, filtrer et organiser correctement une base de données.

1. Saisie de données

La saisie de données peut s'effectuer sur plusieurs logiciels ou applications, parmi lesquels on cite le SPSS "Statistical Package for the Social Sciences", le Microsoft Office Excel, le CSPro "Census Survey Processing System", etc.

Dans le cas des études de petite taille, la saisie pourrait se faire sans création de masque de saisie. Mais si les études effectuées sont de grande taille, dans ce cas-là il faut créer un masque de saisie pour le questionnaire utilisé vu que ces masques minimisent la possibilité de taper une valeur erronée et réduisent également le temps de la saisie.

Récemment, la collecte de données peut s'effectuer en utilisant un formulaire accessible en ligne via Internet.

Les données saisies sur d'autres types de fichiers (Excel, masque de saisie, …) doivent être converties vers un fichier SPSS pour faire des analyses statistiques beaucoup plus avancées et facilement applicables.

Ci-dessous un exemple d'un formulaire du masque de saisie créé avec "CSPro" pour un questionnaire d'identification.

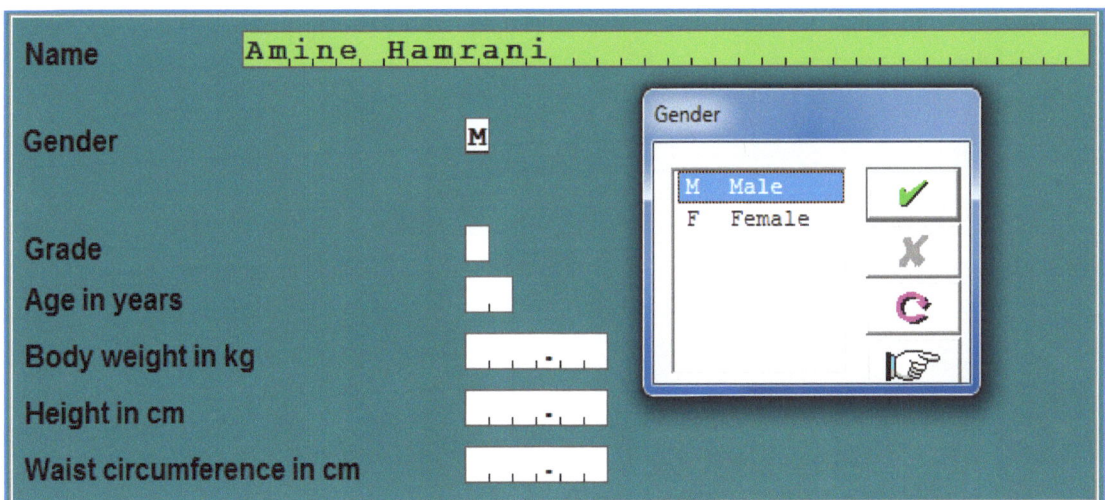

Figure 1- 1 : Formulaire du masque de saisie.

Remarque : Une nouvelle édition sera prochainement disponible pour montrer comment créer un masque de saisie avec CSPro.

1.1. Saisie de données sur SPSS

La saisie de données vient une fois, le programme "SPSS" exécuté. Après cette exécution deux boîtes de dialogue apparaissent :

- Boîte de dialogue n° 1 présentant l'Editeur de données ;
- Boîte de dialogue n° 2 présentant plusieurs choix parmi lesquels on cite :
    - Ouvrir une source de données existante ;
    - Ouvrir un autre type de fichier ;
    - Saisir des données.

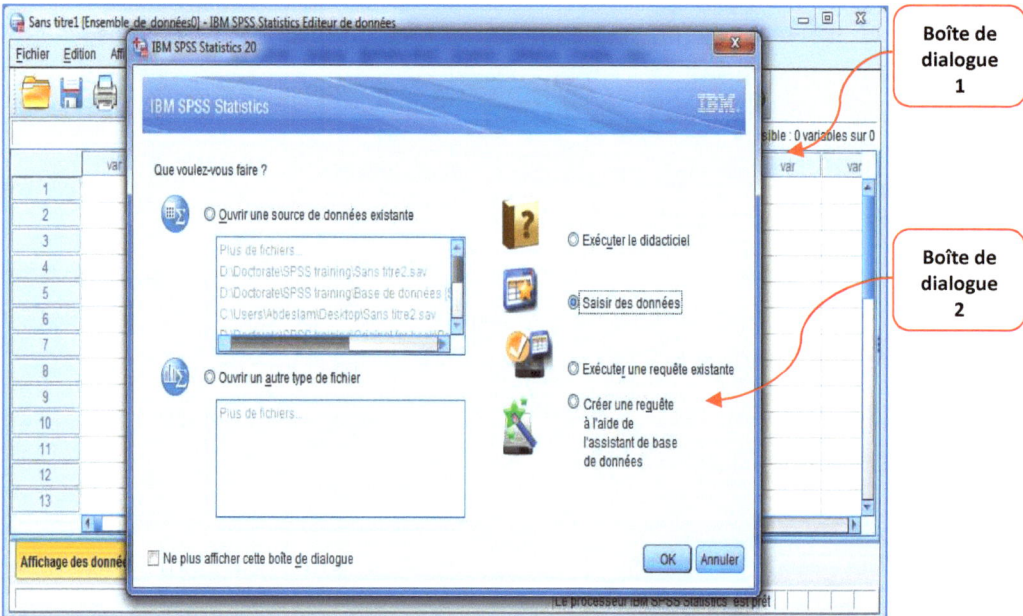

Figure 1- 2 : Boîtes de dialogue apparues après l'exécution du SPSS.

La saisie sur l'Editeur de données peut être faite en choisissant "Saisir des données" puis cliquer sur le bouton "OK". Le SPSS affichera l'Editeur de données sur lequel vous allez commencer votre saisie. Mais cette façon de saisie ne serait pas recommandée dans le cas des études de grande taille parce que le risque de saisir une valeur incorrecte devient plus élevé.

Remarque : La création de requêtes à l'aide de l'assistant de base de données sera traitée dans les prochaines éditions.

Une fois l'Editeur de données est affiché, vous pouvez passer de l'affichage de données vers l'affichage de variables et vice-versa en cliquant sur le bouton "Affichage de données" ou "Affichage de variables".

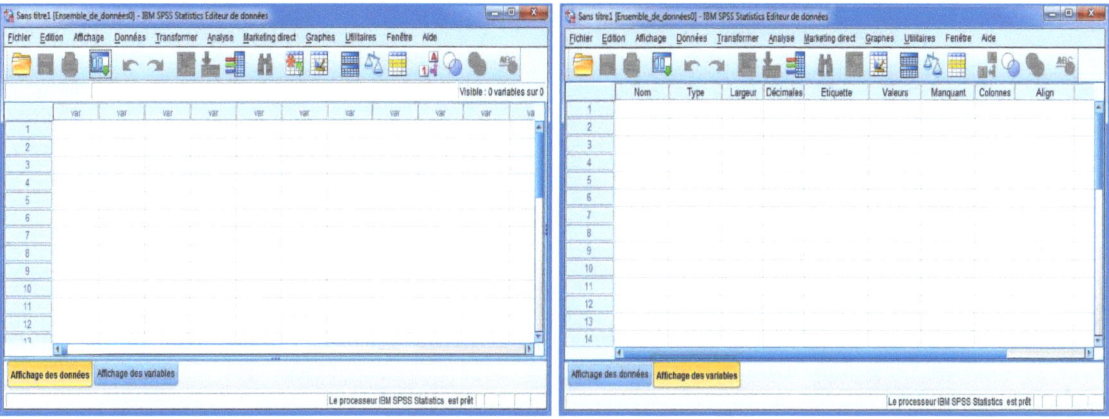

Figure 1-3 : Editeur de données du SPSS : Affichage de données / variables.

Les valeurs manquantes sont exprimées par "point" pour les variables numériques, et par "le blanc" pour les variables alphanumériques dont le type est "Chaîne".

La saisie sur l'Editeur de données du SPSS doit être commencée par la saisie des noms des variables et définition des propriétés de chaque variable.

La nomenclature des variables sur SPSS se fait facilement en cliquant sur le bouton "Affichage des variables" puis vous allez sur la colonne nommée "Nom", et saisissez les noms. Une fois la nomenclature des variables est bien faite, passez à la définition de leurs propriétés "Type, Valeur, Mesure, …".

La définition des propriétés d'une variable donnée, requiert une bonne compréhension pour distinguer entre variable qualitative et variable quantitative. Le tableau 1-1 nous montre les différences entre les deux types de variables.

Tableau 1- 1 : Variable qualitative et variable quantitative [Soulaymani, 2006].

Variable quantitative [1]	Variable qualitative
- Continue (Poids, Taille, Age, …) ; - Discrète ou discontinue (Nombre d'enfants, pièces, bactéries, …).	- Nominale (Sexe, Couleurs, …) ; - Ordinale (Taille vestimentaire, …).

[1] Représentées par une mesure "Echelle" sur SPSS.

1.1.1. Affichage des variables avant modification de leurs propriétés

En ouvrant des données saisies sur Excel ou sous format texte avec SPSS, il faut définir les propriétés de toutes les variables, vu qu'il y a des analyses sur SPSS qui ne pourront être faites que si le type de la variable est "Numérique" et la mesure est "Nominale".

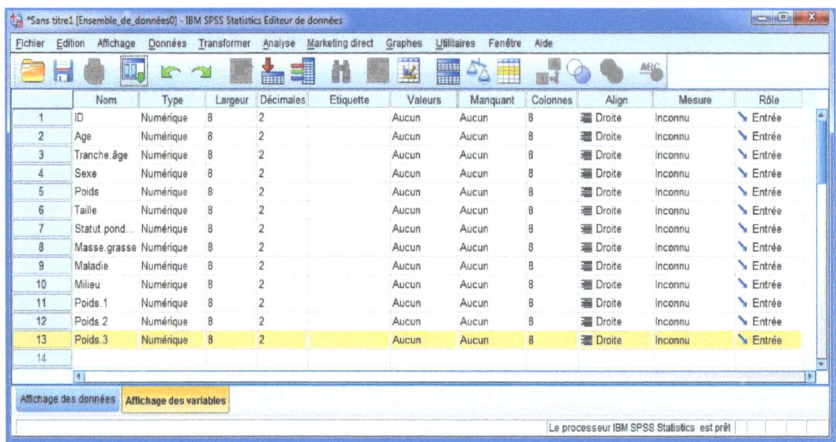

Figure 1- 4 : Affichage des variables avant modification des propriétés.

1.1.2. Affichage des variables après modification de leurs propriétés

La modification des propriétés de chaque variable consiste à définir les paramètres suivants : Type, Décimales, Etiquète, Valeurs, Mesures, etc.

La modification de ces propriétés de variables concerne :

- Le "Type" que l'on change selon le type de données, si les données sont numériques on choisit "Numérique", si les données sont de type "Date" on choisit "Date", … ;
- Les "Décimales" précisent le nombre de chiffres à afficher après la virgule sur l'Editeur de données. Si vous saisissez "2" dans la colonne "Décimales", vous aurez deux chiffres après la virgule ;
- L'"Etiquète" permet d'afficher sur le Viewer le nom entier d'une variable au lieu d'afficher uniquement son abréviation, par exemple, l'affichage de la variable "Indice de Masse Corporelle" au lieu de l'abréviation "IMC" ;
- Les "Valeurs" servent à définir les modalités des variables nominales et ordinales. Si deux valeurs "1" et "2" pour la variable "Sexe" sont saisies, pour savoir leur signification, on doit les définir sur la colonne "Valeurs" en saisissant (1 = Garçon, 2 = Fille), puis on clique sur les boutons "Ajouter" et "OK" ;
- Les "Mesures" varient selon la nature de la variable. Si la variable est quantitative on choisit "Echelle", par contre dans le cas des variables qualitatives, on aura deux cas, "Nominales" pour les variables comme "le Sexe, la Tranche d'âge, …", et "Ordinales" si la variable respecte l'ordre comme la "taille vestimentaire", etc.

La variable "Sexe" n'est pas ordinale, car si on fait une étude ; on n'est pas obligé de désigner le premier recruté comme étant un garçon, il peut être une fille. Prenons un autre exemple, pendant l'accouchement, la femme est-elle obligée de donner naissance à une fille ? bien sûr non, donc la variable "Sexe" est nominale et non pas ordinale.

Quand on parle d'une variable ordinale, il faut que cette variable respecte un ordre donné. Par exemple, les périodes de pratique d'activité physique chez les sportifs, il y en a ceux qui pratiquent le sport le matin, et d'autre le pratiquent le soir, etc. Le matin, l'après-midi, le soir, la nuit sont des modalités de la variable "Période" qui respectent l'ordre, vu qu'on ne peut pas par exemple mettre la nuit entre le matin et l'après-midi, ainsi de suite.

Une fois que les propriétés de toutes les variables sont définies, cliquez sur le bouton "Affichage des données" sur l'Editeur de données, pour saisir les valeurs de chaque observation pour toutes les variables.

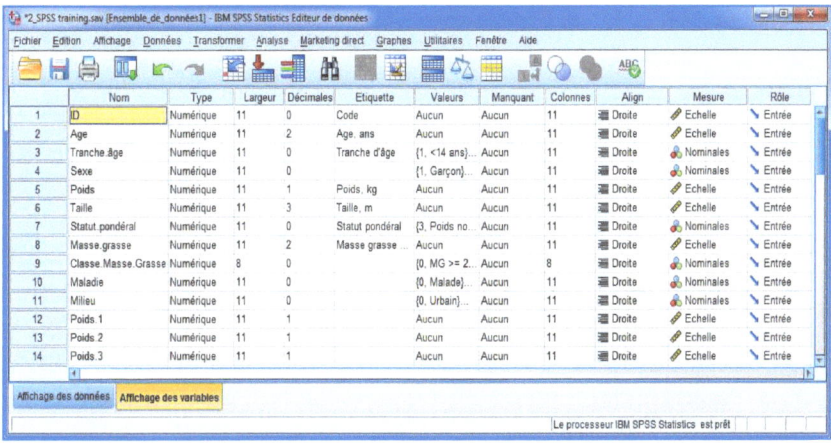

Figure 1- 5 : Affichage des variables après modification des propriétés.

Remarque : La filtration sur SPSS peut s'effectuer par analyse d'imputation multiple, affichage des valeurs manquantes, et affichage des informations générales sur le fichier de travail, ...

1.2. Saisie de données sur Excel

La saisie sur Excel sans création de masques de saisie se fait en général dans le cas des études de petite taille. Pour que la saisie soit bien faite sur Excel, et pour que ce dernier s'ouvre sans modification de nomenclature d'une ou de plusieurs variables sur SPSS, il faut prendre en considération certaines astuces lors de la saisie sur Excel :

- La saisie doit être faite sur la première feuille d'Excel ;
- Chaque colonne doit correspondre à une variable ;
- Chaque ligne doit correspondre à un individu ou une observation ;
- Pas de fusion de cellules ;

- Les données doivent être chiffrées, par exemple, au lieu de saisir "Fille et Garçon", mettre des chiffres "1 pour Garçon, et 2 pour Fille" ;
- La nomenclature des variables ne doit pas commencer par un chiffre, par exemple : 5Age, 7Poids, ... ;
- La nomenclature des variables ne doit pas inclure des espaces entre les mots, par exemple, l'espace entre les mots "Tranche Age", saisissez-les comme suit : "TrancheAge" ou "Tranche.Age", ou "Tranche_Age" ;
- La nomenclature des variables ne doit pas contenir certains caractères ou opérateurs tels que " % , ( ) = + - ! / ; ? * « » ; : "

Si la nomenclature d'une variable sur "Excel" inclut des caractères inacceptables par l'Editeur de données du SPSS, lors de l'ouverture, le SPSS modifiera automatiquement ces caractères sur la colonne "Nom", et mettra la nomenclature initiale sur la colonne "Etiquette" de l'Editeur de données, ainsi, la nomenclature que vous avez saisie sur "Excel" sera sauvegardée.

Le tableau 1-2 contient quatre types de saisie sur "Excel". Ces quatre types représentent les mêmes données mais la manière dont ces données sont organisées est différente. D'après ce tableau, on constate que :

- Le type n° 1 contient des lettres et deux cellules fusionnées ;
- Le type n° 2 ne contient pas de lettres ni de fusion de cellules. Il contient des modalités chiffrées "1= Garçon, 2= Filles" ;
- Le type n° 3 contient deux modalités de la variable "Sexe" saisies sur deux colonnes différentes ;
- Le type n° 4 représente deux modalités de la variable "Sexe" saisies sur deux colonnes différentes, et avec deux cellules fusionnées.

Tableau 1- 2 : Types de saisie sur Excel.

Code	Sexe
1	Fille
2	Garçon
3	
4	Fille

Type 1

Code	Sexe
1	2
2	1
3	1
4	2

Type 2

Code	Fille	Garçon
1		
2		
3		
4		
5		

Type 3

| Code | Sexe | |
	Fille	Garçon
1		
2		
3		
4		

Type 4

Parmi ces quatre types, la saisie qui est correcte sur le fichier "Excel" et qui sera convertie par la suite en fichier "SPSS", est celle représentée par le type de saisie n° 2.

Les modalités d'une question simple doivent être chiffrées et saisies sur la même colonne, que ce soit sur "Excel" ou sur "SPSS" :

- Exemple : Question n°1 (Fille ou Garçon), Question n°2 (Rural ou Urbain), Question n°3 (Emploi ou non emploi), Question n°4 (Poids normal ou Surpoids ou Obésité), etc.

Les modalités d'une question à choix multiple doivent être saisies sur des colonnes différentes car l'enquêté aura une possibilité de répondre ou de cocher plus de deux choix ; par exemple, si le participant pratique le sport avec sa famille et ses collègues aussi, la saisie sera faite sur deux colonnes "Famille.01, Collègue.01" dont chaque colonne contiendra deux codes "0= Non, et 1= Oui".

1.3. Filtration des données saisies

Les données saisies doivent être filtrées pour rectifier ou éliminer les valeurs aberrantes. La filtration est une technique permettant de détecter les valeurs aberrantes sur une base de données selon des raisons logiques. Les valeurs aberrantes ne sont pas forcément des valeurs fausses. Elles peuvent être correctes mais hors de l'intervalle des valeurs qui apparaissent normales. Elles seront donc rectifiées ou éliminées.

Par exemple, si des mesures de poids ont été prises pour 30 personnes. Soient toutes les valeurs de poids varient entre 60-80 kg à l'exception d'une seule valeur qui est égale à 120 kg. Alors 120 kg est une valeur qui peut être correcte mais aberrante. Donc, il faut tout d'abord revoir les questionnaires ou le masque de saisie pour vérifier l'exactitude de cette valeur aberrante, la rectifier ou l'exclure de l'analyse statistique.

Dans le cas où les analyses statistiques seraient faites sans exclusion ou sans rectification des valeurs aberrantes, il y aurait une influence claire de ces valeurs sur les résultats de l'analyse statistique. Parfois on est obligé de supprimer toute la ligne "Observation" contenant la valeur aberrante dans le cas des études épidémiologiques car on ne doit avoir aucune valeur manquante pour obtenir des résultats précis.

La filtration sur SPSS peut être faite rapidement par affichage du minimum et maximum à partir de "Analyse/Statistiques descriptives/Descriptives". Une fois l'analyse et faite, assurez-vous que les valeurs sont incluses dans l'intervalle d'étude, par exemple, si la variable "Age" est définie dès le départ pour qu'elle soit comprise entre 5 et 19 ans. Lors de cette analyse descriptive, le minimum ne doit pas être inférieur à la valeur 5, et le maximum ne doit pas dépasser la valeur 19. Pour rectifier une valeur maximale ou minimale, allez sur l'Editeur de données, sélectionnez la colonne (variable) contenant la valeur en question, cliquez sur le bouton droit et choisissez "Trier dans l'ordre croissant" pour afficher le minimum, ou "Trier dans l'ordre décroissant" pour afficher le maximum en première ligne.

La méthode de filtration sur Excel se fait comme suit :

- Sélectionner une "cellule active" sur la première ligne contenant les noms des variables ;
- Aller par la suite sur "Accueil/Trier et Filtrer/Filtrer". La sous-option "Filtrer" permet d'afficher les valeurs sans répétition. Par exemple, si une valeur est répétée cinq fois, la sous-option "Filtrer" va l'afficher uniquement une fois quand on clique sur la flèche qui apparait juste à côté de la cellule contenant le nom de la variable.

Avant d'ouvrir un fichier "Excel" avec "SPSS", assurez-vous que les versions utilisées sont adaptées entre elles. Parfois, il faut convertir le fichier "Excel 2007" en "Excel 98/2003" pour que les chiffres figurant après les virgules soient pris en compte, sinon on n'aura que des zéros après les virgules.

Remarque : Il faut filtrer "variable par variable" jusqu'à ce que toutes les variables soient filtrées, et les valeurs aberrantes soient rectifiées ou supprimées.

Chapitre II

Adaptation au logiciel SPSS

Dans ce chapitre, on s'adaptera aux différentes options, commandes, et sous-commandes du logiciel SPSS.

1. Création de nouveaux fichiers

Les fichiers de données, de syntaxe, et de résultats peuvent être créés à partir de "Fichier/Nouveau" sur SPSS. Les fichiers de données et de résultats" contiennent des options et des commandes arrangées sur deux barres. La barre de menu sur laquelle on trouve les options suivantes : "Fichier, Edition, Affichage, …", et la barre d'outils sur laquelle on trouve les commandes et les sous-commandes de chaque option. L'accès à ces commandes s'effectue à partir du fichier de données ou de résultats.

1.1. Fichier de données

La création d'un nouveau fichier de données se fait en choisissant "Fichier/Nouveau/Données". Une fois la commande est exécutée, l'Editeur de données apparaîtra. Ce fichier permet de saisir les données, afficher les variables, modifier les propriétés de chaque variable, etc.

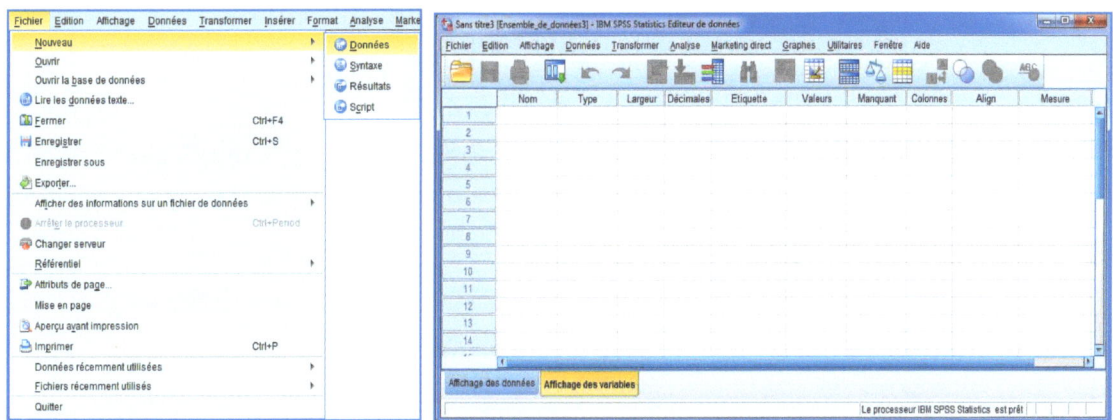

Figure 2-1 : Création d'un fichier de données.

1.2. Fichier de syntaxe

La création d'un nouveau ficher de syntaxe se fait par le choix de "Fichier/Nouveau/Syntaxe". Une fois la commande est exécutée, l'Editeur de syntaxe apparaîtra. Cet éditeur permet de faire des commandes et de les garder sous forme de syntaxe.

Remarque : Les commandes et sous-commandes représentent des analyses statistiques.

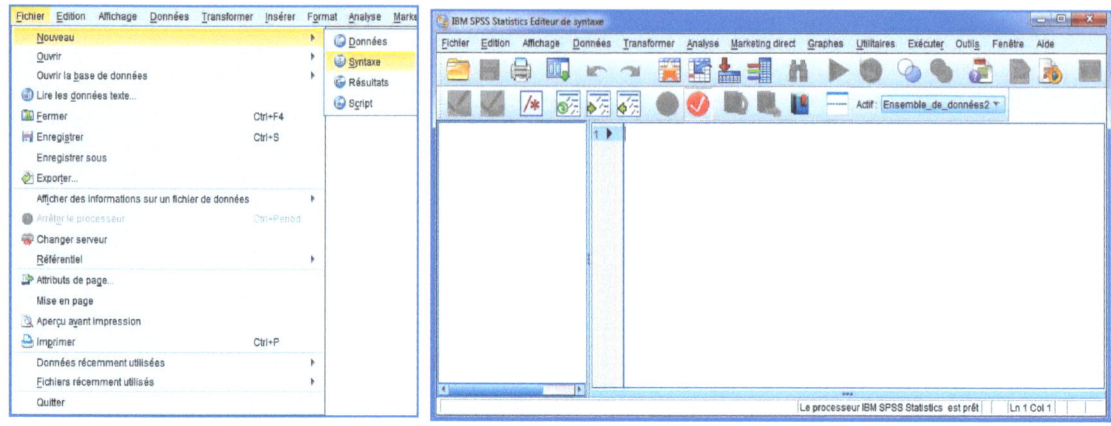

Figure 2- 2 : Création d'un fichier de syntaxe.

Le fichier de syntaxe permet de faciliter l'exécution des commandes, par exemple au lieu d'exécuter commande par commande, vous aurez la possibilité d'exécuter toutes les commandes en même temps en les sélectionnant et en cliquant sur le bouton d'exécution (▶) sur la barre de menu de l'Editeur de syntaxe. L'Editeur de syntaxe correspond aux données précises. Ne faites pas un seul fichier de syntaxe pour plusieurs Editeurs de données, car cela peut vous mettre en confusion.

1.2.1. Analyse statistique sous forme de syntaxe

Les boîtes de dialogue du SPSS contiennent un bouton appelé "Coller" qui permet de coller sur l'Editeur de syntaxe, la commande correspondant à l'analyse statistique effectuée.

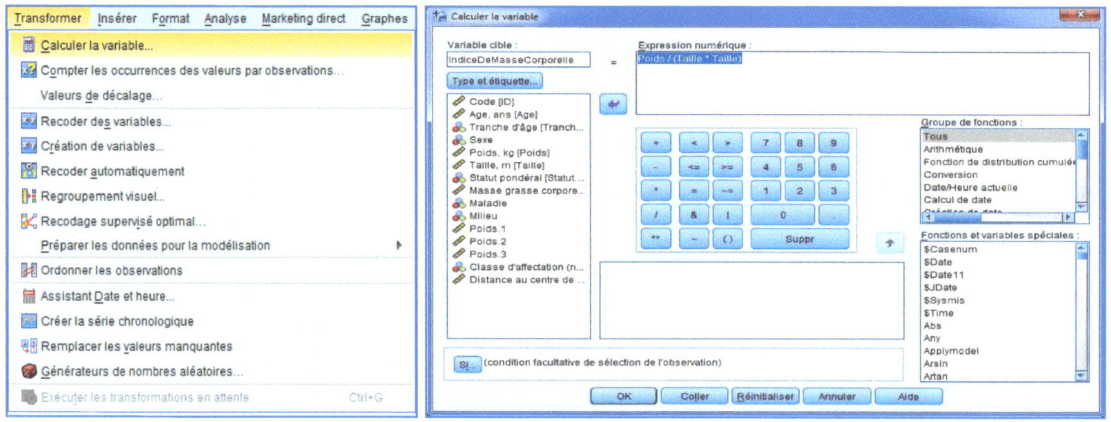

Figure 2- 3 : Calcul d'une nouvelle variable et collage sur l'Editeur de syntaxe.

Dans cet exemple, nous allons garder le calcul de la nouvelle variable "Indice de masse corporelle = Poids en kg / Taille^2 en m^2" sous forme de syntaxe pour la réutiliser après. Choisissez donc "Transformer/Calculer la variable" et faites entrer l'équation de l'indice à calculer, puis cliquez sur le bouton "Coller".

La commande permettant de calculer l'indice de la masse corporelle sera automatiquement affichée sur l'Editeur de syntaxe.

Les fichiers de syntaxe permettent de garder une ou plusieurs analyses sous forme de commandes et sous-commandes qui peuvent être sélectionnées et exécutées par la suite en cliquant sur le bouton vert (▶) sur la barre de menu de l'Editeur de syntaxe.

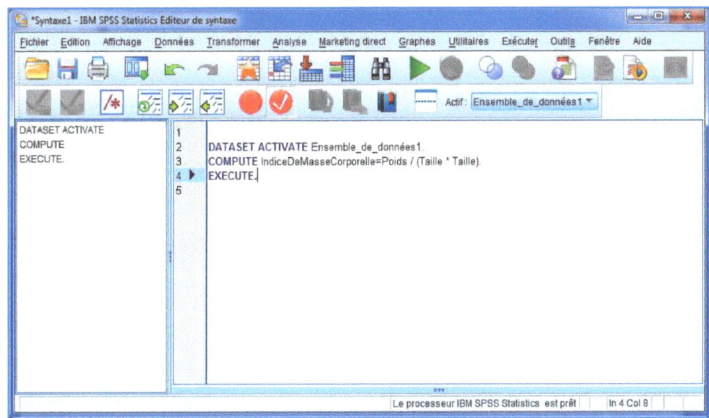

Figure 2- 4 : Fichier de syntaxe.

Dans le cas où les analyses statistiques se répèteraient plusieurs fois sur une base de données précise, et pour gagner plus de temps, on sauvegarderait toutes les analyses sous format de syntaxe pour faciliter la réexécution.

1.3. Fichier de résultats

La création d'un nouveau ficher de résultats se fait par le choix de "Fichier/Nouveau/Résultats". Une fois la commande est exécutée, le fichier des résultats ou "Viewer" apparaîtra. Ce fichier permet d'afficher les résultats de toute analyse statistique faite.

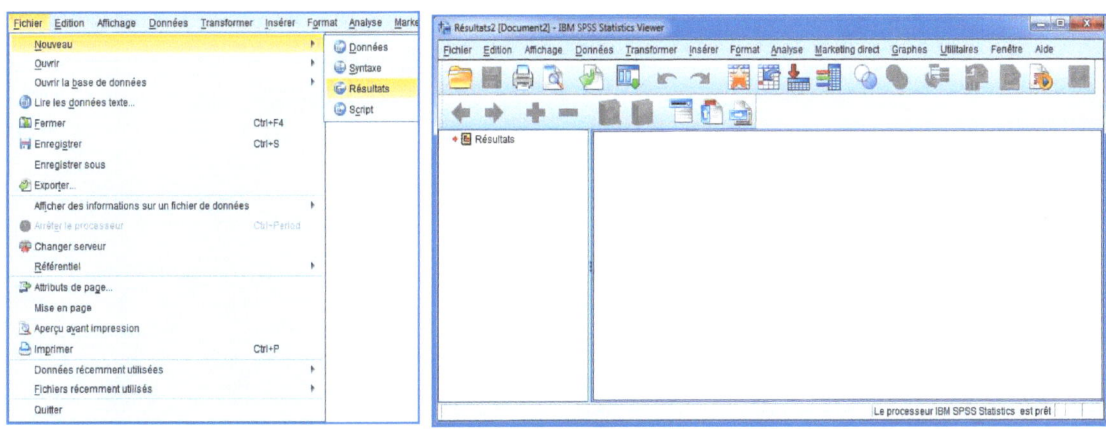

Figure 2- 5 : Création d'un fichier de résultats.

2. Ouverture d'un fichier

L'ouverture d'un fichier avec SPSS peut être effectuée pour plusieurs types de fichier ; par exemple fichier SPSS, fichier Excel, fichier format texte, etc.

2.1. Ouverture d'un fichier de type SPSS

L'ouverture d'un fichier SPSS se fait soit directement en allant à l'emplacement du fichier sur l'unité de stockage et en double-cliquant là-dessus ; soit indirectement à partir de "Fichier/Ouvrir/Données" sur un Editeur de données vierge, puis cherchez l'emplacement du dossier "Formation en statistique" et choisissez "Base de données [SPSS]".

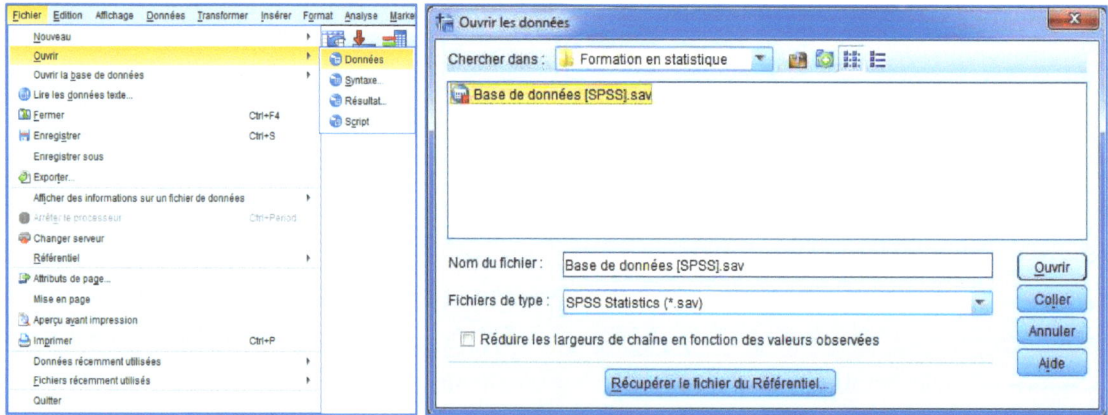

Figure 2- 6 : Ouverture d'un fichier de type SPSS.

Une fois la sélection de la base de données à ouvrir est bien faite, cliquez sur le bouton "Ouvrir" pour que les données saisies soient affichées sur l'Editeur de données.

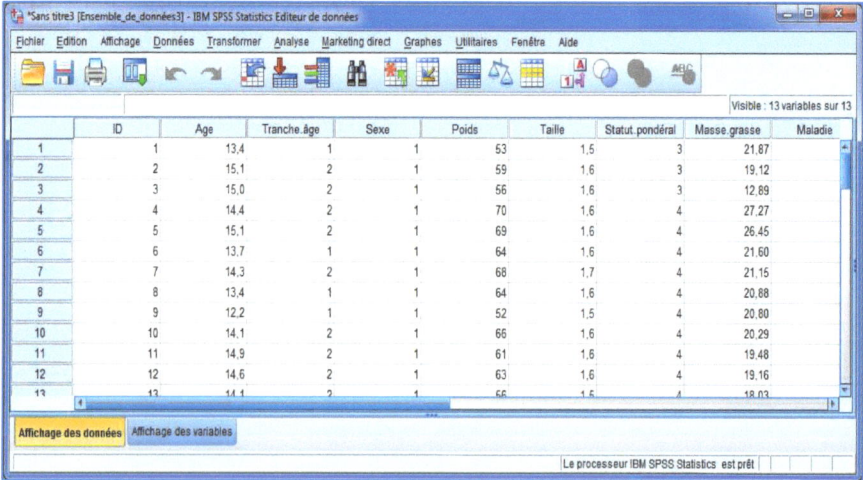

Figure 2- 7 : Données collectées ouvertes avec l'Editeur de données.

2.2. Ouverture d'un fichier de type Excel

L'ouverture d'un fichier Excel se fait en allant sur "Fichier/Ouvrir/Données", puis cherchez l'emplacement "Formation en statistique", et choisissez le fichier de type "[Excel]".

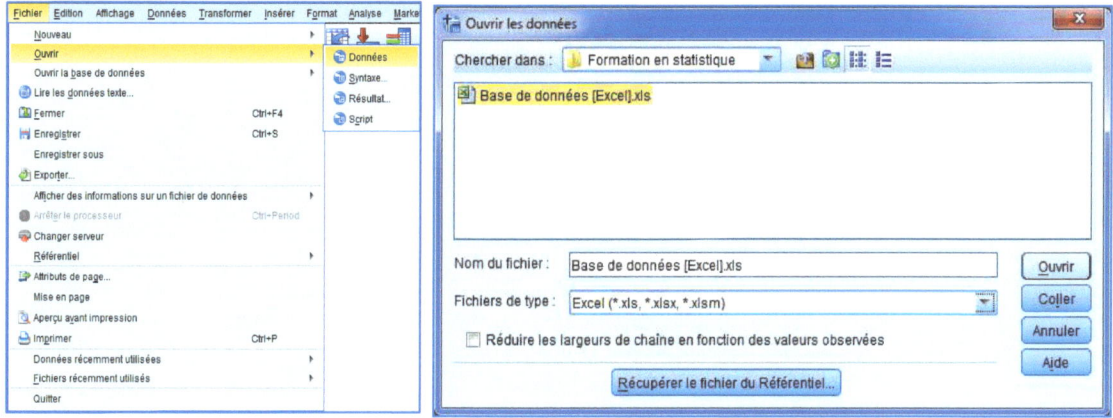

Figure 2- 8 : Ouverture d'un fichier Excel avec SPSS.

Une fois l'emplacement "Formation en statistique", et le fichier de type "Excel" sont bien définis, cliquez sur le bouton "Ouvrir" suivi par "OK" pour que la base de données soit affichée sur l'Editeur de données.

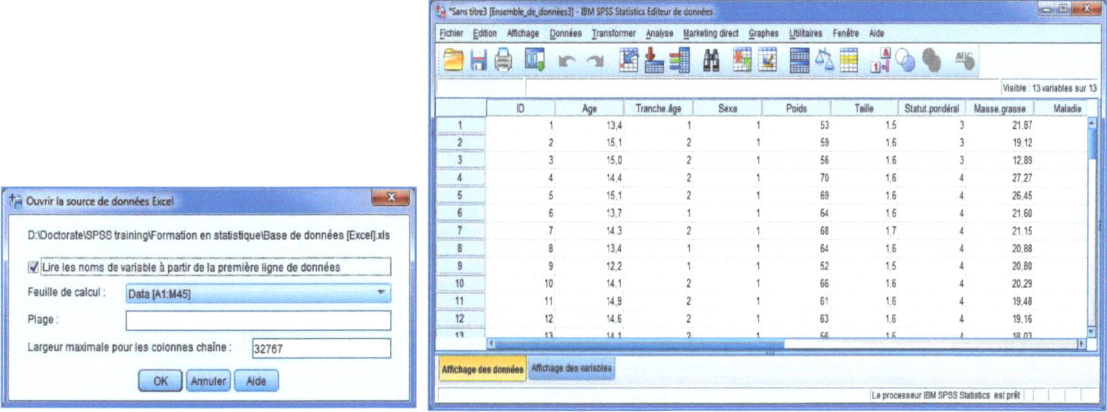

Figure 2- 9 : Lecture des noms de variables et affichage des données sur l'Editeur de données.

2.3. Ouverture d'un fichier de type texte

La lecture de données "format texte" nécessite de suivre les étapes suivantes :

- Tout abord, enregistrer les données sous format "Texte (Séparateur : Tabulation)" ;
- Ouvrir l'Editeur de données du SPSS ;
- Choisir "Fichier/Lire les données texte" sur l'Editeur de données ;

- Choisir "Fichiers de type Texte" ou "Tous les fichiers" pour que le fichier "Format Texte" apparaisse ;
- Cliquer sur le bouton "Ouvrir".

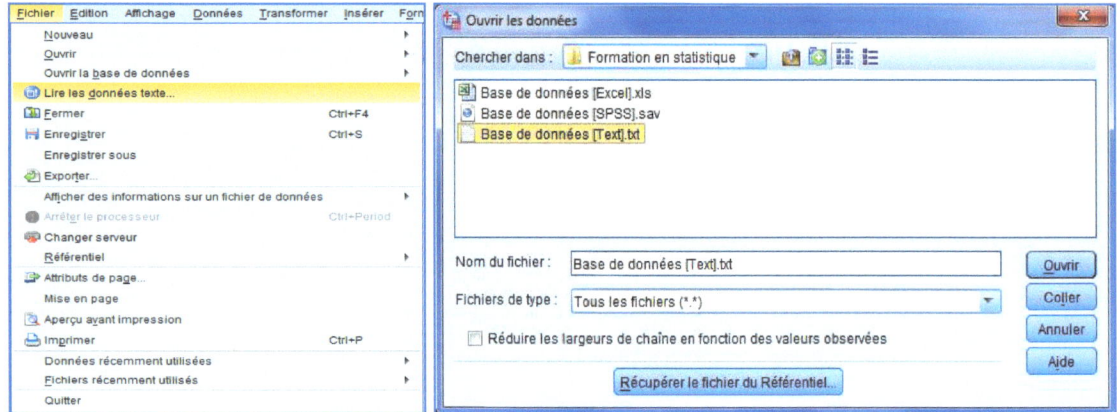

Figure 2-10 : Ouverture d'un fichier de type texte.

Sur les boîtes de dialogue qui apparaîtront par la suite, utilisez les boutons "OK", "Suivant", et "Terminer". N'oubliez pas de cocher "Tab" qui veut dire "Tabulation" sur la boîte de dialogue de l'Etape 4 sur 6.

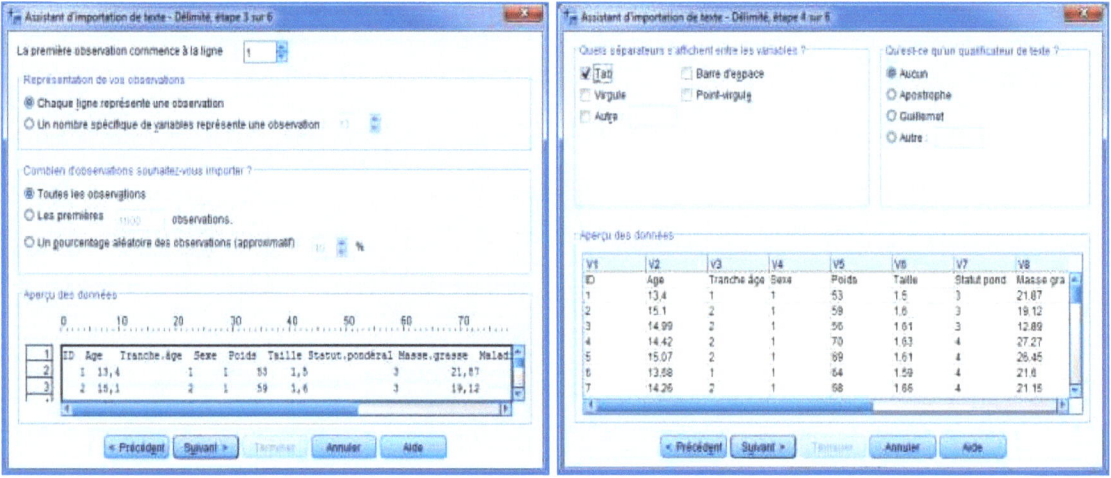

Figure 2-11 : Assistant d'importation de texte, étapes 3 et 4.

La nomenclature des variables et la définition du type de données seront faites lors de l'Etape 5 sur 6. Par exemple :

- La variable "V1" nommée "ID", le format de données "Chaîne". Les codes de toutes les observations peuvent contenir des lettres, des chiffres, ou bien les deux ensembles ;

- La variable "V2" nommée "Age", le format de données "Numérique", et la mesure "Echelle" ;
- La variable "V3" nommée "Tranche.Age", le format de données "Numérique", et la mesure est "Nominale" ;
- La variable "V4" nommée "Sexe", le format de données "Numérique", et la mesure est "Nominale" ;
- …

Toutes les variables doivent être nommées ainsi que le format de données doit être défini. Sur la boîte de dialogue "Assistant d'importation de texte – Etape 5 sur 6", vérifiez que les deux lignes de "l'Aperçu des données" portent les mêmes noms de variables, puis cliquez sur les boutons "Suivant" et "Terminer".

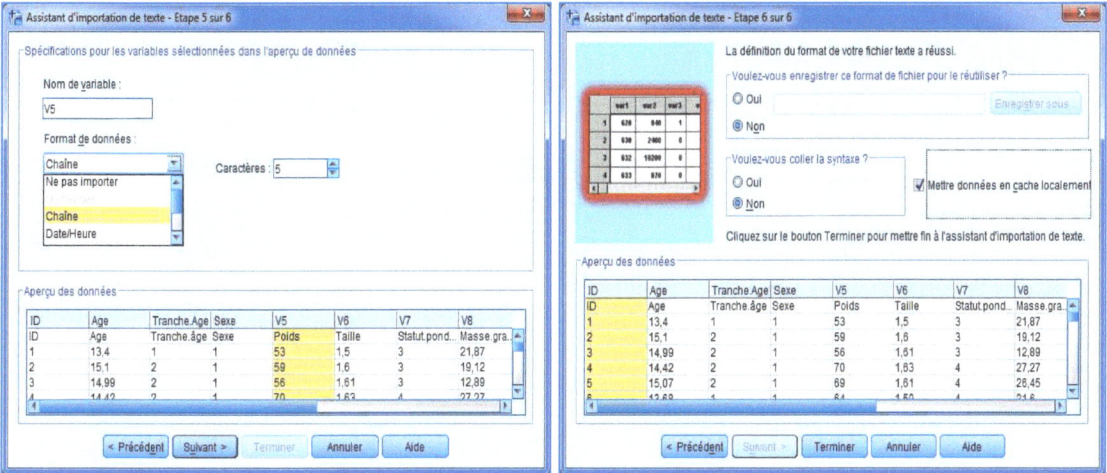

Figure 2- 12 : Assistant d'importation de texte, étapes 5 et 6.

Une fois les données sont affichées sur l'Editeur de données, supprimez la première ligne représentant la deuxième qui était affichée sur l'aperçu des données.

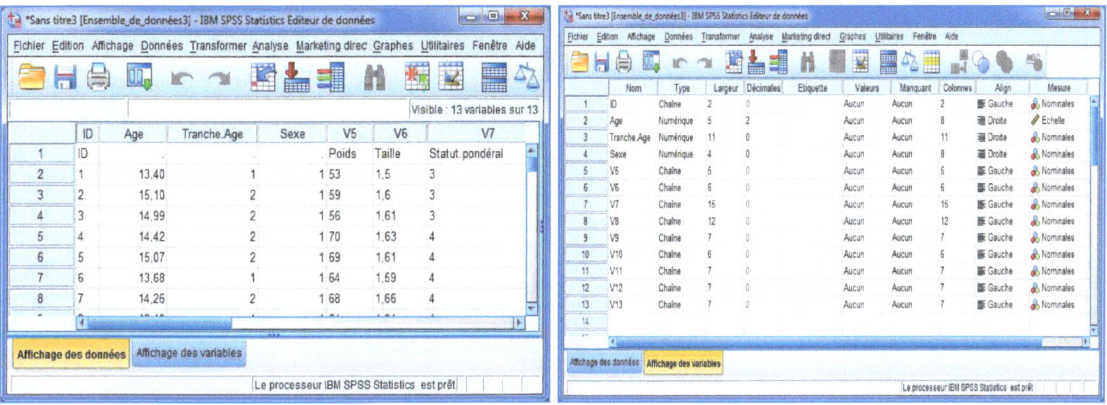

Figure 2- 13 : Editeur de données, cas d'affichage de données / variables.

Sur l'Editeur de données "Cas d'affichage de variables", vous allez remarquer que seulement quatre noms de variables sont affichés sur la barre des variables "ID, Age, Tranche d'âge, sexe", et les autres ne le sont pas, parce que nous n'avons pas nommé toutes les variables.

Donc, n'oubliez pas de nommer toutes les variables et vérifier que les noms sont corrects.

3. Exportation d'analyses statistiques

L'exportation des résultats se fait à partir de l'option "Fichier" en choisissant "Exporter". Une boîte de dialogue apparaîtra sur laquelle vous modifiez le type de document en "Excel".

Le fichier Excel sera créé automatiquement, enregistré sur l'emplacement choisi, et portera le nom "OUTPUT". Dans ce cas, l'emplacement où le fichier exporté sera enregistré est le suivant : "C:\Users\Abdeslam\Documents\OUTPUT".

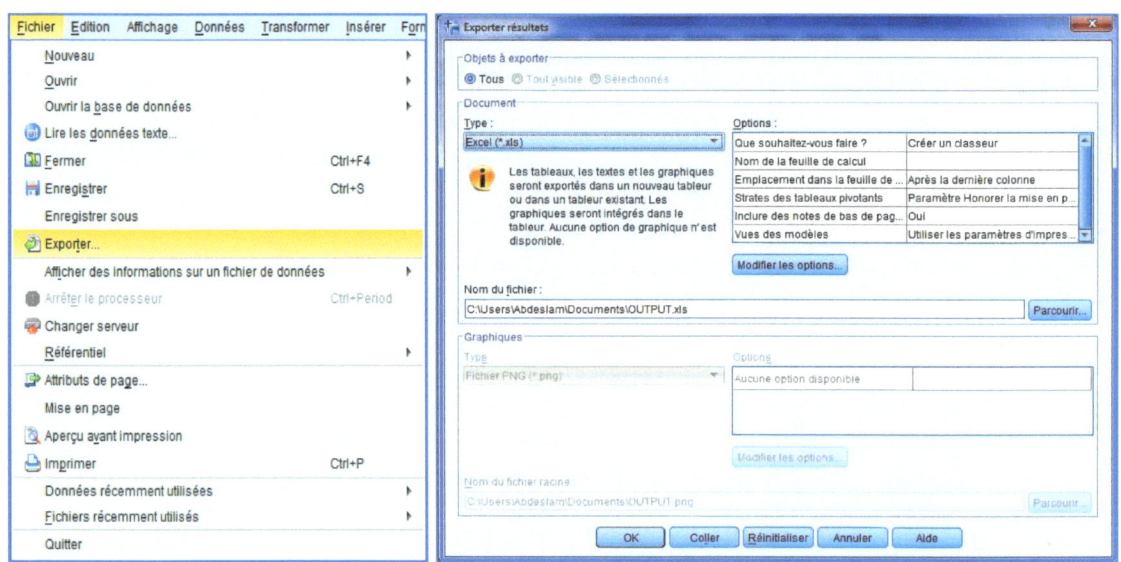

Figure 2- 14 : Exportation des résultats.

Remarque : Vous pouvez faire "Copier" à partir du Viewer et "Coller" soit sur "Word", soit sur "Excel" sans passer par l'étape d'exportation.

4. Insertion d'une variable / une observation

L'insertion de variables ou d'observation s'utilise souvent dans le but d'organiser et d'enrichir les bases de données.

4.1. Insertion d'une variable

L'insertion d'une variable nécessite de sélectionner la colonne où vous voulez insérer la nouvelle variable, puis cliquez sur le bouton droit et choisissez "Insérer une variable", sans passer par l'option "Edition".

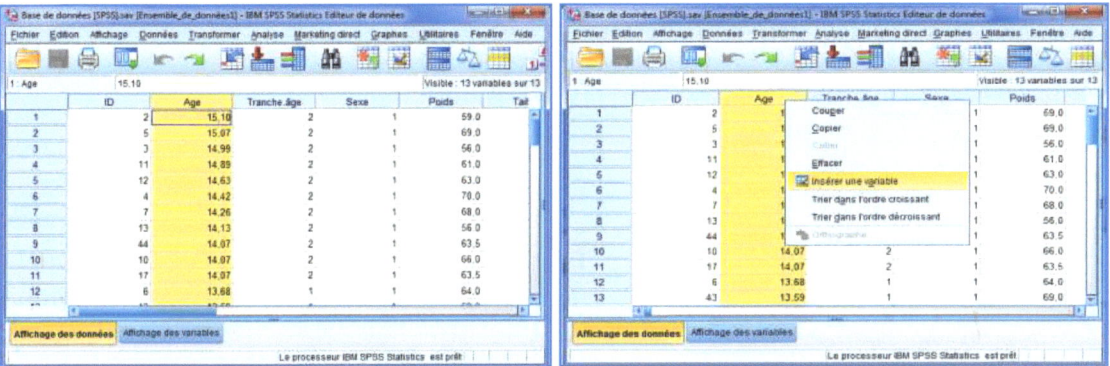

Figure 2- 15 : Insertion d'une variable, cas d'affichage de données.

Dans le cas d'affichage de variables sur l'Editeur de données, choisissez la ligne où vous voulez insérer la variable, puis cliquez sur le bouton droit et choisissez "Insérer une variable" sans passer par l'option "Edition".

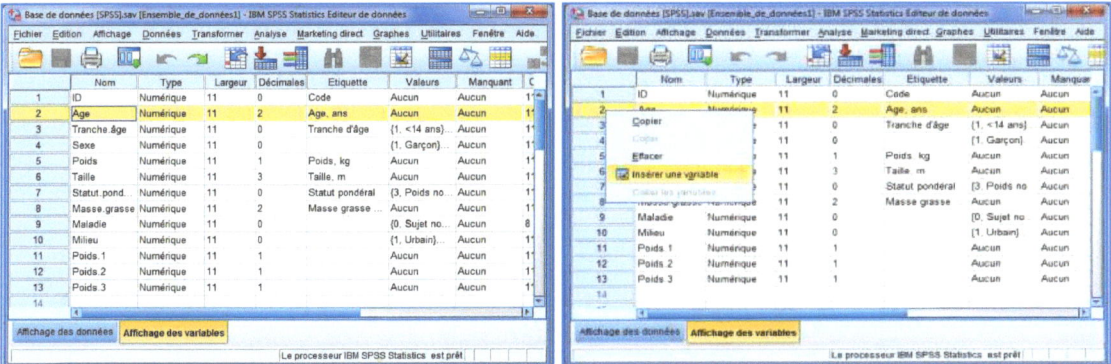

Figure 2- 16 : Insertion d'une variable, cas d'affichage de variables.

Remarque : La suppression d'une variable peut se faire en choisissant la commande "Effacer", que ce soit à partir de l'option "Edition" ou à partir du bouton droit.

4.2. Insertion d'une observation

L'insertion d'une observation exige de sélectionner la ligne où vous voulez insérer la nouvelle observation, puis cliquez sur le bouton droit et choisissez "Insérer des observations", sans passer par l'option "Edition".

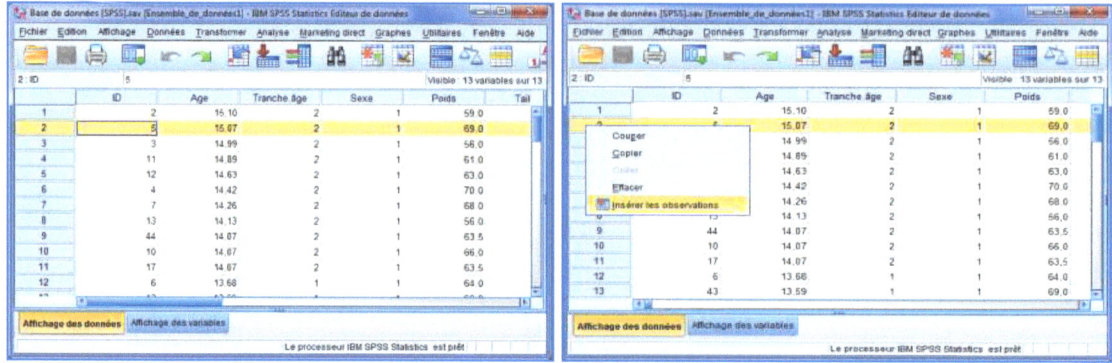

Figure 2-17 : Insertion d'une observation, cas d'affichage de données.

Remarque : La suppression d'une observation peut se faire en choisissant la commande "Effacer", que ce soit à partir de l'option "Edition" ou à partir du bouton droit de la souris.

5. Fusion des fichiers

La fusion des fichiers exige d'ouvrir et de trier la variable "Code ou ID" par ordre croissant pour tous les fichiers pour que cet ajout de données soit correct.

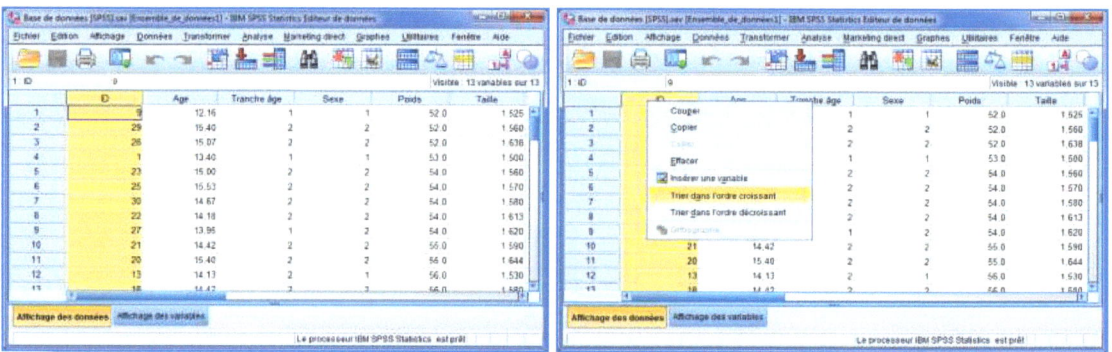

Figure 2-18 : Triage par ordre croissant de la variable "Code ou ID".

Dans le cas de deux fichiers, le triage par ordre croissant se fait en sélectionnant la colonne de la variable "Code ou ID", puis cliquez sur le bouton droit, choisissez "Trier par ordre croissant". Faites ce triage pour les deux fichiers, puis enregistrer et fermer le fichier qui sera fusionné.

Remarque : Les deux fichiers à fusionner doivent être de type SPSS.

5.1. Fusion des variables

La fusion des variables s'effectue en sélectionnant "Données/Fusionner des fichiers/Ajouter des variables", puis choisissez l'emplacement du fichier SPSS sur l'ordinateur en cliquant sur "Parcourir". Le bouton "Parcourir" permet de chercher le fichier à fusionner.

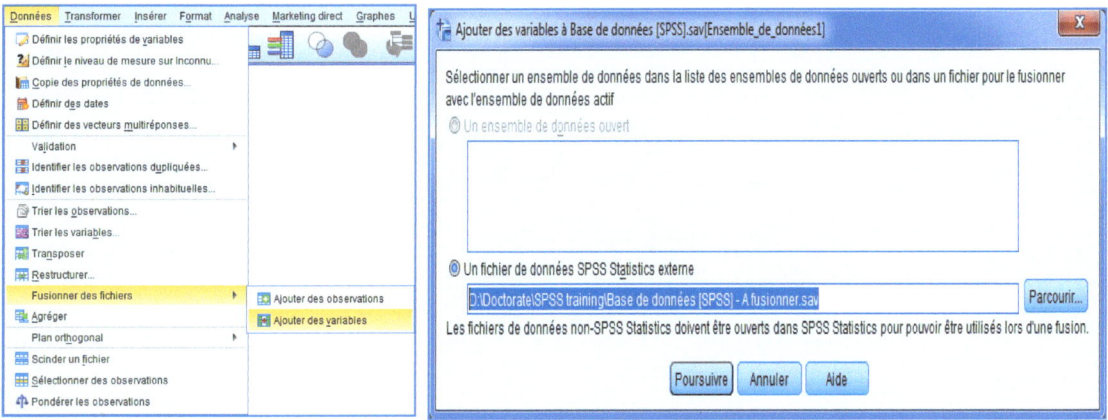

Figure 2- 19 : Choix d'une base de données à fusionner.

Cliquez sur "Poursuivre" pour afficher la boîte de dialogue qui porte les noms des variables acceptées à être fusionnées et celles qui doivent être renommées avant fusion.

Une fois les noms sont vérifiés, cliquez sur le bouton "OK".

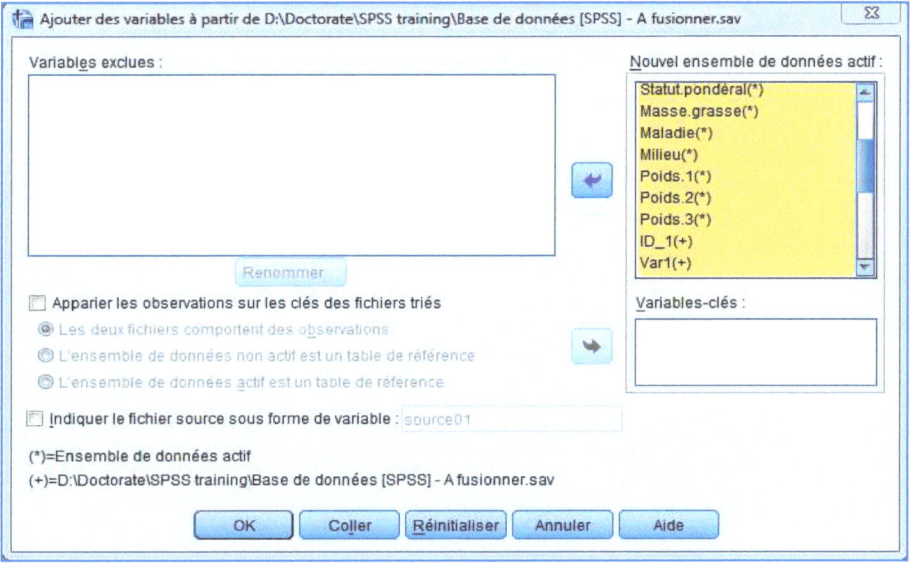

Figure 2- 20 : Affichage des variables avant fusion.

Les données fusionnées seront affichées sur l'Editeur de données principal.

L'exactitude de la fusion peut être vérifiée en comparant le premier et le dernier code correspondant au premier et dernier participant respectivement. Alors, chaque participant doit avoir deux mêmes codes "Code du fichier principal, et code du fichier fusionné".

5.2. Fusion des observations

Dans le cas de fusion des observations, de nouvelles lignes seront placées en bas des lignes ou observations déjà existantes sur le fichier principal. Il faut que les deux fichiers portent les mêmes noms de variables arrangées dans le même ordre.

Exemple d'une organisation pour que la fusion des observations soit correcte :

- Fichier principal   :   ID, Age, Sexe, Poids, Taille, …
- Fichier à fusionner   :   ID, Age, Sexe, Poids, Taille, …

Exemple de variables mal organisées qui faussent la fusion des observations :

- Fichier principal   :   ID, Age, Taille, Sexe, Poids, …
- Fichier à fusionner   :   ID, Poids, Age, Sexe, Taille, …

La fusion de nouvelles observations exige de sélectionner "Données/Fusionner des fichiers/Ajouter des observations", et de choisir l'emplacement du fichier SPSS en cliquant sur "Parcourir".

Remarque : Si le fichier principal contenait 40 observations de 1 à 40, le fichier à fusionner doit contenir des codes de 41 à n, pour qu'il n'y ait pas d'observations portant les mêmes codes et aussi pour ne pas compliquer la distinction entre les observations principales et celles fusionnées.

6. Copiage de l'ensemble de données

Le copiage de données à partir de l'Editeur de données "Ensemble de données 1" en un autre Editeur de données "Ensemble de données 2" se fait en choisissant "Données/Copier l'ensemble de données".

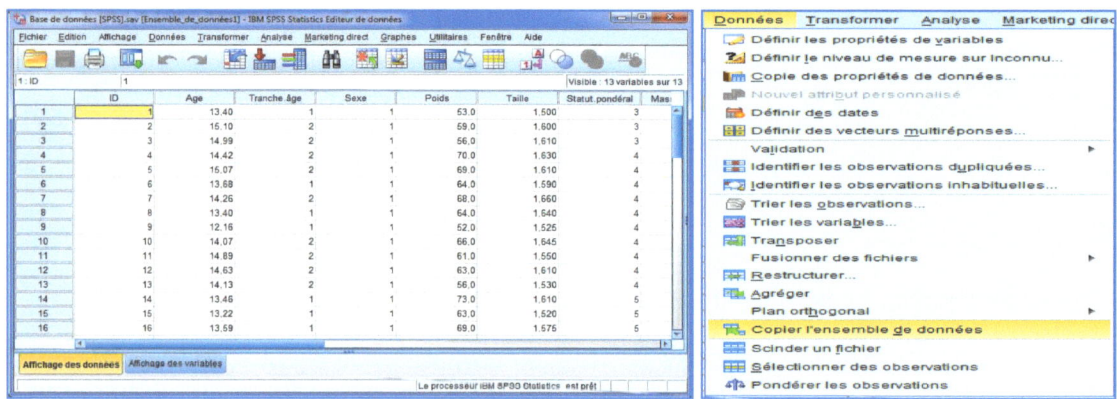

Figure 2- 21 : Copiage de l'ensemble de données 1.

L'Editeur de données "Ensemble de données 2" apparaîtra après l'exécution du copiage.

7. Scinder un fichier

Si vous voulez faire des analyses statistiques séparées par une variable qualitative, vous allez sur "Données/Scinder un fichier" et faites passer par exemple la variable "Sexe" vers la cellule "Critères de regroupement" en cochant le deuxième choix "Comparer les groupes", puis cliquez sur le bouton "OK".

Sur la boîte de dialogue "Split File" ou "Scinder un fichier", vous trouverez trois choix à cocher :

- "Analyser toutes les observations, ne pas créer de groupes" si vous voulez désactiver toute séparation ;
- "Comparer les groupes" si vous voulez des résultats séparés par groupe mais affichés sur les mêmes tableaux ;
- "Séparer résultats par groupes" permet d'avoir des résultats séparés par groupe mais affichés sur des tableaux séparés.

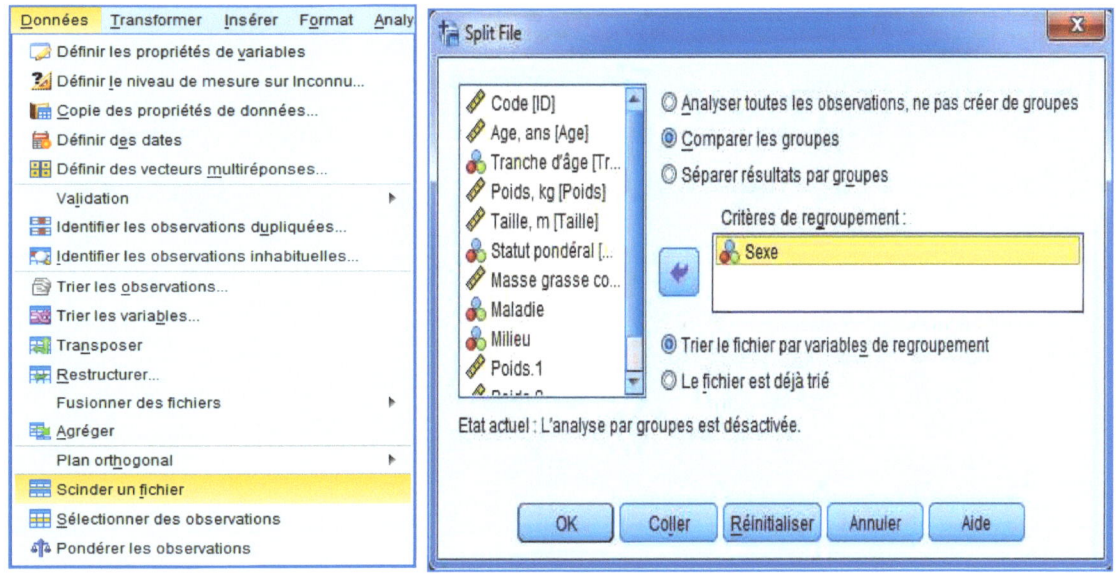

Figure 2- 22 : Séparation des résultats par une variable qualitative.

8. Sélection des observations

La sélection des observations selon une condition logique permet d'exclure les observations non sélectionnées de toute analyse statistique appliquée. Les résultats affichés correspondent donc seulement aux observations sélectionnées.

L'accès à cette commande se fait à partir de "Données/Sélectionner des observations", et choisissez "Selon une condition logique", puis cliquez sur le bouton "Si".

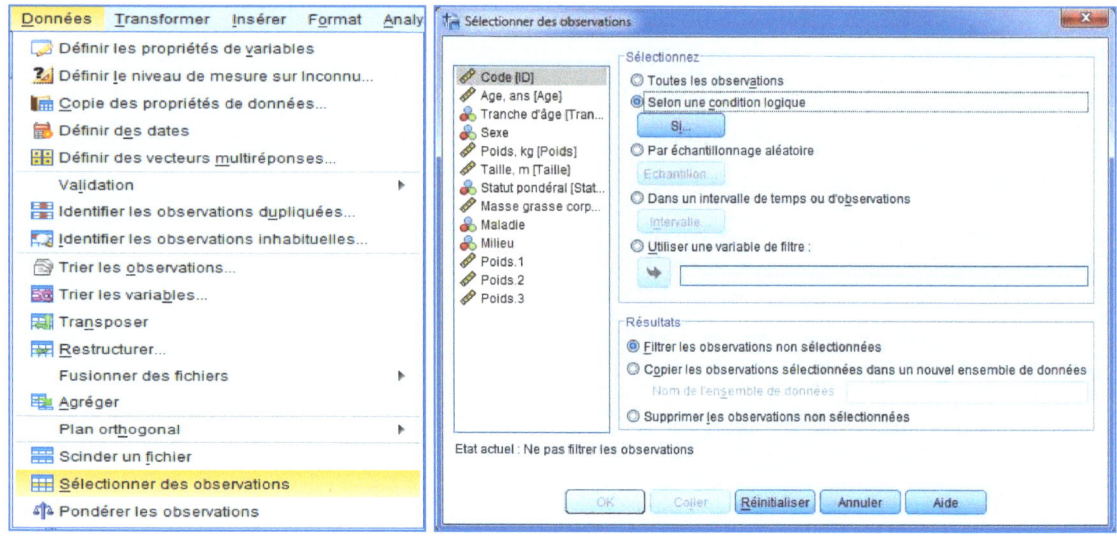

Figure 2- 23 : Sélection des observations.

Sur la boîte de dialogue "Sélectionner observations : Si", saisissez la condition logique. Par exemple dans ce cas, nous avons sélectionné des observations correspondant à la condition "Poids inférieur ou égal à 60 : Poids <= 60".

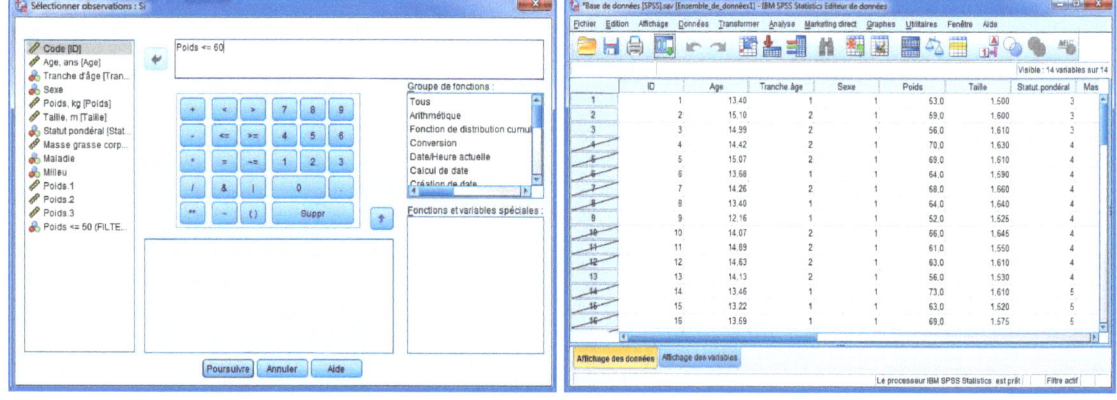

Figure 2- 24 : Saisie d'une condition logique de la sélection des observations.

Après que la condition est bien saisie, cliquez sur "Poursuivre" puis "OK" pour afficher les observations sélectionnées sur l'Editeur de données. Les observations barrées sont exclues de toute analyse statistique que nous appliquerons par la suite.

La sélection des observations peut se faire également par échantillonnage aléatoire, en choisissant un échantillon aléatoire à un pourcentage donné par exemple à 50% de la population totale, à partir de "Données/Sélectionner des observations". Choisissez par la suite "Par échantillonnage aléatoire", cliquez sur le bouton "Echantillon", et faites entrer le pourcentage choisi.

Lors de la collecte de données, un échantillon représentatif est un échantillon issu de façon parfaitement aléatoire non conditionné par un choix préalable ou sélection [Soulaymani, 2006].

Sur la boîte de dialogue "Sélectionner observations : Echantillons aléatoire", vous trouverez des choix correspondant à la taille de l'échantillon. Par exemple si on coche le choix "Environ" et si on saisit la valeur 50. Ce chiffre veut dire que la sélection sera faite à environ 50% de toutes les observations de l'échantillon total.

Cliquez sur "Poursuivre" puis "OK" pour exécuter la sélection des observations.

Dans ce cas, 17 observations exclues contre 27 observations incluses, en sachant que le total est de 44 observations.

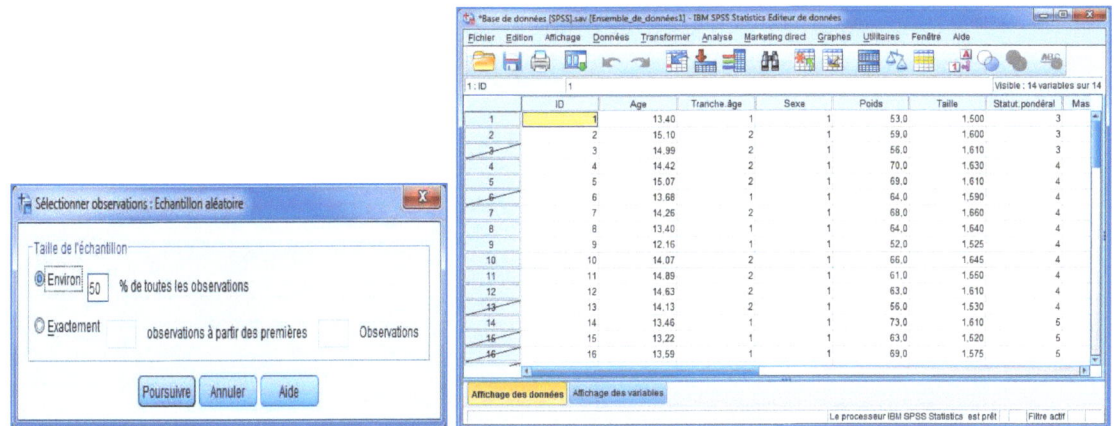

Figure 2- 25 : Sélection des observations par échantillonnage aléatoire.

Remarque : Pour désactiver cette sélection, choisissez "Données/Sélectionner des observations" et cliquez sur les boutons "Réinitialiser" puis "OK".

9. Calcul d'une variable

Le calcul d'une variable se fait en allant sur l'option "Transformer" puis choisissez "Calculer la variable", nommez la "Variable cible" par exemple "IMC", et saisissez l'expression qui calcule cette variable "IMC", ou Indice de masse corporelle" selon l'équation suivante :

$$IMC = Poid / (Taille * Taille)$$

Avec Taille * Taille est la taille au carré exprimée en m².

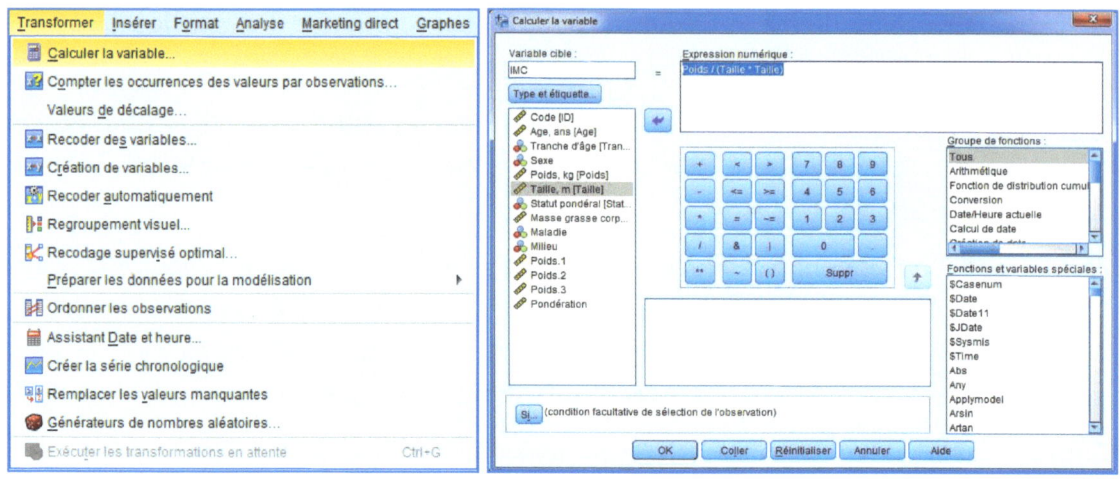

Figure 2- 26 : Calcul d'une variable.

Une fois l'expression est correctement écrite, cliquez sur le bouton "OK". La variable "IMC" sera calculée et mise sur la dernière colonne de l'Editeur de données dans le cas d'affichage des données, ou sur la dernière ligne dans le cas d'affichage des variables.

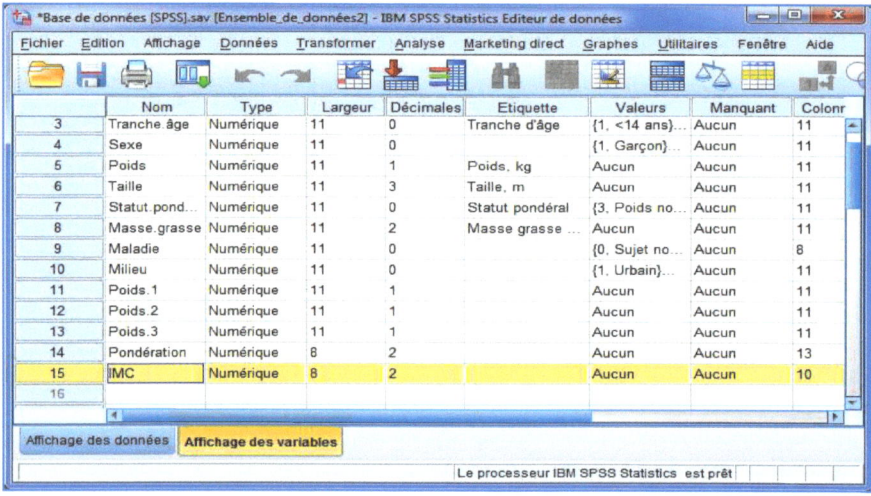

Figure 2- 27 : Mise de la variable IMC sur l'Editeur de données, cas d'affichage de variables.

10. Recodage des variables

Le recodage des modalités d'une variable permet de recoder des valeurs déjà saisies en mettant des nouveaux codes.

Par exemple, pour changer les chiffres "1 et 2" qui représentent respectivement les deux modalités de la variable sexe "garçon et fille", en mettant "3" à la place de "1", et "4" à la place de "2", allez à l'option "Transformer", choisissez la commande "Recoder des variables", puis faites passer la variable à recoder "Sexe".

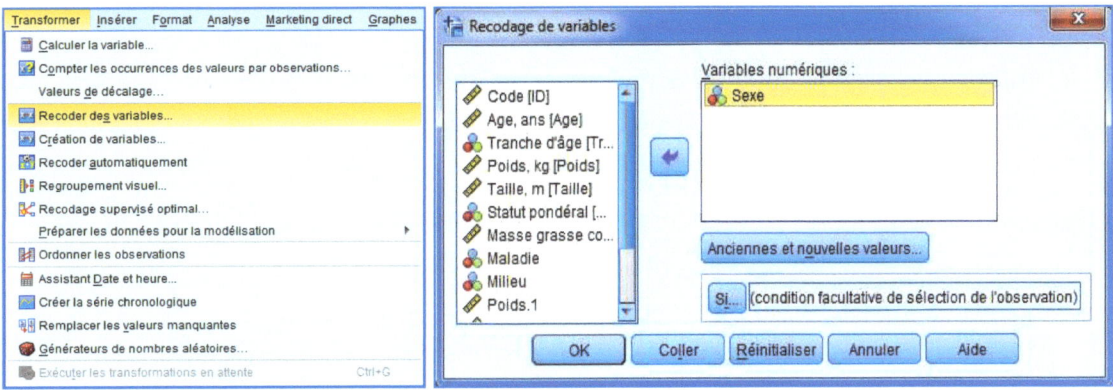

Figure 2- 28 : Recodage des modalités de la variable "Sexe".

Cliquez ensuite sur le bouton "Anciennes et nouvelles valeurs", et saisissez l'ancienne valeur "1" et la nouvelle valeur "3" puis cliquez sur le bouton "Ajouter". Faites la même chose pour l'ancienne valeur "2" et la nouvelle valeur "4" puis cliquez sur le bouton "Ajouter".

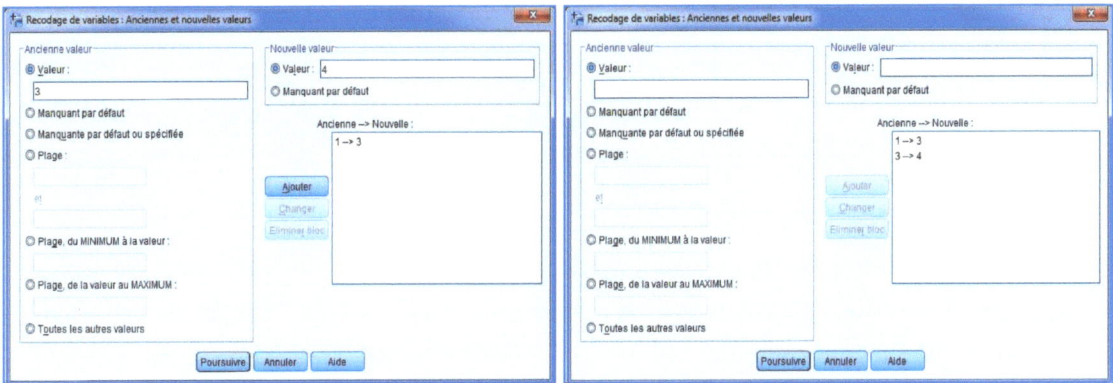

Figure 2- 29 : Définition des anciennes et nouvelles valeurs.

Une fois le recodage est bien fait, cliquez sur les boutons "Poursuivre" et "OK" pour que les nouveaux codes "3 et 4" soient affichés sur l'Editeur de données.

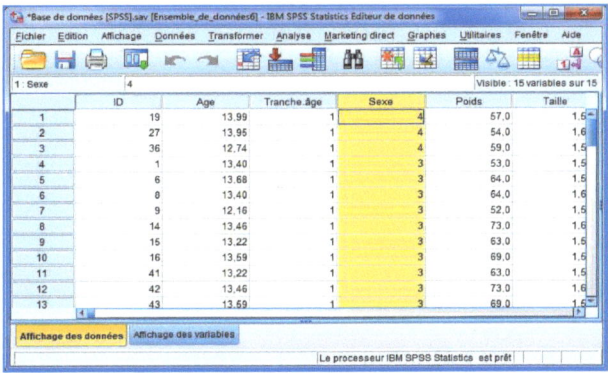

Figure 2- 30 : Affichage des nouvelles valeurs de modalités de la variable "Sexe".

11. Création de variables

La création de variables inclut les mêmes étapes que le "Recodage des variables" sauf que dans la création des variables on fait un codage sur des nouvelles variables sans changer les variables principales.

Dans notre exemple, on créera une nouvelle variable "GroupeAge" dont l'étiquette est "Groupe d'âge" à partir des valeurs de la variable "Age".

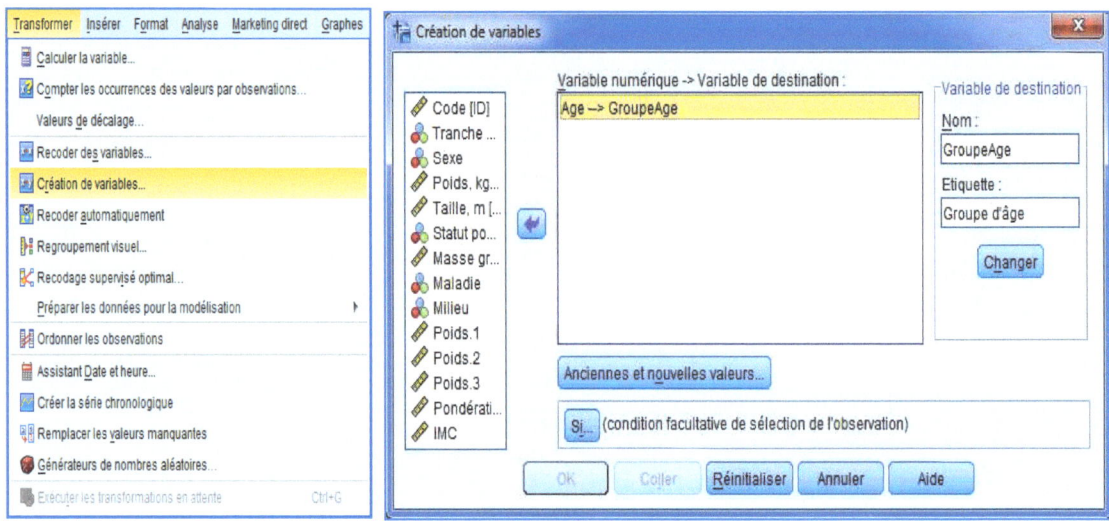

Figure 2- 31 : Création d'une nouvelle variable pour la variable "Age".

La saisie des valeurs de chaque groupe de la nouvelle variable "GroupeAge" exige de cliquer sur le bouton "Anciennes et nouvelles valeurs", cocher "Plage, du MINIMUM à la valeur" et saisir l'ancienne valeur "13,9999999999999" et la nouvelle valeur "1", puis cliquez sur le bouton "Ajouter". Cochez par la suite "Plage, de la valeur au MAXIMUM" et saisissez l'ancienne valeur "14" et la nouvelle valeur "2", cliquez sur le bouton "Ajouter", puis sur les boutons "Poursuivre" et "OK".

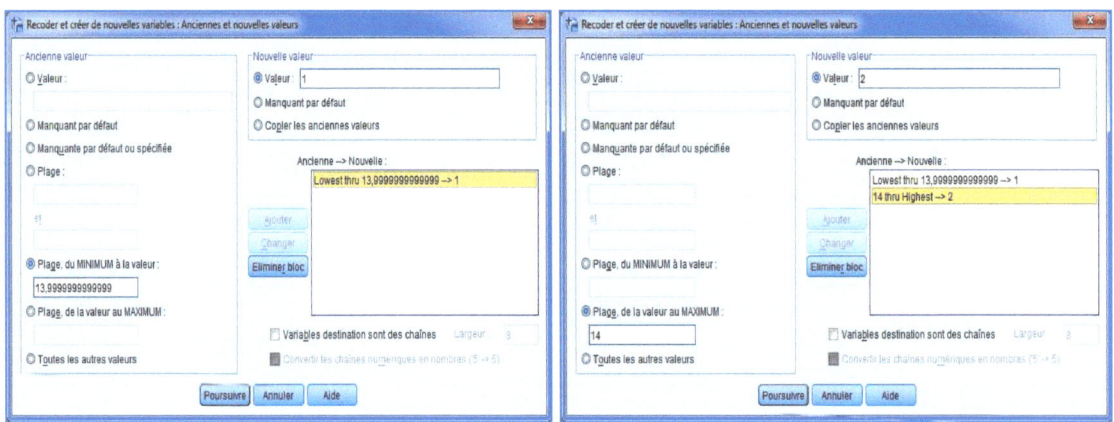

Figure 2- 32 : Définition des codes pour la nouvelle variable.

Une fois les codes sont bien définis, la nouvelle variable "GroupeAge" sera placée sur la dernière colonne de l'Editeur de données dans le cas d'affichage de données, en affichant deux tranches d'âge :

- Age < 14 ans ;
- Age ≥ 14 ans.

Remarque : Les tranches d'âge doivent être choisies selon la population étudiée et les objectifs de l'étude. Car les créations des groupes d'âge pour des populations données n'est pas du tout aléatoire.

12. Remplacement des valeurs manquantes

Les valeurs manquantes d'une variable donnée présentent un grand problème dans les études de recherche, et particulièrement quand il s'agit des études épidémiologiques. Parfois, on est obligé de supprimer toutes les observations contenant des valeurs manquantes pour faire des bonnes décisions. Mais si le nombre des observations est très petit "<30", on peut effectuer un remplacement par la moyenne ou la médiane de toutes les valeurs de la variable étudiée, seulement si ce remplacement n'a pas un grand effet sur les résultats. Utilisez la moyenne si la distribution de la variable étudiée suit une loi normale.

Les valeurs manquantes de la variable "IMC.Manque" seront remplacées par la moyenne arithmétique de la même variable "IMC.Manque". Le remplacement s'effectue en allant sur l'option "Transformer" puis choisissez "Remplacer les valeurs manquantes".

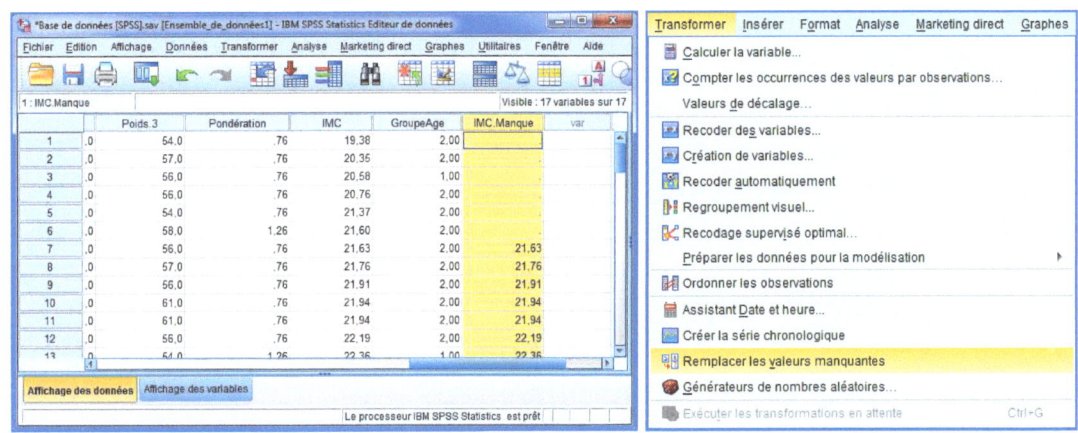

Figure 2- 33 : Remplacement des valeurs manquantes.

Sur la boîte de dialogue "Remplacer les valeurs manquantes", faites passer la variable "IMC.Manque", choisissez la méthode de remplacement "Moyenne de la série", et nommez la nouvelle variable "IMC.Manque_1" où on remplacera les valeurs manquantes.

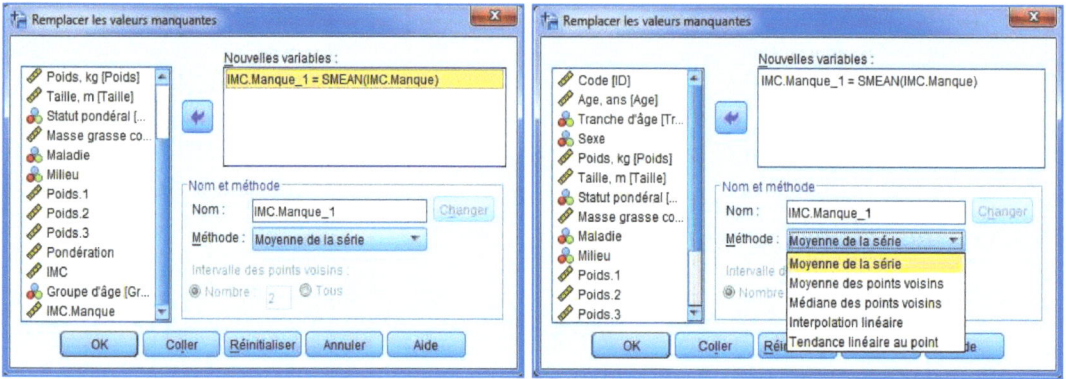

Figure 2- 34 : Choix de la variable et la méthode de remplacement.

Une fois le remplacement des valeurs manquantes est bien fait, cliquez sur le bouton "OK" pour que la nouvelle variable nommée "IMC.Manque_1" soit placée sur la dernière colonne de l'Editeur de données.

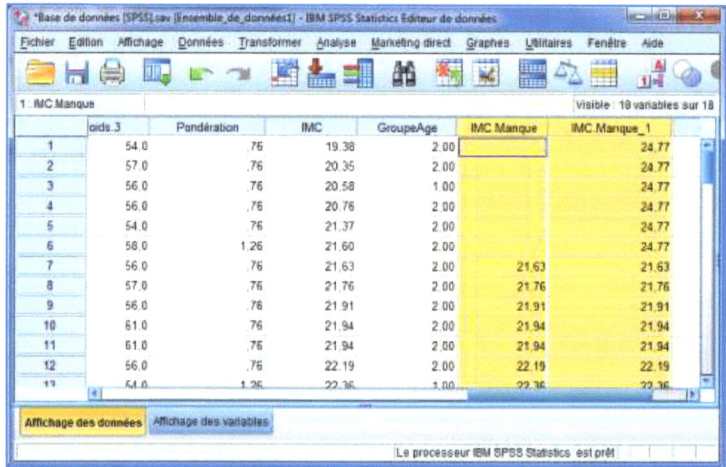

Figure 2- 35 : Affichage de la nouvelle variable du remplacement sur l'Editeur de données.

Le Tableau 2-1 montre les informations du remplacement des valeurs manquantes. On constate que six valeurs ont été remplacées parmi un nombre total de 44 valeurs.

Tableau 2- 1 : Résultat du remplacement des valeurs manquantes.

	Variable résultat	Nombre de valeurs manquantes remplacées	Numéro de l'observation des valeurs non manquantes		Nombre d'observations valides	Création d'une fonction
			Première	Dernière		
1	IMC.Manque_1	6	1	44	44	SMEAN(IMC.Manque)

13. Affichage d'informations

L'affichage des informations sur un fichier de données nécessite de choisir l'option "Fichier" suivie par la commande "Afficher des informations sur un fichier de données" puis la sous-commande "Fichier de travail". Toutes les informations sur les variables incluses dans le "Fichier de travail" seront affichées sur le Viewer.

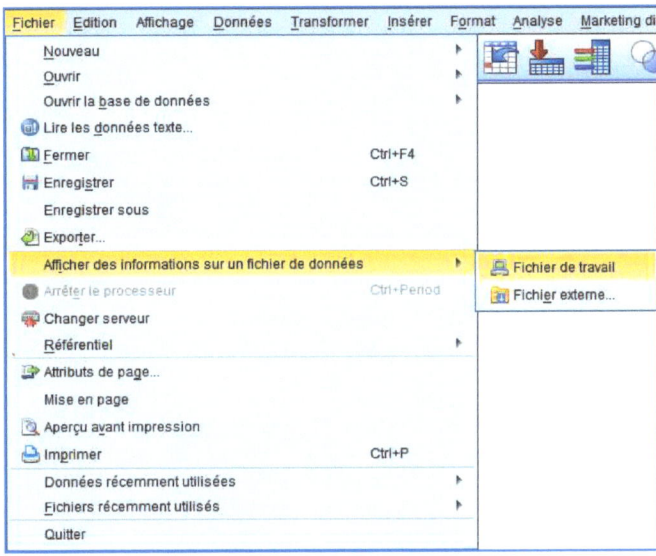

Figure 2- 36 : Affichage des informations sur le fichier de travail.

Le Tableau 2-2 représente seulement les variables ayant des étiquettes définies. Par exemple, la variable "Sexe" porte deux modalités "1 = Garçon" et "2 = Fille", tandis que la variable "Satut.pondéral" est définie par trois modalités "Poids normal = 3, Surpoids = 4, Obésité = 5".

Tableau 2- 2 : Valeurs des variables.

Valeur		Etiquette
Tranche.âge	1	<14 ans
	2	>=14 ans
Sexe	1	Garçon
	2	Fille
Statut.pondéral	3	Poids normal
	4	Surpoids
	5	Obésité
Classe.Masse.Grasse	0	MG >= 25%
	1	MG < 25%
Maladie	0	Malade
	1	Non Malade
Milieu	0	Urbain
	1	Rural

Le Tableau 2-3 représente plusieurs paramètres dont chacun représente des informations sur le "Fichier de travail", par exemple :

- "Variable" affiche les noms ;
- "Position" porte le numéro des colonnes de 1 à 15 ;
- "Etiquette" représente une explication du nom de la variable ;
- "Niveau de mesure" montre les niveaux Echelle, Nominale et Ordinale ;
- …

Tableau 2- 3 : Informations de la variable.

Variable	Position	Etiquette	Niveau de mesure	Rôle	Largeur des colonnes	Alignement	Format d'impression	Format d'écriture
ID	1	Code	Echelle	Entrée	11	Droite	F11	F11
Age	2	Age, ans	Echelle	Entrée	11	Droite	F11.2	F11.2
Tranche.âge	3	Tranche d'âge	Nominale	Entrée	11	Droite	F11	F11
Sexe	4	<aucune>	Nominale	Entrée	11	Droite	F11	F11
Poids	5	Poids, kg	Echelle	Entrée	11	Droite	F11.1	F11.1
Taille	6	Taille, m	Echelle	Entrée	11	Droite	F11.3	F11.3
Statut.pondéral	7	Statut pondéral	Nominale	Entrée	11	Droite	F11	F11
Masse.grasse	8	Masse grasse corporelle, kg	Echelle	Entrée	11	Droite	F11.2	F11.2
Classe.Masse.Grasse	9	<aucune>	Nominale	Entrée	14	Droite	F8	F8
Maladie	10	<aucune>	Nominale	Entrée	11	Droite	F11	F11
Milieu	11	<aucune>	Nominale	Entrée	11	Droite	F11	F11
Poids.1	12	<aucune>	Echelle	Entrée	11	Droite	F11.1	F11.1
Poids.2	13	<aucune>	Echelle	Entrée	11	Droite	F11.1	F11.1
Poids.3	14	<aucune>	Echelle	Entrée	11	Droite	F11.1	F11.1
MoyPoids123	15	<aucune>	Echelle	Entrée	13	Droite	F8.2	F8.2

Variables du fichier de travail

Chapitre III

Notions importantes en analyse statistique

Dans ce chapitre, nous allons détailler des notions importantes permettant de faciliter le choix du test statistique sur SPSS qui requiert une bonne compréhension des paramètres suivants : Type de données ; dépendance ou indépendance des échantillons ; et type d'hypothèse.

1. Caractéristique d'une population

Les bases de données représentent les caractéristiques d'une population donnée. Selon Brachet, on trouve les définitions suivantes [Brachet, 2013] :

- La population est l'ensemble étudié ;
- L'individu est un élément de la population.

L'effectif total est le nombre total d'individus "N" [Brachet, 2013] :

$$N = \sum n_i$$

Les fréquences "f_i" se calculent selon la formule suivante [Brachet, 2013] :

$$f_i = n_i / N$$
$$f_i \text{ en \%} = (n_i / N) * 100$$

1.1. Paramètres de position

Les paramètres de position d'une série statistique sont représentés principalement par la moyenne et la médiane.

La moyenne d'une série statistique, d'effectif total N, est définie comme suit [Brachet, 2013] :

$$\overline{x} = \frac{n_1 x_1 + n_2 x_2 + \cdots + n_k x_k}{N}$$

(k représente le nombre de valeurs prises par le caractère).

La médiane d'une série statistique est la valeur M du caractère telle qu'au moins 50% des individus aient une valeur inférieure ou égale à M, et au moins 50% des individus aient une valeur supérieure ou égale à M [Brachet, 2013].

La recherche de la médiane nécessite de ranger les valeurs du caractère une par une dans l'ordre croissant, puis de choisir la valeur, ou les deux valeurs qui partagent la population en deux. On trouve deux cas dans la lecture de la médiane [Brachet, 2013] :

- Si l'effectif total est impair, la médiane M est la valeur du caractère située au milieu ;

– Si l'effectif total est pair, la médiane M est la moyenne des deux valeurs situées au milieu.

1.2. Paramètres de dispersion

Les mesures de la dispersion reposent sur les indicateurs suivants [Carricano et *al.*, 2008] :

- L'étendue est la différence entre la plus grande et la plus petite des valeurs observées ;
- La variance est la mesure de la dispersion autour de la moyenne. Lorsque les données se concentrent autour de la moyenne, la variance est faible. Si les données sont dispersées autour de la moyenne, la variance est élevée ;
- L'écart type est la mesure de la dispersion autour de la moyenne, exprimée dans la même unité que la variable. L'écart type est la racine carrée de la variance ;
- Le coefficient de variation est le rapport de l'écart type à la moyenne exprimé en pourcentage. Il permet de mesurer le degré de variation de la moyenne d'un échantillon à l'autre, lorsque ceux-ci sont issus de la même distribution.

1.2.1. Paramètres associés à la moyenne

Les paramètres associés à la moyenne sont principalement la variance et l'écart-type.

La variance est un paramètre de dispersion d'une série statistique d'effectif total N et de moyenne $\bar{x}$; c'est la moyenne des carrés des écarts à la moyenne [Brachet, 2013] :

$$V = \frac{n_1(x_1-\bar{x})^2 + n_2(x_2-\bar{x})^2 + \cdots + n_k(x_k-\bar{x})^2}{N}$$

L'écart-type de la série statistique est défini par $\sigma = \sqrt{V}$.

1.2.2. Paramètres associés à la médiane

Les paramètres associés à la médiane sont principalement les interquartiles. Cette association permet de partager la population en quatre parties de même effectif [Brachet, 2013] :

- 25% de la population admet une valeur du caractère entre le minimum et Q_1 ;
- 25% de la population admet une valeur du caractère entre Q_1 et la médiane ;
- 25% de la population admet une valeur du caractère entre la médiane et Q_3 ;
- 25% de la population admet une valeur du caractère entre Q_3 et le maximum.

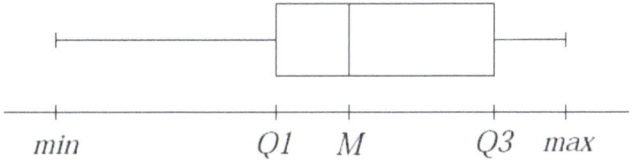

Figure 3- 1 : Quatre parties de la population.

Min, minimum ; Max, maximum ; Q_1, premier quartile ; Q_3, troisième quartile ;
$Q_3 - Q_1$, écart interquartile ; $]Q_1, Q_3[$, intervalle interquartile.

1.3. Paramètres de forme

Les paramètres de forme sont le coefficient de Skewness qui représente l'asymétrie, et le coefficient de Kurtosis qui représente l'aplatissement. Ces paramètres permettent de tester la normalité de la distribution des variables quantitatives.

Les paramètres de Skewness et Kurtosis sont construits à partir des moments centrés qui mesurent respectivement l'asymétrie et l'aplatissement de la distribution dont l'échantillon est issu. Le paramètre Skewness est nul pour une distribution symétrique, tandis que le paramètre Kurtosis est nul pour une loi normale. Généralement, pour une loi normale centrée réduite, ces coefficients sont nuls [Concordet, 2013].

La détermination des paramètres de Skewness et Kurtosis se fait en choisissant "Analyse/Statistiques descriptives/Explorer", et faites passer la variable à tester "Age", puis cliquez sur le bouton "OK" pour que l'analyse soit exécutée.

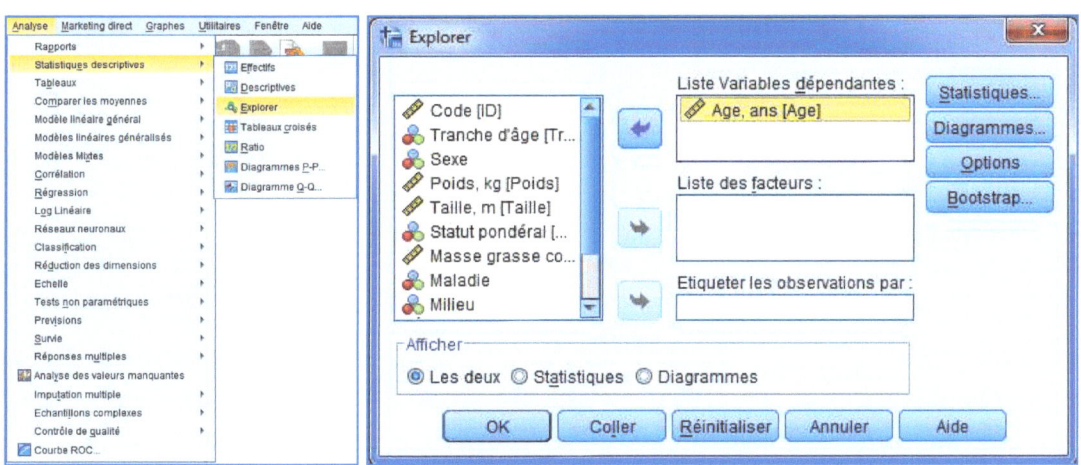

Figure 3- 2 : Détermination des paramètres de forme.

Le Tableau 3-1 montre qu'il n'y a aucune valeur manquante de la variable "Age" pour toutes les observations étudiées.

Tableau 3- 1 : Récapitulatif du traitement des observations.

	Observations					
	Valide		Manquante		Total	
	N	Pourcent	N	Pourcent	N	Pourcent
Age, ans	44	100,0%	0	0,0%	44	100,0%

Le Tableau 3-2 nous permet de connaître les paramètres suivants : la moyenne, l'intervalle de confiance à 95% pour la moyenne, la valeur de la moyenne tronquée à 5%, la médiane, la variance, l'écart-type, le minimum, le maximum, l'intervalle, l'intervalle interquartile, le paramètre de l'asymétrie (Skewness) et celui de l'aplatissement (Kurtosis).

D'après ce tableau, on constate que les statistiques des paramètres d'asymétrie et d'aplatissement sont plus proches de la valeur zéro, ceci indique que la distribution de la variable "Age" suit une loi normale. Dans le cas où les valeurs de ces deux paramètres ne permettraient pas de déterminer si la distribution est normale ou pas, faites un autre test de normalité comme le test de Kolmogorov-Smirnov et comparez la p-valeur avec la valeur seuil de 0.05.

Tableau 3- 2 : Descriptives.

			Statistique	Erreur standard
Age, ans	Moyenne		14,3284	,12183
	Intervalle de confiance à 95% pour la moyenne	Borne inférieure	14,0827	
		Borne supérieure	14,5741	
	Moyenne tronquée à 5%		14,3431	
	Médiane		14,3800	
	Variance		,653	
	Ecart-type		,80810	
	Minimum		12,16	
	Maximum		16,31	
	Intervalle		4,15	
	Intervalle interquartile		1,24	
	Asymétrie		-,245	,357
	Aplatissement		,407	,702

Le Stem-and-Leaf est un histogramme fait avec des chiffres [Concordet, 2013]. Il représente des données classées par ordre croissant. Par exemple, la valeur minimale de l'âge au sein de l'échantillon est de 12.1 ans (première ligne du stem). La deuxième ligne nous indique que l'échantillon correspond à la valeur 12.7 ans, tandis que la troisième ligne indique qu'il y a plusieurs valeurs d'âge dont on cite 13.2, 13.2, 13.4, 13.4, et 13.4, mais la valeur 13.5 sera placée sur la ligne qui suit. On fait la même chose pour les autres lignes du graphe.

Notez que ce graphe prend seulement un seul chiffre après la virgule et ne fait pas de majoration. Par exemple : la valeur de 13.44 ans égalera 13.4 ans ; et celle de 13.46 ans égalera 13.4 ans et non pas 13.5 ans.

```
         Frequency    Stem &  Leaf

              1,00      12 .  1
              1,00      12 .  7
              6,00      13 .  224444
              5,00      13 .  55699
             13,00      14 .  0001112234444
              8,00      14 .  56668999
              8,00      15 .  00011244
              1,00      15 .  5
              1,00      16 .  3

     Stem width:        1,00
     Each leaf:         1 case(s)
```

Figure 3- 3 : Diagramme Stem-and-Leaf de la variable "Age".

Le graphe "Boîte à moustache" montre les trois centiles de la variable "Age". Ces centiles sont les suivantes : Premier quartile à 25%, Deuxième quartile à 50% qui représente la médiane, et le troisième quartile à 75%. Le premier et le troisième quartile n'ont pas de valeurs outliers.

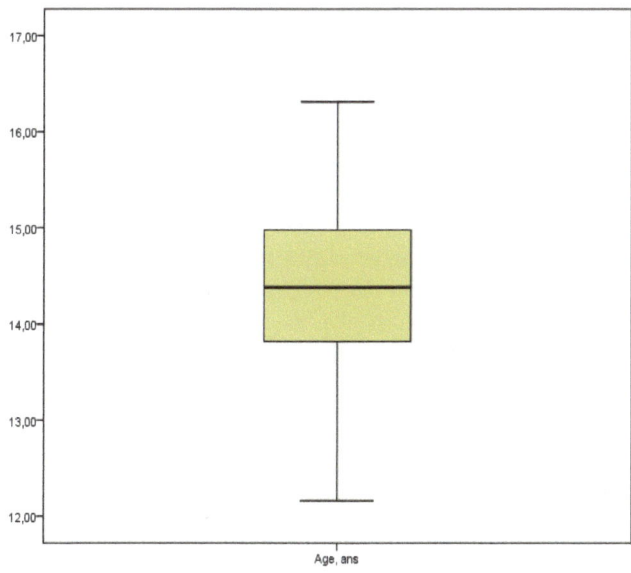

Figure 3- 4 : Boîte à moustache de la variable "Age".

Remarque : Les deux représentations graphiques sont supplémentaires, et pour mieux expliquer la distribution de la variable étudiée.

2. Type d'échantillons ou groupes

Une population peut se constituer d'un ou de plusieurs échantillons. Ces échantillons sont dépendants et/ou indépendants.

Deux échantillons dépendants ou appariés ou liés sont deux groupes de mesures appartenant aux mêmes individus ou observations. Par exemple, si on fait des mesures du poids de 100 nouveau-nés le jour de leurs naissances (T_j) et après un mois de la date de naissance (T_m). Les mesures effectuées à T_j représentent le premier échantillon, tandis que les mesures effectuées à T_m représentent le deuxième échantillon. D'une manière très simple, deux variables de type quantitatif portant le même nom, saisies sur l'Editeur de données en deux colonnes l'une à côté de l'autre (Exemple : Salaire $_{Mois\ 1}$, Salaire $_{Mois\ 2}$) et diffèrent seulement par le temps quand les mesures sont effectuées, représentent deux échantillons dépendants dont les mesures sont effectuées pour les mêmes individus ou observations.

Deux échantillons indépendants sont deux groupes de mesures appartenant aux individus ou observations différentes. Par exemple, si on fait des mesures du poids de 100 nouveau-nés, mais cette fois si on sépare la population totale par "Sexe" pour trouver deux échantillons indépendants, un pour le sexe féminin et l'autre pour le sexe masculin. C'est comme si on fait sur l'Editeur de données un ensemble de lignes pour le sexe féminin, et un autre ensemble de lignes pour le sexe masculin.

La distinction entre les échantillons indépendants et appariés devient importante lors des comparaisons d'échantillons puisque la façon de réaliser un test varie selon l'appariement ou le non-appariement des échantillons. C'est le plan d'échantillonnage ou d'expérience qui détermine si les observations sont indépendantes ou appariées [Legendre, 1991].

Le mot indépendant peut être employé dans au moins trois autres sens en statistique [Legendre, 1991] :

- Variables indépendantes qui veulent dire non corrélées ;
- Variables indépendantes ou prédictives d'un modèle de régression ;
- Observations indépendantes c'est-à-dire non auto-corrélées.

Les échantillons appariés permettent de réaliser des tests statistiques plus puissants que les échantillons indépendants [Legendre, 1991]. Notez que dans l'échantillon total, on peut trouver plusieurs sous-échantillons dépendants et/ou indépendants.

3. Choix du test statistique

Les tests statistiques varient principalement selon le type de données et la dépendance ou l'indépendance des échantillons. Avant de choisir le test, on doit se poser les deux questions suivantes :

- Les données sont-elles gaussiennes ou non ?
- Les échantillons sont-ils dépendants (liés) ou indépendants ?

On parle des échantillons dépendants (liés) lorsque les mesures comparées appartiennent aux mêmes individus (Poids$_1$ et Poids$_2$). Le cas contraire c'est des échantillons indépendants (Poids des filles, Poids des garçons).

Le tableau 3-3 montre des tests statistiques selon le type de données et la dépendance ou l'indépendance des échantillons. On constate qu'il y a quatre types de données :

- Le premier type concerne des mesures à partir d'une population gaussienne dont la distribution est normale ou suit une loi normale ;
- Le deuxième type concerne des mesures à partir d'une population non-gaussienne dont la distribution est anormale ou ne suit pas une loi normale ;
- Le troisième type concerne des données n'acceptant que deux résultats possibles ;
- Le quatrième type concerne des données sur le temps de survie.

La description des données d'un échantillon se fait en utilisant :

- Des moyennes et des écart-types dans le cas des mesures provenant d'une population gaussienne ;
- Des médianes et des interquartiles dans le cas des mesures provenant d'une population non-gaussienne ;
- Des proportions dans le cas des mesures n'acceptant que deux résultats possibles ;
- Des courbes de survie de Kaplan Meier dans le cas des mesures sur le temps de survie.

La comparaison d'un groupe à une valeur hypothétique se fait en utilisant :

- Le test t pour un échantillon unique dans le cas d'une distribution normale ;
- Le test de Wilcoxon dans le cas d'anormalité ;
- Le test Chi-deux ou le test Binomial dans le cas si les mesures n'acceptent que deux résultats possibles.

La comparaison de deux groupes ou échantillons indépendants se fait en utilisant :

- Le test t pour échantillons indépendants dans le cas d'une distribution normale ;

- Le test de Mann-Whitney dans le cas d'anormalité ;
- Le test de Fisher (ou Chi-deux pour les grands échantillons) dans le cas si les mesures n'acceptant que deux résultats possibles ;
- Le test de Log-Rank ou Mentel-Haenszel dans le cas des mesures sur le temps de survie.

La comparaison de deux groupes ou échantillons dépendants (liés ou appariés) se fait en utilisant :

- Le test t pour échantillons dépendants (ou appariés) dans le cas d'une distribution normale ;
- Le test de Wilcoxon dans le cas d'anormalité ;
- Le test de McNemar dans le cas si les mesures n'acceptant que deux résultats possibles ;
- La régression conditionnelle et proportionnelle des risques (Conditional proportional hazards regression) dans le cas des mesures sur le temps de survie.

La comparaison de trois ou plus de groupes ou échantillons indépendants (non liés) se fait en utilisant :

- Le test d'ANOVA dans le cas d'une distribution normale ;
- Le test de Kruskal-Wallis dans le cas d'anormalité ;
- Le test de Chi-deux dans le cas si les mesures n'acceptant que deux résultats possibles ;
- La régression cox-proportionnel de risque (Cox proportional hazard regression) dans le cas des mesures sur le temps de survie.

La comparaison de trois ou plus de groupes ou échantillons dépendants (liés ou appariés) se fait en utilisant :

- Le test d'ANOVA à mesures répétées dans le cas d'une distribution normale ;
- Le test de Friedman dans le cas d'anormalité ;
- Le test de Cochran Q dans le cas si les mesures n'acceptant que deux résultats possibles ;
- La régression conditionnelle et proportionnelle de risques (Conditional proportional hazards regression) dans le cas des mesures sur le temps de survie.

Pour tester l'association entre deux variables on utilise :

- La corrélation de Person dans le cas d'une distribution normale ;
- La corrélation de Spearman dans le cas d'anormalité ;

- Les coefficients de contingence dans le cas si les mesures n'acceptant que deux résultats possibles.

La prédiction d'une valeur à partir d'une autre variable mesurée se fait en utilisant :

- La régression linéaire simple ou la régression non linéaire dans le cas d'une distribution normale ;
- La régression non paramétrique dans le cas d'anormalité ;
- La régression logistique simple dans le cas si les mesures n'acceptant que deux résultats possibles ;
- La régression cox-proportionnelle de risque (Cox proportional hazard regression) dans le cas des mesures sur le temps de survie.

Tableau 3-3 : Type d'analyse statistique selon les données étudiées [Motulsky, 1995].

	Measurement (from Gaussian Population)	Measurement (from Non-Gaussian Population)	Binomial (Two possible Outcomes)	Survival Time
Describe one group	Mean, Standard deviation	Median, Interquartile range	Proportion	Kaplan Meier survival curve
Compare one group to a hypothetical value	One-sample t test	Wilcoxon test	Chi-square or Binomial test	-
Compare two unpaired groups	Unpaired t test	Mann-Whitney test	Fisher's test (chi-square for large samples)	Log-rank test or Mantel-Haenszel
Compare two paired groups	Paired t test	Wilcoxon test	McNemar's test	Conditional proportional hazards regression
Compare three or more unmatched groups	One-way ANOVA	Kruskal-Wallis test	Chi-square test	Cox proportional hazard regression
Compare three or more matched groups	Repeated-measures ANOVA	Friedman test	Cochran Q	Conditional proportional hazards regression
Quantify association between two variables	Person correlation	Spearman correlation	Contingency coefficients	-
Predict value from another measured variable	Simple linear regression or Nonlinear regression	Nonparametric regression	Simple logistic regression	Cox proportional hazard regression
Predict value from several measured or binomial variables	Multiple linear regression or Multiple nonlinear regression	-	Multiple logistic regression	Cox proportional hazard regression

La prédiction d'une valeur à partir de plusieurs variables mesurées ou binomiales se fait en utilisant :

- La régression linéaire multiple ou la régression non linéaire multiple dans le cas d'une distribution normale ;

- La régression logistique multiple dans le cas si les mesures n'acceptant que deux résultats possibles ;
- La régression cox-proportionnelle de risque (Cox proportional hazard regression) dans le cas des mesures sur le temps de survie.

Le contenu du tableau ci-dessus doit être retenu pour comprendre facilement les analyses dans les chapitres qui suivent.

Remarque : Les modèles paramétriques sont beaucoup plus favorables que les modèles non-paramétriques en termes de précision, de puissance, ... [Yanyuan et Jeffrey, 2011].

4. Types d'hypothèses

Le chercheur est appelé à prendre des décisions sur la base de résultats expérimentaux, en étant conscient qu'il y a un risque d'erreur lié à l'incertitude des observations ou des résultats expérimentaux [Legendre, 1991].

La décision vient après le test d'une hypothèse statistique correspondant au problème étudié. L'issue de ce test statistique indiquera quelle décision il convient de prendre. Un test d'hypothèses sert à répondre à une question d'hypothèses et, une façon d'y répondre suivant une règle de décision [Concordet, 2013].

La prise des décisions dans l'interprétation des résultats des tests statistiques nécessite une bonne compréhension d'hypothèses et de prise de décision. Il y a deux types d'hypothèses [Concordet, 2013] :

- Hypothèse d'équivalence ou nulle notée H_0 ;
- Hypothèse de non équivalence ou alternative notée H_1.

L'hypothèse H_0 considère que les paramètres comparés ne diffèrent pas ou équivalents (Exemple : Moyenne$_1$ = Moyenne$_2$; Médiane$_1$ = Médiane$_2$; Pas de corrélation ; Pas d'association ; Pas d'influence ; ...).

L'hypothèse H_1 représente deux cas selon le test à utiliser [Concordet, 2013] :

- Si H_1 est exprimée avec des symboles ($\neq$), on parle d'un test bilatéral (Moyenne$_1$ $\neq$ Moyenne$_2$, ...) ;
- Si H_1 est exprimée sous forme d'inégalités, on parle d'un test unilatéral (Moyenne$_1$ < Moyenne$_2$, ou Moyenne$_1$ > Moyenne$_2$, ...), dans ce cas on peut diviser la p-valeur par 2 et la comparer à la valeur seuil de 0.05.

La zone dite "d'acceptation ou non-rejet de H_0" est l'intervalle des valeurs de la statistique-test dans lequel les différences observées peuvent être attribuées aux variations dues à l'échantillonnage [Legendre, 1991].

La zone de rejet est au contraire la zone dans laquelle la statistique-test prend une valeur trop extrême pour qu'on puisse l'attribuer à une variation aléatoire prévisible sous l'hypothèse nulle (H_0) ; dans ce cas, on rejettera H_0 avec un risque d'erreur égal à la valeur α choisie par le chercheur [Legendre, 1991].

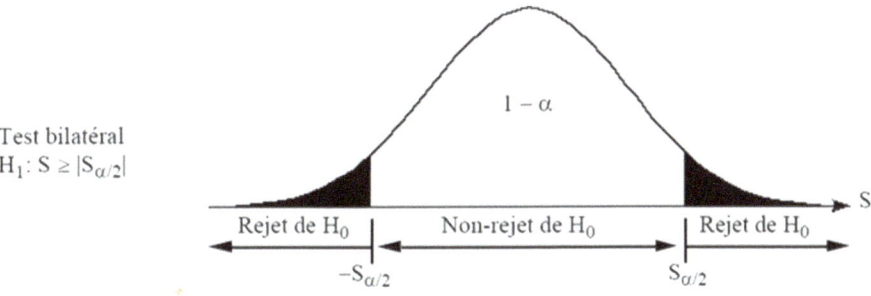

Figure 3- 5 : Test bilatéral [Legendre, 1991].

S, statistique-test ; $S_{\alpha/2}$, valeur critique tirée d'une table de la loi de distribution de S pour un test bilatéral ; $(1 - \alpha)$, probabilité de prendre la bonne décision si H_0 est vraie.

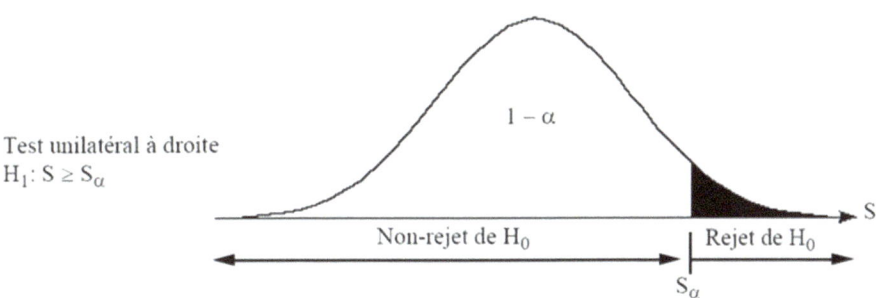

Figure 3- 6 : Test unilatéral à droite [Legendre, 1991].

S, statistique-test ; S_α, valeur critique tirée d'une table de la loi de distribution de S pour un test unilatéral ; $(1 - \alpha)$, probabilité de prendre la bonne décision si H_0 est vraie.

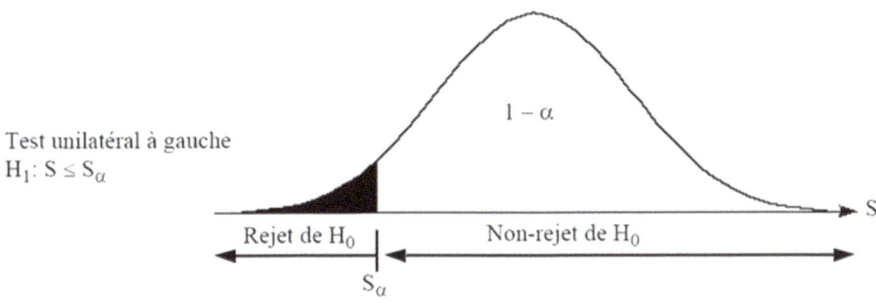

Figure 3- 7 : Test unilatéral à gauche [Legendre, 1991].

S, statistique-test ; S_α, valeur critique tirée d'une table de la loi de distribution de S pour un test unilatéral ; $(1 - \alpha)$, probabilité de prendre la bonne décision si H_0 est vraie.

5. Risques d'erreur

Le risque de commettre une erreur de première espèce s'appelle risque de première espèce noté α, et le risque de commettre une erreur de seconde espèce s'appelle risque de seconde espèce noté β (tableau 3-4). Un troisième risque noté γ a été défini pour des hypothèses unilatérales par Schwartz D [Concordet, 2013].

L'erreur de type III "γ" est la probabilité de faire une décision alors qu'elle n'est pas correcte dans le cas d'un test unilatéral.

On appelle erreur de type I (risque de première espèce ou α) le fait de rejeter, à la suite des résultats d'un test statistique, une hypothèse qui serait en réalité vraie, et erreur de type II (seconde espèce ou β) l'erreur liée au fait d'accepter une hypothèse qui serait en réalité fausse. On appelle puissance du test le complément $(1 - \beta)$, lequel correspond à la probabilité de rejeter une hypothèse qui serait réellement fausse [Carricano et *al.*, 2008 ; Concordet, 2013].

L'erreur de type I et l'erreur de type II sont inverses : plus l'erreur de type I devient restrictive (proche de 0) plus la probabilité d'une erreur de type II augmente ; de même, réduire l'erreur de type I réduit la puissance du test. La seule manière de faire baisser simultanément α et β est d'augmenter la taille de l'échantillon étudié [Carricano et *al.*, 2008].

En général, dans les sciences appliquées et en particulier en biologie, on travaille toujours au risque α = 5% qui correspond à un écart réduit théorique ε_{th}= 1.96 ≈ 2, ce qui implique que e = 2σ. Cette correspondance traduit un pari intéressant ou le risque de se tromper est faible (5%) ; en outre l'écart réduit théorique correspondant est très proche du chiffre rond de 2 traduisant un écart absolu égale à 2σ [Soulaymani, 2006].

Tableau 3- 4 : Types de risques d'erreur pour un test statistique [Carricano et *al.*, 2008 ; Legendre, 1991].

		Situation dans la population (la réalité ou la vérité)	
		H_0 vraie	H_0 fausse (H_1 vraie)
Décision	H_0 acceptée	Décision correcte (Seuil de confiance = 1 – α)	Erreur de type II (β)
	H_0 rejetée	Erreur de type I (seuil de signification = α)	Décision correcte (Puissance du test = 1 – β)

Les erreurs de type I et II représentent la mauvaise décision [Chouquet, 2009-2010].

5.1. Seuil de signification

Les seuils de significations les plus utilisés en statistique sont les suivants :

- Signification à $\alpha = 0.05$ représente un résultat significatif ;
- Signification à $\alpha = 0.01$ représente un résultat très significatif ;
- Signification à $\alpha = 0.001$ représente un résultat hautement significatif ;
- Signification à $\alpha = 0.0001$ représente un résultat très hautement significatif.

Les seuils de 5% et 1% ont été proposés par Fisher en 1925 [Fisher, 1925]. Si on décide de réaliser un test au seuil $\alpha = 5\%$ par exemple, cela signifie que l'on se donne 5 chances sur 100 de rejeter H_0 même si H_0 est vraie et ne devrait donc pas être rejetée. Ceci montre bien que le seuil α doit être choisi en fonction de la gravité des conséquences que l'on encourra si on est amené, par le test, à prendre la mauvaise décision [Legendre, 1991].

Dans le cas du lancement d'un nouveau médicament, il convient d'utiliser un seuil de signification α extrêmement petit lors des tests statistiques qui établissent les qualités supérieures du nouveau produit, de façon à réduire le risque de se tromper [Legendre, 1991]. Par contre, l'augmentation du risque d'erreur α entraîne une réduction du risque d'erreur β [Cohen, 1988].

6. Test unilatéral et test bilatéral

L'utilisation des tests statistiques a pour but de prendre une décision : en l'occurrence, rejeter ou non l'hypothèse nulle H_0. Les tests étant fondés sur des informations incomplètes issues d'observations portant sur un échantillon de la population, il est nécessaire de définir le seuil de signification du test [Carricano et al., 2008]. L'hypothèse alternative H_1 permet de déterminer si un test est unilatéral ou bilatéral. Le terme de bilatéral vient du fait que lorsque nous comparerons la valeur observée de la statistique-test à la distribution des valeurs qu'elle aurait pu connaître si H_0 était vraie, nous considérerons les deux extrémités de cette distribution comme des zones de rejet de H_0 [Legendre, 1991]. Un test unilatéral se réalise lorsque l'hypothèse ne s'intéresse qu'aux différences ou aux relations ayant un signe donné. Les tests de ce type sont dits unilatéraux parce que la zone de rejet de H_0 se situe à une seule extrémité de la distribution de probabilités qui nous sert de référence [Legendre, 1991].

7. Tests paramétriques ou non paramétriques

Les tests d'hypothèses en statistique sont de deux types :

- Tests paramétriques qui requièrent la vérification d'une hypothèse sur la distribution du caractère étudié ;

- Tests non paramétriques ne prenant pas en considération la distribution du caractère étudié.

La figure ci-dessous montre les différents tests paramétriques et non paramétriques selon la dépendance ou l'indépendance des échantillons étudiés.

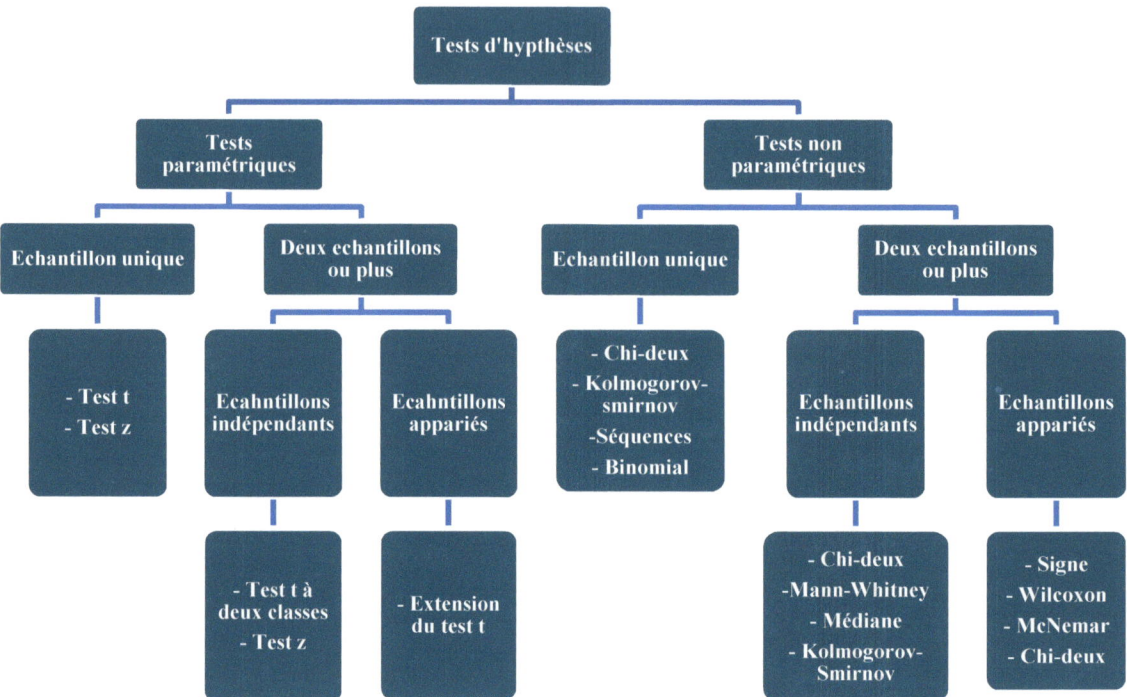

Figure 3- 8 : Tests paramétriques et non paramétriques [Malhotra et *al.*, 2007].

Les tests paramétriques sont des approches reposant sur des données métriques, et les tests non paramétriques sont des approches reposant sur des données non métriques. Les tests non paramétriques étant peu sensibles à la taille de l'échantillon et aux données aberrantes, ils sont utilisés en marketing où les échantillons peuvent parfois être de petite taille (moins de 30 cas ou individus). Le nombre d'échantillons joue un rôle important dans le choix du test approprié. Parce que plusieurs éléments affectent les statistiques de tests [Carricano et *al.*, 2008].

Remarque : Dans le cas de trois ou plusieurs échantillons appariés, on utilise le test de Cochran pour tester la différence de proportions, et le test de McNemar dans le cas de deux échantillons appariés. Concernant, l'application du test de Chi-deux dans le cas de deux échantillons appariés donne uniquement une idée sur l'association entre les variables étudiées.

8. Mesures de la distribution

La symétrie et la forme d'une distribution donnée se mesurent principalement par les coefficients d'asymétrie et d'aplatissement [Carricano et *al.*, 2008], les diagrammes P-P et Q-Q, le test de Kolmogorov-Smirnov, le test de Shapiro-Wilk, etc.

Le test de normalité est une procédure commune dans plusieurs travaux appliqués et plusieurs tests proposés [Doornik et Hansen, 1994].

8.1. Coefficients d'asymétrie et d'aplatissement

Le coefficient de symétrie Skewness mesure l'asymétrie d'une distribution. Une distribution normale est symétrique, c'est-à-dire que les valeurs sont les mêmes de part et d'autre du centre de la distribution, et possède une valeur de Skewness de 0. Une distribution avec un Skewness positif significatif est une distribution asymétrique à droite (la distribution prend la forme d'une longue queue à droite) et une distribution avec un Skewness négatif significatif est une distribution asymétrique à gauche (la distribution prend la forme d'une longue queue à gauche). Cette asymétrie s'explique par le fait que les écarts sont plus importants dans une direction que dans l'autre [Carricano et *al.*, 2008].

Le coefficient d'aplatissement permet de mesurer le degré de concentration des observations dans les queues de la courbe. Le coefficient de Kurtosis est de 0 pour une distribution normale ou gaussienne. Un Kurtosis négatif indique que les queues comptent un plus grand nombre d'observations que dans une distribution gaussienne [Carricano et *al.*, 2008].

Les coefficients de Kurtosis et de Skewness peuvent être utilisés pour s'assurer que les variables suivent une distribution normale, condition nécessaire pour de nombreux tests statistiques. On estime que le coefficient de symétrie ou Skewness doit être inférieur à 1 et le coefficient d'aplatissement ou Kurtosis doit être inférieur à 1.5 pour considérer que la variable suit bien une loi normale [Carricano et *al.*, 2008].

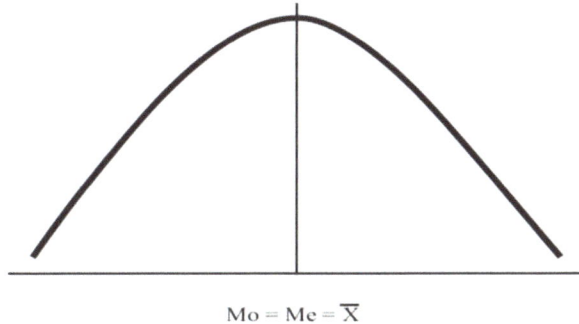

Figure 3- 9 : Représentation d'une distribution normale.
(Mo, moyenne ; Me, médiane)

8.2. Test de Kolmogorov-Smirnov

Le test de Kolmogorov-Smirnov "K-S" est un test non paramétrique permettant de tester plusieurs types de distributions. Dans ce livre, on testera seulement la distribution normale. Les variables suivant une loi normale seront représentées en moyennes et écart-types, tandis que celles qui ne la sont pas seront représentées en médianes et interquartiles.

8.2.1. Définitions

Le test de K-S est un test dit d'ajustement, car il permet d'établir si une population donnée suit une distribution particulière, condition exigée par de nombreux tests [Carricano et *al.*, 2008]. Il est donc un test de conformité à une loi de probabilité en permettant de comparer la fonction de répartition empirique construite à partir de l'échantillon à la fonction de répartition théorique d'une loi normale. La règle de décision pour le test K-S est la suivante [Concordet, 2013] :

- Pour $\alpha = 0.05$, on rejette H_0 si $K \geq 1.36$;
- Pour $\alpha = 0.01$, on rejette H_0 si $K \geq 1.63$.

Le test de la normalité de distribution se fait par le test de K-S qui permet de tester les hypothèses suivantes [Concordet, 2013] :

- H_0 : La distribution de l'échantillon suit une loi normale ;
- H_1 : La distribution de l'échantillon ne suit pas une loi normale.

Les caractéristiques d'une variable à distribution normale sont les suivantes :

- Distribution représentée graphiquement sous forme d'une cloche ;
- Les valeurs de la moyenne et la médiane sont presque égales ;
- Les coefficients de Kurtosis et Skewness sont nuls ou presque nuls.

Il y a deux possibilités pour les p-valeurs :

- Si la p-valeur par le test de K-S est supérieure ou égale à 0.05, on utilise la moyenne pour décrire les variables quantitatives ;
- Si la p-valeur par le test de K-S est strictement inférieure à 0.05, on utilise la médiane pour décrire les variables quantitatives.

8.2.2. Applications

L'application du test de K-S se fait en choisissant "Analyse/Tests non paramétriques/Boîtes de dialogue ancienne version/K-S à 1 échantillon", puis faites entrer la variable quantitative "Age", choisissez la distribution à tester "Normale", et cliquez sur le bouton "OK" pour que les résultats soient affichés sur le Viewer.

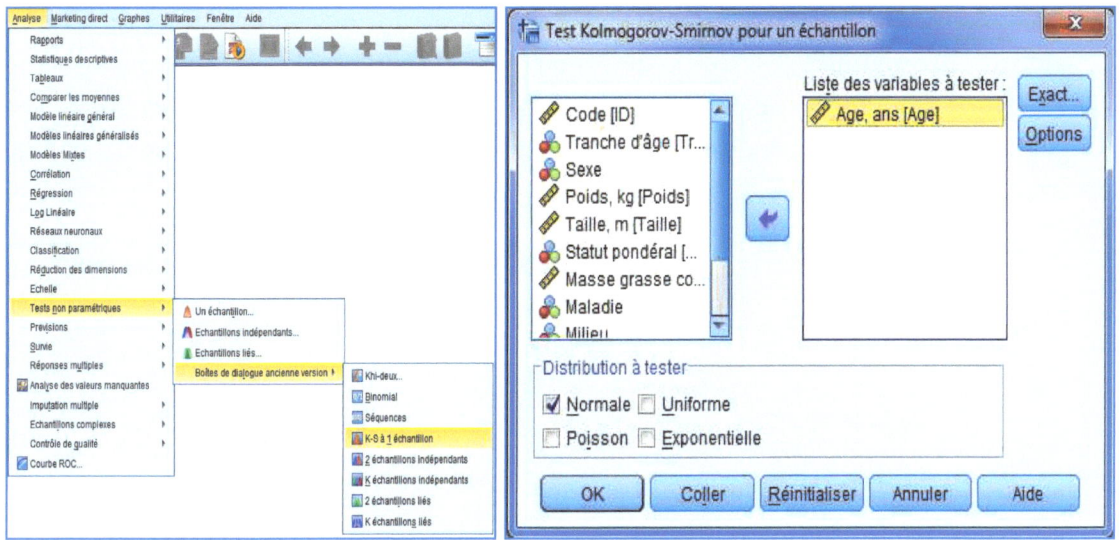

Figure 3-10 : Test de la normalité de distribution.

Le Tableau 3-5 montre le test de distribution de la variable quantitative "Age" qui contient 44 observations. La moyenne de cette variable est de "14.3284" et l'écart-type est de "0.80810". Le Z de K-S est la valeur observée pour déterminer la p-valeur de signification sur la table de Kolmogorov-Smirnov. Mais sur SPSS la p-valeur asymptotique "bilatérale" se détermine automatiquement. Dans ce cas, cette valeur est égale à 0.946 et strictement supérieure à 0.05. Donc, la distribution de la variable "Age" suit une loi normale.

Tableau 3- 5 : Test de Kolmogorov-Smirnov à un échantillon.

		Age, ans
N		44
Paramètres normaux[a,b]	Moyenne	14,3284
	Ecart-type	,80810
Différences les plus extrêmes	Absolue	,079
	Positive	,056
	Négative	-,079
Z de Kolmogorov-Smirnov		,525
Signification asymptotique (bilatérale)		,946

a. La distribution à tester est gaussienne.
b. Calculée à partir des données.

8.3. Diagramme P-P et Q-Q

Les diagrammes P-P et Q-Q permettent d'avoir une idée sur la distribution des variables étudiées.

8.3.1. Diagramme P-P

Le diagramme P-P est un diagramme basé sur la probabilité qui veut dire en anglais "Probability-Probability Plot" ou "P-P Plot".

Le diagramme P-P est aussi appelé dans le cas de la loi normale, "droite de Henry". L'idée des diagrammes P-P est de déformer l'axe des ordonnées, de telle façon que si la loi empirique est proche de la loi que l'on cherche à identifier alors les points sont à peu près alignés. Le diagramme P-P le plus courant est la droite de Henry qui permet de reconnaître la loi normale [Concordet, 2013].

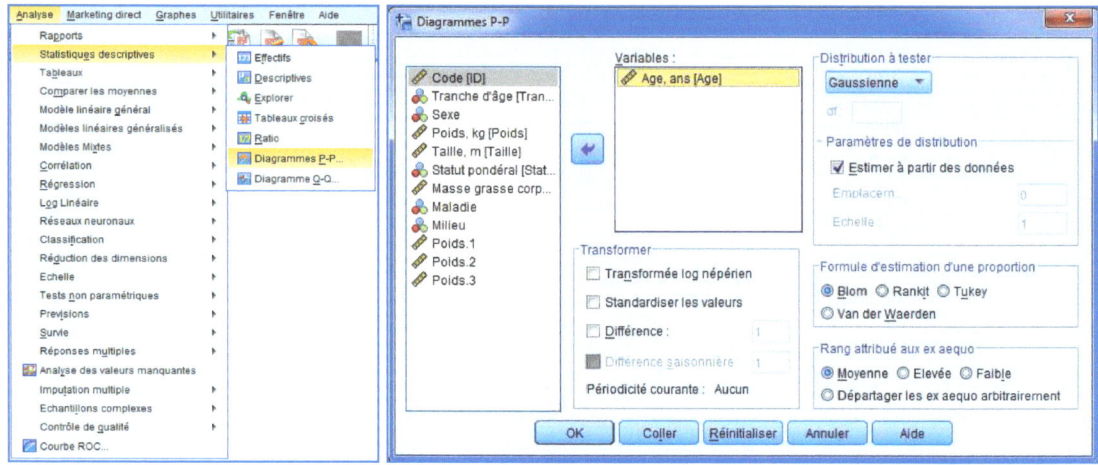

Figure 3- 11 : Analyse du diagramme P-P.

L'application de cette analyse se fait en allant sur "Analyse/Statistiques descriptives/Diagrammes P-P", puis faites passer par exemple la variable "Age" vers la cellule "Variable", et cliquez sur "OK" pour tester sa distribution selon une loi gaussienne (voir le bouton distribution à tester).

Le Tableau 3-6 montre que la distribution testée est "Gaussienne" et la formule d'estimation d'une proportion est de "Blom".

Tableau 3- 6 : Description du modèle.

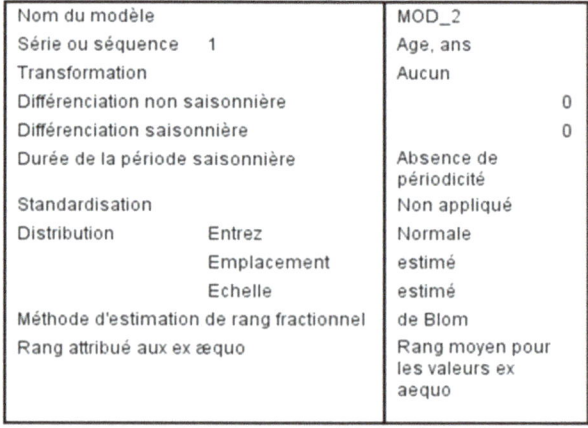

Le Tableau 3-7 montre l'emplacement représentant la moyenne, l'échelle représentant l'écart-type, et le nombre de valeurs manquantes dans le graphique de la variable étudiée "Age".

Tableau 3- 7 : Récapitulatif de traitement des observations, et paramètres de distribution estimée.

		Age, ans
Séries ou longueur de la séquence		44
Nombre de valeurs manquantes dans le graphique	Valeurs manquantes spécifiées par l'utilisateur	0
	Manquante par défaut :	0

Les observations ne sont pas pondérées.

		Age, ans
Distribution normale :	Emplacement	14,3284
	Echelle	,80810

Les observations ne sont pas pondérées.

Les graphiques suivants nous donnent une idée sur la normalité de distribution. On constate que les valeurs sont à peu près alignées sur la droite de Henry (graphique à gauche) ce qui indique que la distribution de la variable "Age" suit une loi normale.

Le diagramme P-P Normale de la variable "Age" est représenté par des probabilités cumulées théoriques en fonction des probabilités cumulées observées.

Le diagramme gaussien P-P des résidus Normale de la variable "Age" est représenté par des écarts de la loi normale en fonction des probabilités cumulées observées.

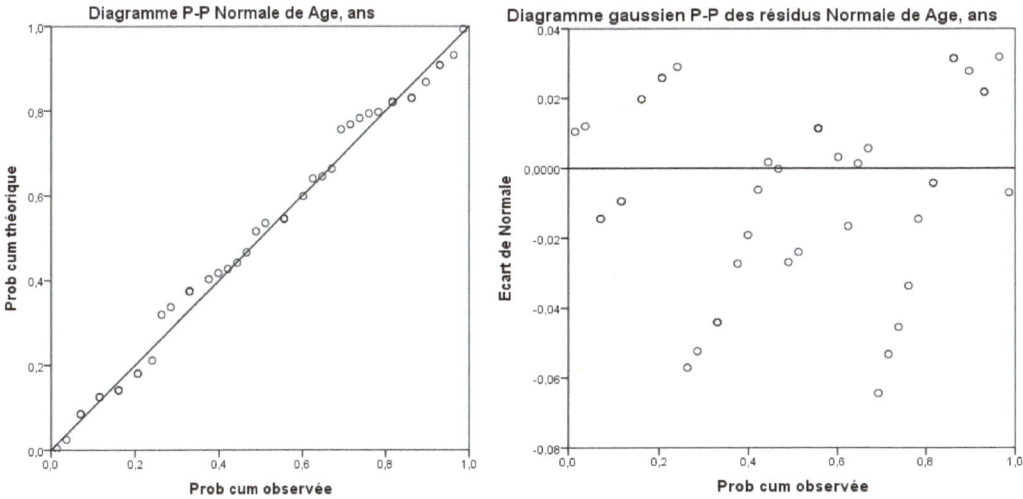

Figure 3- 12 : Représentations du diagramme P-P.

8.3.2. Diagramme Q-Q

Le diagramme Q-Q est un diagramme basé sur les quantiles qui veut dire en anglais "Quantile-Quantile Plot" ou "Q-Q Plot". Le diagramme Q-Q est une fonction de répartition empirique [Concordet, 2013].

L'application de cette analyse se fait en allant sur "Analyse/Statistiques descriptives/Diagrammes Q-Q", puis faites passer par exemple la variable "Age" vers la cellule "Variable", et cliquez sur "OK".

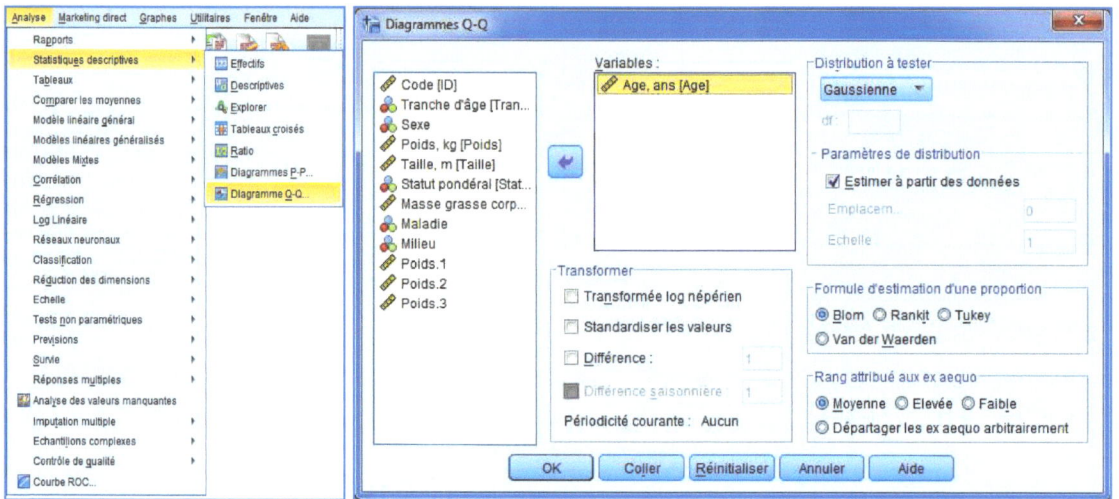

Figure 3- 13 : Analyse du diagramme Q-Q.

Le Tableau 3-8 montre que la distribution testée est "Gaussienne" et la formule d'estimation d'une proportion est de "Blom".

Tableau 3- 8 : Description du modèle.

Nom du modèle		MOD_3
Série ou séquence 1		Age, ans
Transformation		Aucun
Différenciation non saisonnière		0
Différenciation saisonnière		0
Durée de la période saisonnière		Absence de périodicité
Standardisation		Non appliqué
Distribution	Entrez	Normale
	Emplacement	estimé
	Echelle	estimé
Méthode d'estimation de rang fractionnel		de Blom
Rang attribué aux ex æquo		Rang moyen pour les valeurs ex aequo

Application des spécifications du modèle à partir de MOD_3

Le Tableau 3-9 montre l'emplacement représentant la moyenne, l'échelle représentant l'écart-type, et le nombre de valeurs manquantes dans le graphique de la variable étudiée "Age".

Tableau 3- 9 : Récapitulatif de traitement des observations, et paramètres de distribution estimée.

		Age, ans
Séries ou longueur de la séquence		44
Nombre de valeurs manquantes dans le graphique	Valeurs manquantes spécifiées par l'utilisateur	0
	Manquante par défaut :	0

Les observations ne sont pas pondérées.

		Age, ans
Distribution normale :	Emplacement	14,3284
	Echelle	,80810

Les observations ne sont pas pondérées.

Les graphiques suivants nous donnent également une idée sur la normalité de distribution. On constate que les valeurs sont à peu près alignées sur la droite théorique (graphique à gauche) ce qui indique que la variable "Age" a une distribution normale.

Le diagramme Q-Q Normale de la variable "Age" est représenté par des valeurs normales théoriques en fonction des valeurs observées.

Le diagramme Q-Q des résidus Normale de la variable "Age" est représenté par des écarts de la loi normale en fonction des valeurs observées.

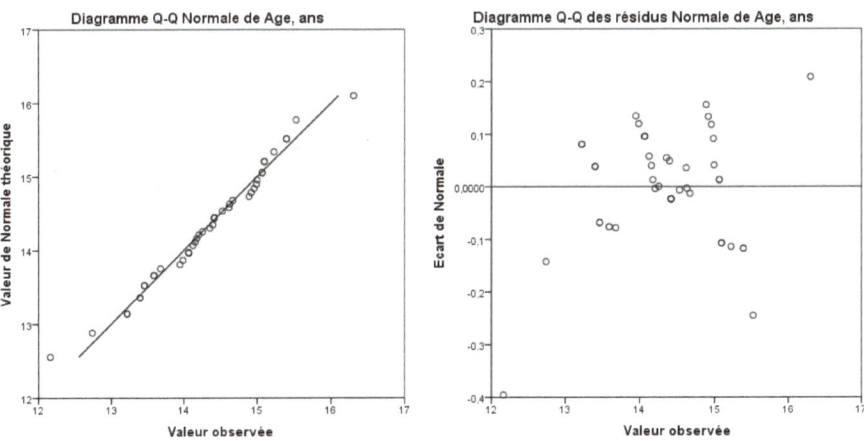

Figure 3- 14 : Représentations du diagramme Q-Q.

9. Transformation des variables

La transformation est une technique qui permet soit de rendre la distribution normale d'une variable dont sa distribution ne suit pas une loi normale, soit de diminuer l'influence des valeurs qui ne se distribuent pas normalement.

Ci-dessous des exemples de transformations proposées par Tabachnik et Fidell selon le type de distribution des données [Tabachnik et Fidell, 1996].

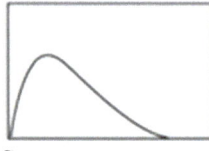
Square root
New variable = SQRT (Old variable)

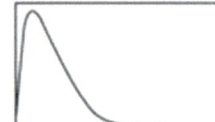
Logarithm
New variable = LG10 (Old variable)

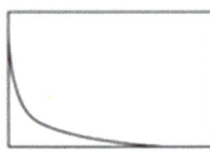
Inverse
New variable = 1 / Old variable

Reflect and square root
New variable = SQRT [(Largest possible value + 1) – Old variable]

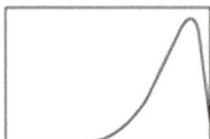
Reflect and logarithm
New variable = LG10 [(Largest possible value + 1) – Old variable]

Reflect and inverse
New variable = 1/ [(Largest possible value + 1) – Old variable]

Figure 3- 15 : Transformations selon le type de distribution des données [Tabachnik and Fidell, 1996].

La transformation de George Box et Sir David Cox de la variable x indexée par λ [Box and Cox, 1964] est exprimée selon la formule suivante :

$$x'_\lambda = \frac{x^\lambda - 1}{\lambda} \qquad x'_\lambda = \frac{e^{\lambda \log(x)} - 1}{\lambda}$$

λ, index qui varie de 1 à n ; x', variable transformée ; x, variable à transformer.

Considérons par exemple que la variable "Age" ne suit pas une loi normale c'est-à-dire la p-valeur par le test de Kolmogorov-Smirnov est strictement inférieure à la valeur du risque d'erreur (α=0.05) prise pour faire l'analyse statistique.

Le test de normalité par le test de Kolmogorov-Smirnov montrera une de ces deux possibilités suivantes :

- Si la p-valeur < 0.05, la distribution est anormale, on transforme donc la variable étudiée, ou on utilise des médianes, interquartiles, et tests non paramétriques ;
- Si la p-valeur ≥ 0.05, la distribution normale, on utilisera des moyennes, écart-types, et tests paramétriques.

La transformation est fortement recommandée dans le cas de développement des modèles pour diminuer l'influence de la distribution des valeurs lors de la prédiction de la variable dépendante.

La transformation nécessite d'aller sur "Transformer/Calculer une variable", puis saisissez la formule de transformation de la variable, par exemple LG10 de la variable "Age".

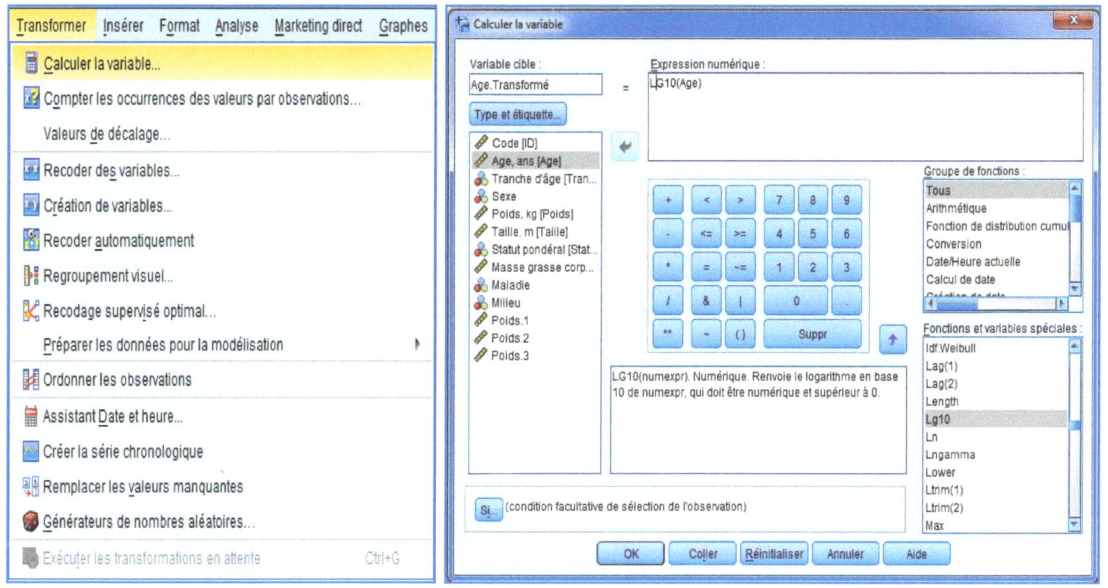

Figure 3- 16 : Log-transformation de la variable "Age".

Une fois la nouvelle variable "Age.Transformé" ou "Log$_{10}$ (Age)" est calculée, elle sera mise sur la dernière colonne de l'Editeur de données.

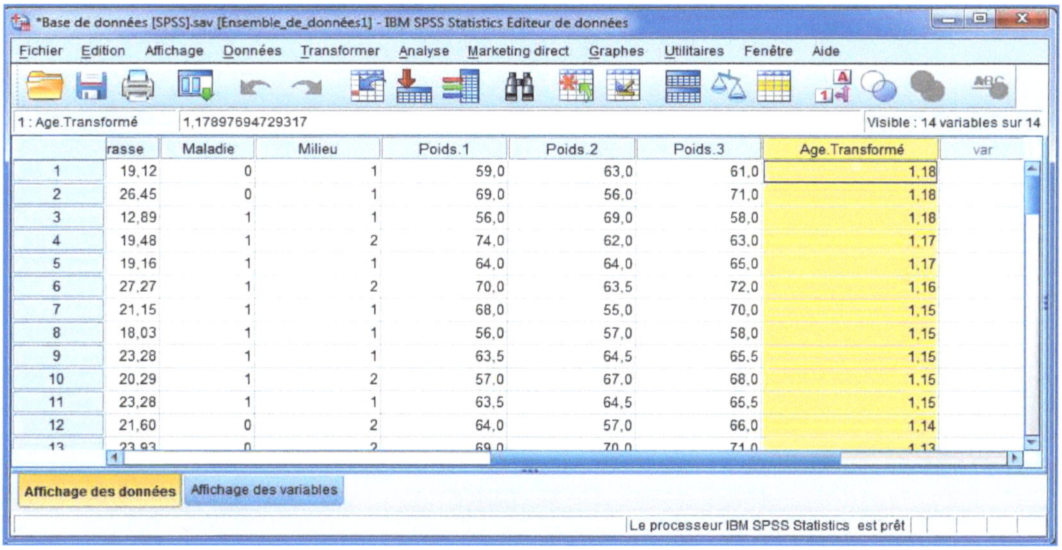

Figure 3- 17 : Affichage de la variable transformée sur l'Editeur de données.

Une fois la variable est transformée, refaites le test de normalité et revoyez si la distribution est rendue normale. Sinon, utilisez une autre transformation, ou utilisez des médianes, interquartiles, et tests non paramétriques pour représenter les résultats des données collectées.

Remarque : Parfois on utilise les valeurs transformées mêmes si elles ne suivent pas une loi normale juste pour diminuer l'influence de la distribution de ces valeurs.

10. Pondération des observations

La pondération est une technique importante pour équilibrer un échantillon non représentatif par rapport à la population totale.

Prenons par exemple un échantillon tiré à partir d'une population totale. Si on connait que les garçons représentent 60% et les filles représentent 40% au sein de la population totale (tableau 3-10). Et si par hasard nous avons constaté qu'au sein de l'échantillon, les filles représentent plus que les garçons, ce qui peut être contradictoire si on voit les pourcentages par sexe au sein de la population totale. Dans ce cas, une pondération par "Sexe" sera fortement nécessaire.

Si on ne connait rien sur la population totale on peut négliger la variation due à la non-pondération.

La pondération des données se fait par calcul du "Facteur de pondération" en divisant le pourcentage des garçons au sein de la population totale sur celui au sein de l'échantillon. On fait la même chose pour les filles.

Tableau 3- 10 : Facteurs de pondération selon le sexe.

	Echantillon	Population totale	Facteur de pondération
Garçon	47.7%	60%	60/47.7=1.258
Fille	52.3%	40%	40/52.3=0.765
Total	100.0%	100.0%	-

10.1. Calcul du facteur de pondération

Le facteur de pondération se calcule à partir de l'option "Transformer" selon un test logique, puis choisissez la commande "Calculer la variable", et suivez les étapes suivantes :

- Nommer la variable cible, par exemple "Pondération" ;
- Saisir l'expression numérique en mettant 60/47.7 si garçon, et 40/52.3 si fille. Notez bien qu'il faut mettre des points au lieu des virgules. Car la barre d'expression n'accepte pas de virgules ;
- Cliquer sur le bouton "SI" ;
- Cocher le choix "Inclure lorsque l'observation remplit la condition" ;
- Saisir la condition logique en mettant "Sexe=1" si garçon, et "Sexe=2" si fille.

Le "Sexe" est une variable qui se trouve sur la base de données, et qui doit être écrite correctement pour que le facteur de pondération soit calculé.

Remarque : Les échantillons peuvent être pondérer par des variables différentes selon les données qu'ils contiennent. Donc, la pondération n'est pas limitée au sexe mais aussi à d'autres variables par exemple la pondération par ethnie ou race.

➔ Si garçon

Dans le cas où le sujet serait masculin, le facteur de pondération se calculerait en choisissant "Transformer/Calculer la variable", puis saisir l'expression et le test logique correspondant aux garçons, et cliquez sur les boutons "Poursuivre" et "OK".

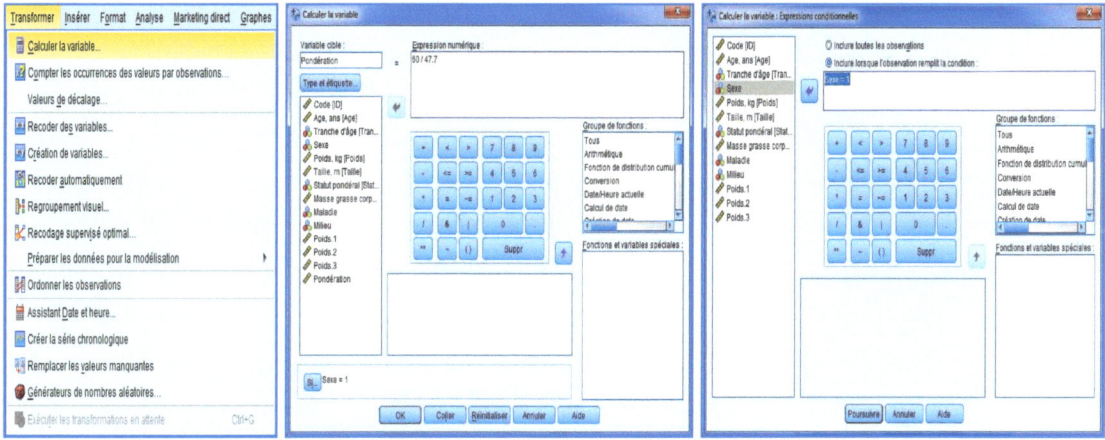

Figure 3-18 : Calcul du facteur de pondération pour les garçons.

➔ Si fille

Dans le cas où le sujet serait féminin, le facteur de pondération se calculerait en choisissant "Transformer/Calculer la variable", puis saisir l'expression et le test logique correspondant aux filles, et cliquez sur les boutons "Poursuivre" et "OK".

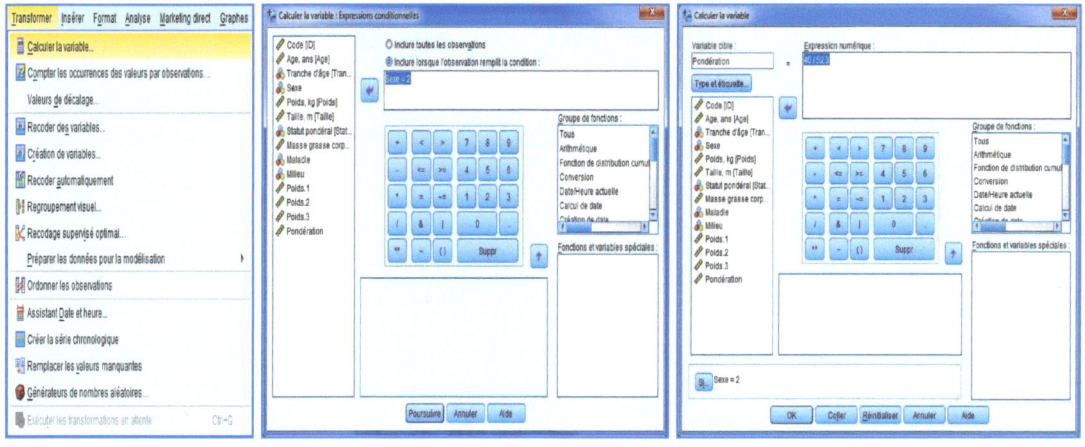

Figure 3-19 : Calcul du facteur de pondération pour les filles.

Dans le cas des filles ou pendant le deuxième calcul, une boîte de dialogue apparaîtra "Modifier la variable existante ?", là cliquez sur "OK" pour ajouter le facteur de pondération des filles sur la même colonne correspondant aux valeurs du facteur de pondération pour les garçons.

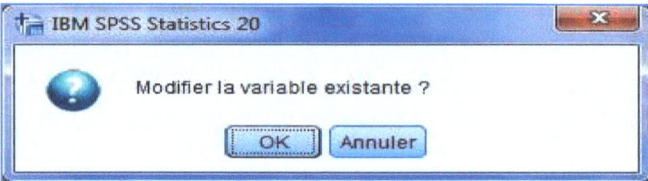

Figure 3- 20 : Proposition de modification de la variable existante.

10.2. Application du facteur de pondération

L'application du facteur de pondération pour toutes les observations étudiées se fait en allant sur l'option "Données", puis choisissez la commande "Pondérer les observations", cochez "Pondérer les observations par", faites passer la variable calculée "Pondération" ou "Facteur de pondération" vers la cellule de la "Variable d'effectif", et cliquez sur "OK".

Figure 3- 21 : Pondération de l'échantillon.

Une fois cette commande est exécutée, toutes les observations seront pondérées à chaque analyse statistique faite par l'utilisateur ou le statisticien.

Remarque : Pour annuler la pondération des observations, cliquez sur le bouton "Réinitialiser" ou cochez le choix "Ne pas pondérer les observations", puis cliquez sur "OK".

Chapitre IV

Description graphique et imputation multiple

Dans ce chapitre, nous allons apprendre à déterminer les valeurs manquantes par l'imputation multiple, et à représenter graphiquement les données collectées.

1. Imputation multiple

L'imputation multiple est une analyse donnant une idée sur les valeurs manquantes graphiquement pour une population donnée.

L'application d'analyse d'imputation multiple se fait en choisissant "Analyse/Imputation multiple/Analyser les modèles", puis faites entrer toutes les variables quantitatives et qualitatives, et cliquez par la suite sur le bouton "OK" pour que les analyses soient exécutées et les résultats soient affichés sur le Viewer.

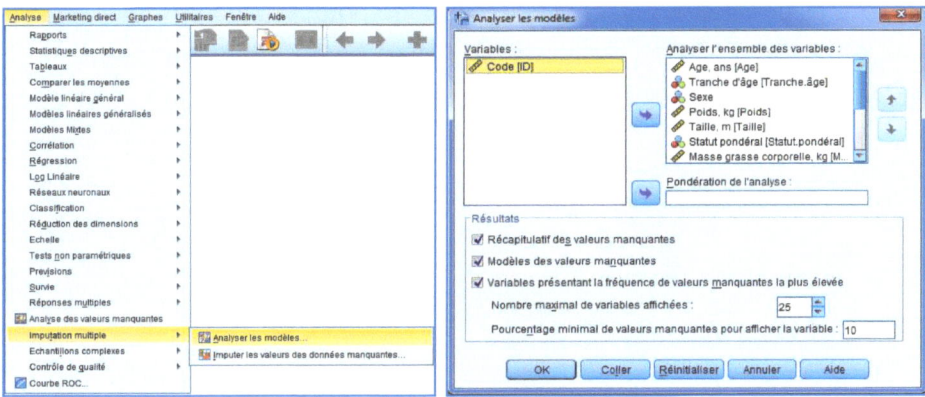

Figure 4- 1 : Analyse d'imputation multiple.

La représentation suivante décrit les valeurs manquantes par variables "14", par observations "44", et par valeurs "616". On constate qu'on n'a aucune valeur manquante.

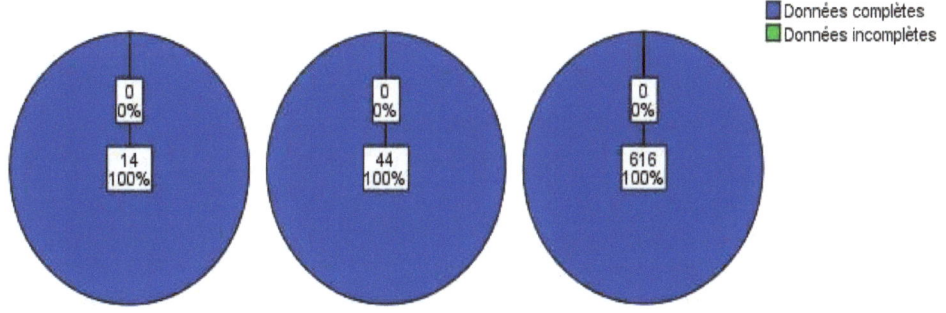

Figure 4- 2 : Récapitulatif global des valeurs manquantes.

La représentation suivante nous montre les motifs en fonction de toutes les variables. On constate également qu'il n'y a pas de valeurs manquantes.

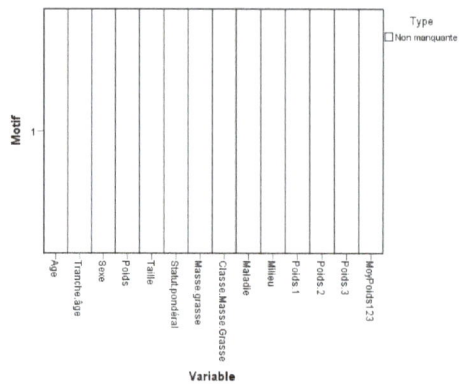

Figure 4- 3 : Modèles des valeurs manquantes.

Le graphique ci-dessous représente la somme de pourcentage en fonction du "Modèle de valeur manquante". Les valeurs dans la base de données sont complètes à 100%, ceci signifie qu'il n'y a pas de valeurs manquantes.

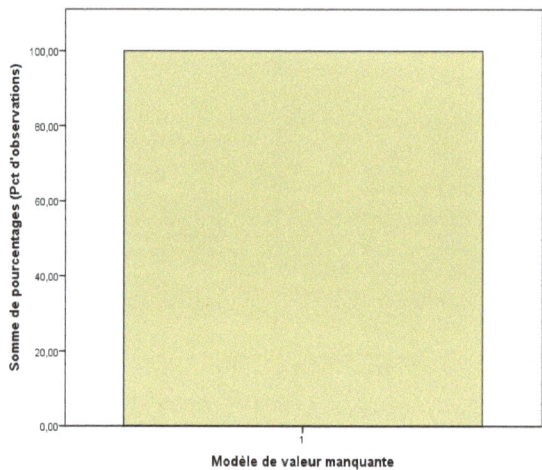

Figure 4- 4 : Somme de pourcentage en fonction du modèle de valeur manquante.

Remarque : Dans la plupart des cas, pour faire des décisions définitives, il faut analyser des bases de données représentatives et ne contenant pas des valeurs aberrantes.

2. Diagramme de Pareto

Le diagramme de Pareto est un type d'histogramme dont les données sont classées par ordre décroissant pour contrôler la qualité de données.

L'application de cette analyse se fait en choisissant "Analyse/Contrôle de qualité/Diagrammes de Pareto", puis sélectionnez par exemple le choix "Pile" pour représenter deux ou plus de modalités, et cliquez ensuite sur le bouton "Définir" pour faire apparaître la deuxième boîte de dialogue.

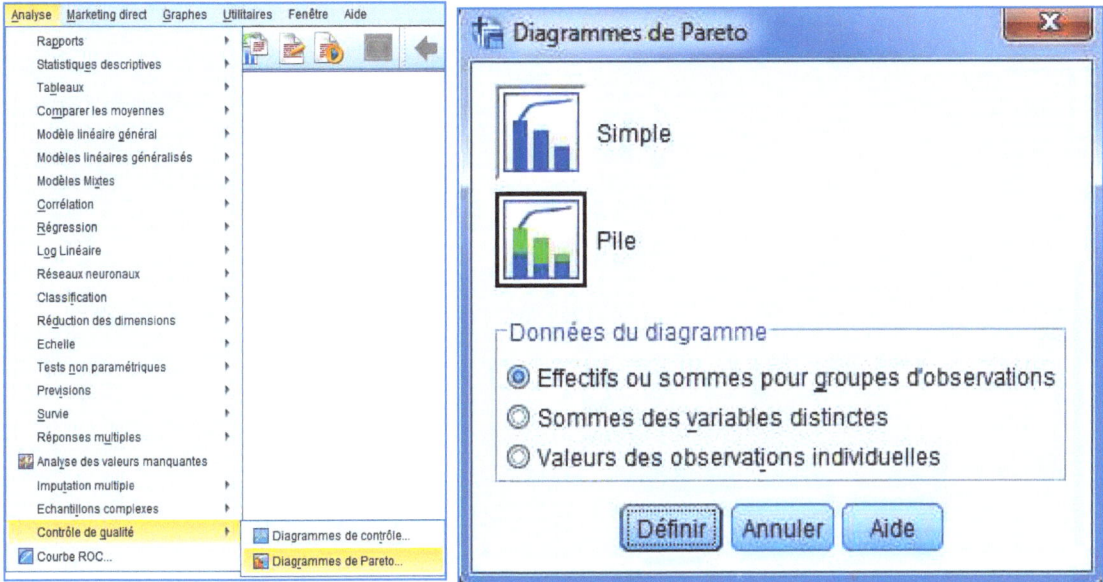

Figure 4- 5 : Analyse du diagramme de Pareto.

Sur la deuxième boîte de dialogue, faites passer la variable "Sexe" vers la cellule "Axe des modalités", la variable "Maladie" dans le cellule "Définir les bâtons empilés", et cliquez sur le bouton "OK" pour que l'analyse soit exécutée.

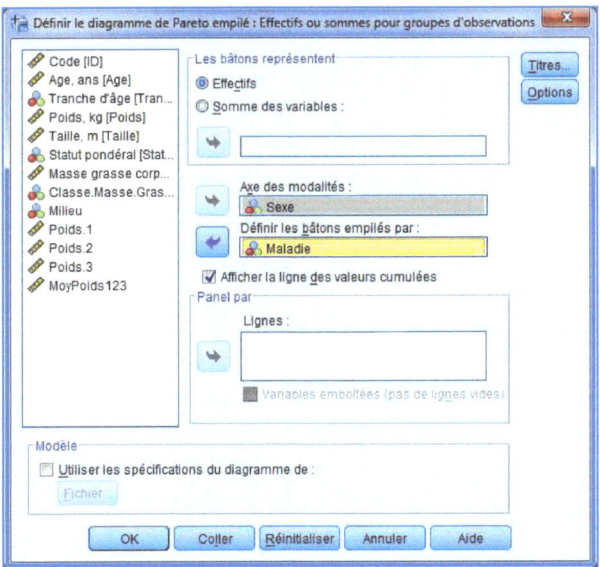

Figure 4- 6 : Définition des paramètres du diagramme de Pareto.

Une fois l'analyse est exécutée en cliquant sur le bouton "OK", la représentation graphique sera affichée sur le Viewer.

Le diagramme de Pareto représente les bâtons des deux groupes de la variable "Maladie" pour les deux modalités de la variable "Sexe". L'effectif de la modalité

"Malade" est moins important chez les garçons que chez les filles. On fait la somme des effectifs des deux modalités de la variable "Maladie" pour chaque groupe de la variable "Sexe", puis on les classe par ordre décroissant. Ces bâtons sont accompagnés d'une droite d'accumulation.

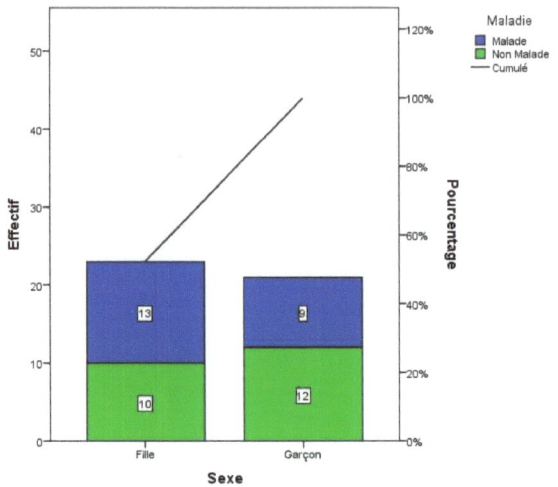

Figure 4- 7 : Diagramme de Pareto.

3. Génération de diagrammes

La génération de diagrammes permet de faire des représentations graphiques telles que : les diagrammes en barres, les courbes, les boîtes à moustache, etc.

L'application de cette analyse se fait par le choix de "Graphes/Générateur de diagrammes". Une boîte de dialogue, qui exige que les niveaux de mesure "Echelle, Nominale, Ordinale" soient bien définis pour les variables étudiées, apparaîtra par la suite. Si ces propriétés sont déjà définies, cliquez sur le bouton "OK" et définissez le type de diagramme, sinon cliquez sur "Définir les propriétés de variables" et définissez le niveau de mesure des variables incluses dans l'analyse.

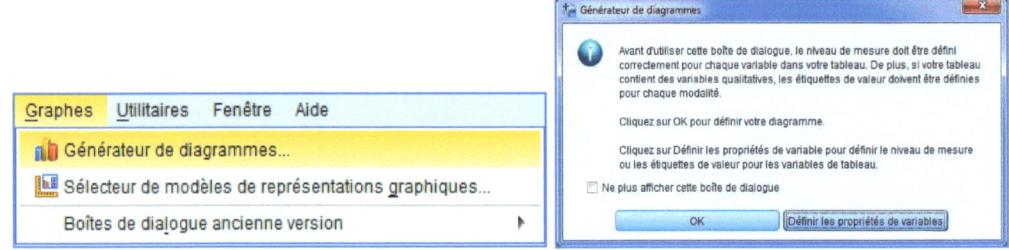

Figure 4- 8 : Génération de diagramme sur SPSS.

Si vous cliquez sur le bouton "OK", une boîte de dialogue apparaîtra sur laquelle vous allez choisir un type de diagramme selon le type de données. Choisissez par exemple

"Histogramme" pour représenter la moyenne de la variable "Poids" selon les variables "Sexe" et "Statut pondéral" (voir Galerie). Parmi les quatre types d'histogrammes, vous pouvez choisir le deuxième type en comptant de gauche à droite.

Comme vous le voyez il y a deux axes :

- Axe des abscisses : pour faire passer la variable dont la mesure est "Nominale" ou "Ordinale" sur cet axe, double-cliquez par exemple sur la variable "Statut pondéral" et glissez-la vers la cellule de l'axe des abscisses ;
- Axes des ordonnées : pour faire passer la variable dont la mesure est "Echelle" sur cet axe, double-cliquez par exemple sur la variable "Poids" et glissez-la vers la cellule de l'axe des ordonnées.

En outre les variables de l'axe des abscisses et des ordonnées, on peut ajouter une autre variable, ordinale ou nominale comme la variable "Sexe", sur la cellule "Empiler : Couleur définie". Cet ajout permet de faire une représentation graphique pour chaque modalité de la variable d'empilement.

Une fois les paramètres sont bien définis, cliquez sur le bouton "OK" pour que la représentation graphique soit affichée.

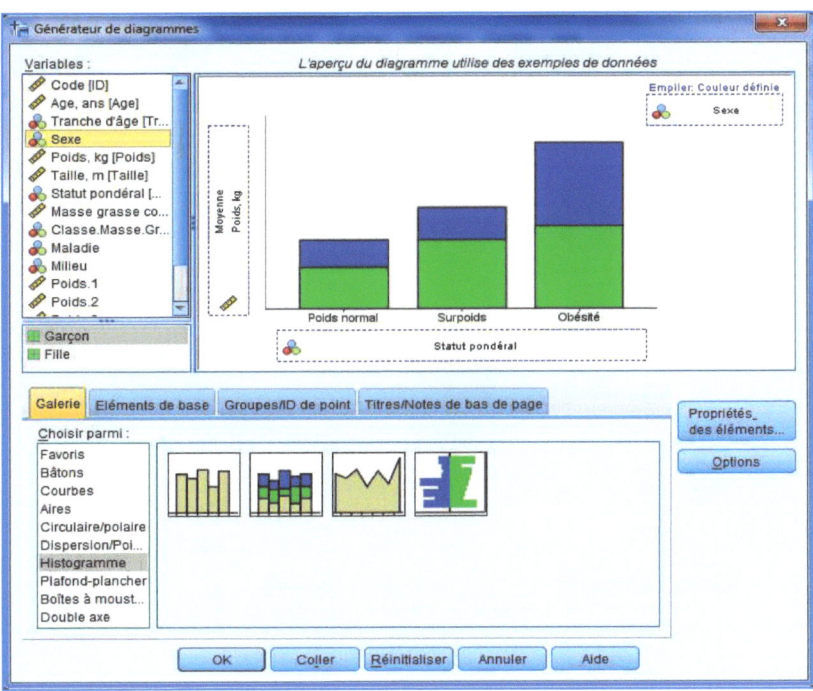

Figure 4- 9 : Galerie des représentations graphiques.

L'histogramme ci-dessous représente les moyennes de la variable "Poids" chez les filles et les garçons selon leur "Statut pondéral" qui est défini par trois modalités : Poids normal, Surpoids, et Obésité.

La modification des paramètres de l'histogramme comme par exemple : "Echelle des axes, Etiquettes de données, …" se fait en double-cliquant sur la représentation pour afficher la boîte de dialogue "Editeur de diagrammes", puis cliquez sur le bouton d'affichage des "Etiquettes de données" pour que les valeurs d'effectifs, ou pourcentages, ou moyennes, ou médianes, … soient affichées pour tous les bâtons selon le type de données mises sur l'axe des ordonnées.

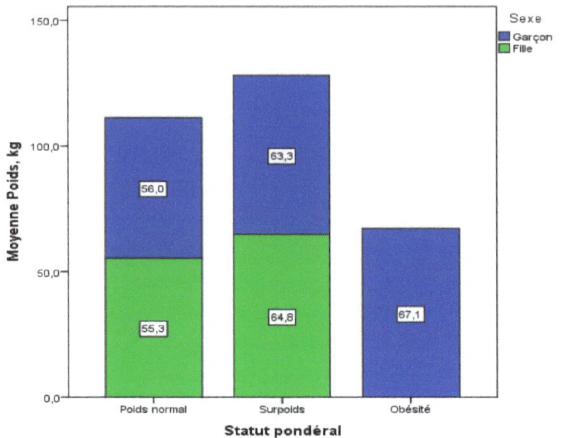

Figure 4-10 : Représentation du poids en fonction du statut pondéral et selon le sexe.

L'effectuation de la représentation graphique dont les variables qualitatives "Nominales" ou "Ordinales" ont un nombre de modalités supérieur à deux, se fait en cliquant sur le bouton "Groupes/ID de point".

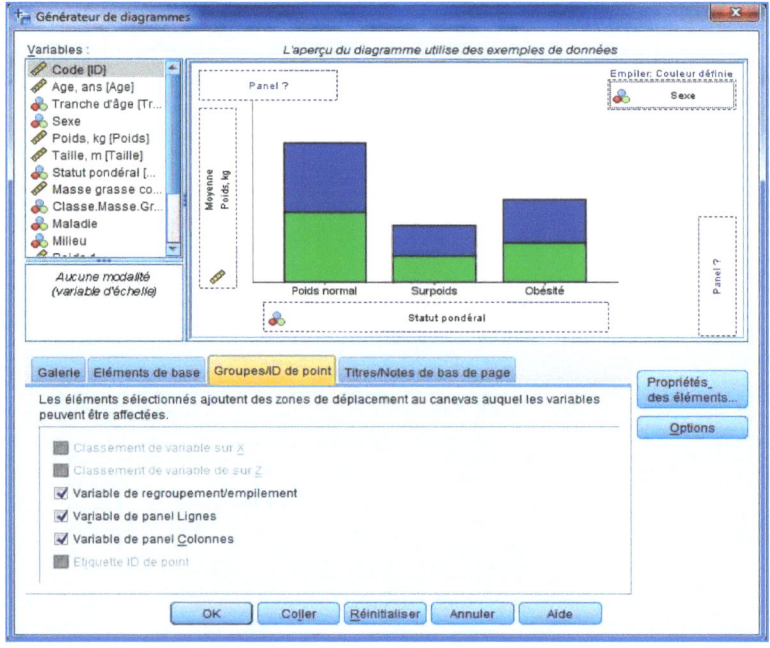

Figure 4-11 : Affichage des cellules des "Groupes/ID de point".

Cochez ensuite les choix suivants :

- Variable de regroupement/empilement ;
- Variable de panel Lignes ;
- Variable de panel Colonnes.

Une fois que ces choix sont cochés, deux cellules "Panel ?" s'ajoutent à la première cellule "Empiler : Couleur définie".

Dans ce cas, les variables "Milieu" et "Maladie" ont été définies comme "Panel Lignes" et "Panel Colonnes" respectivement.

Une variable d'empilement ou de panel peut être définie en double-cliquant sur la variable et la faire passer vers la cellule, puis cliquez sur le bouton "OK".

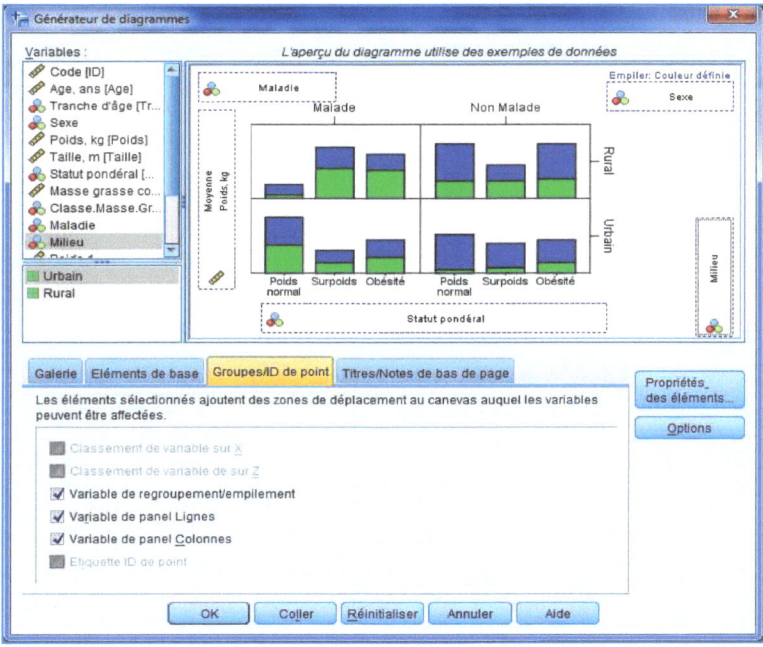

Figure 4- 12 : Définition des variables d'empilement et de panel.

La représentation graphique suivante montre la moyenne de la variable "Poids" en fonction de quatre variables qualitatives :

- La variable "Statut pondéral" dont les modalités sont : Poids normal, Surpoids, Obésité ;
- La variable "Milieu" contenant deux modalités : Urbain, Rural ;
- La variable "Maladie" dont les deux modalités sont : Malade, Non Malade ;
- La variable "Sexe" avec deux modalités : Garçon, Fille.

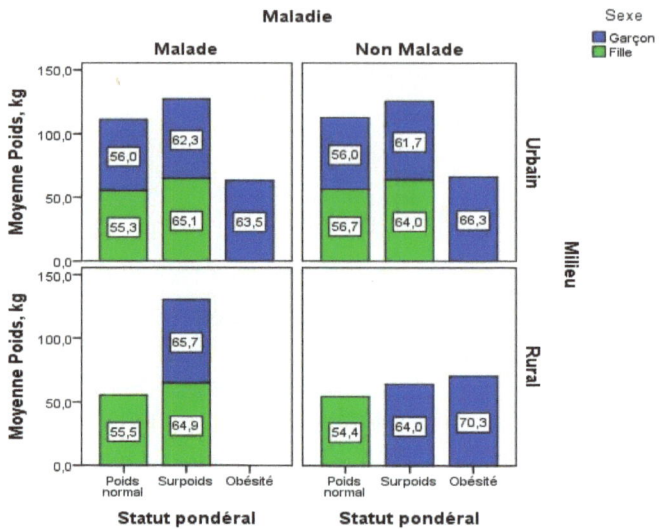

Figure 4- 13 : Représentation graphique du poids en fonction de quatre variables qualitatives.

4. Modèles de représentations graphiques

Le sélecteur de modèles de représentations graphiques permet de définir des représentations graphiques selon le nombre de variables sélectionnées. Cette commande une fois exécutée, nous proposera le type de diagramme selon le nombre de variables et le type de données.

La représentation graphique d'une ou de plusieurs variables nécessite de définir correctement les propriétés des variables sur l'Editeur de données.

Dans le cas d'une variable unique, l'application d'un modèle de représentations graphiques se fait en choisissant "Graphes/Sélecteur de modèles de représentations graphiques". Puis une boîte de dialogue apparaîtra sur laquelle vous choisissez la variable qui sera inclue dans le graphe.

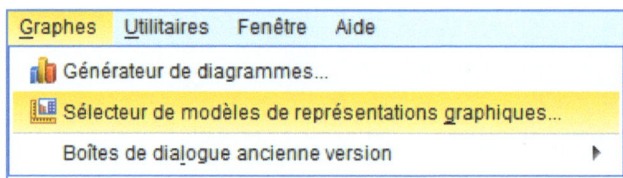

Figure 4- 14 : Exécution du sélecteur de modèles de représentations graphiques.

Une fois la variable est choisie, trois types de diagrammes seront proposés par le "Sélecteur de modèles de représentations graphiques" qui sont : Histogramme, Histogramme avec une distribution normale, et Tracé de points.

Dans cet exemple, nous avons choisi le type "Histogramme" pour représenter les valeurs de la variable quantitative "Age" dont le récapitulatif est "Effectif". On clique par la suite sur le bouton "OK".

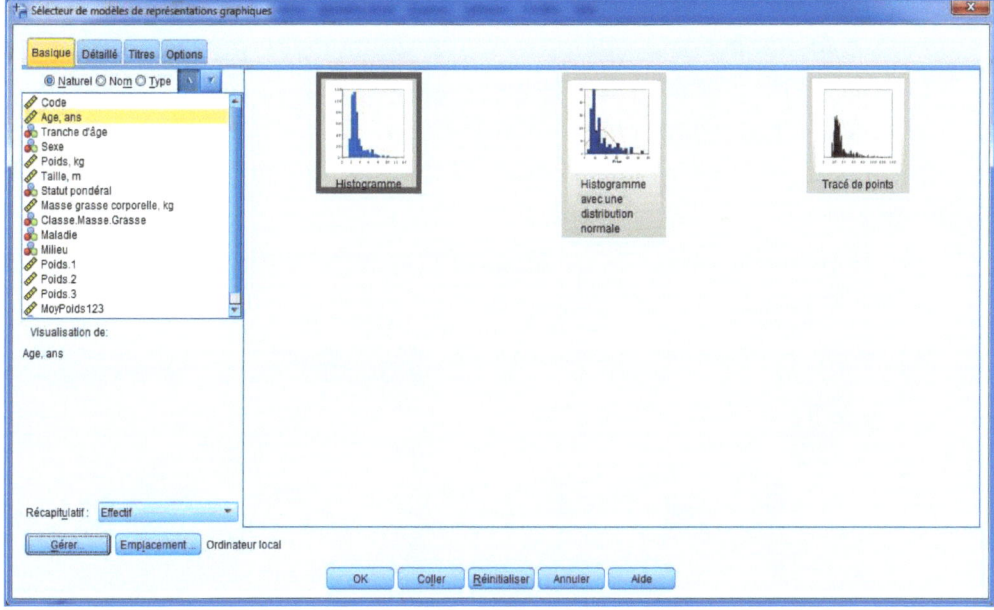

Figure 4- 15 : Modèles de représentations graphiques pour une variable quantitative unique.

Une fois l'analyse statistique est exécutée, la représentation graphique sera affichée sur le Viewer.

La représentation graphique suivante nous montre le nombre d'observations ou effectifs pour les valeurs de la variable "Age". Cette analyse représente clairement la distribution des valeurs de l'âge si on ajoute une courbe de distribution normale.

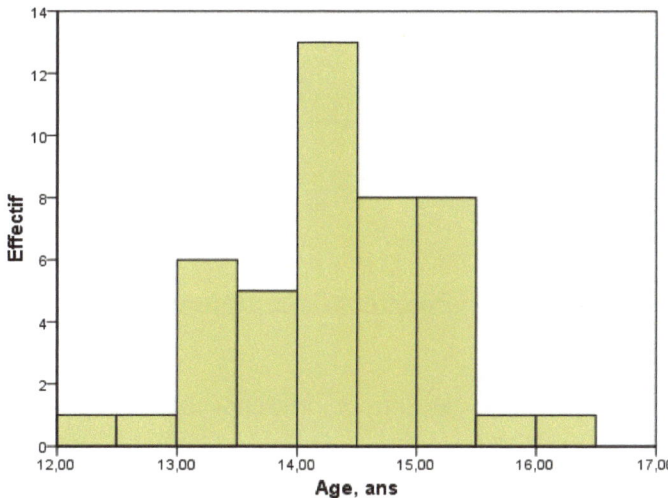

Figure 4- 16 : Représentation graphique pour la variable "Age".

Remarque : La représentation graphique de deux variables exige de suivre les étapes suivantes :

- *Sélectionner les deux variables en utilisant le bouton "Ctrl" du clavier, puis le "Curseur" par la souris pour ajouter les variables ;*
- *Choisir le diagramme qui pourra représenter les données d'une manière claire et facile à interpréter. Dans ce cas on aura plusieurs choix comme par exemple : Aires, Diagramme de dispersion, Ruban, Parallèle, etc. Parfois on est obligé d'essayer plusieurs diagrammes jusqu'à ce qu'on trouve le diagramme le plus représentable ;*
- *Cliquer sur le bouton "OK" pour que la représentation graphique soit affichée sur le Viewer.*

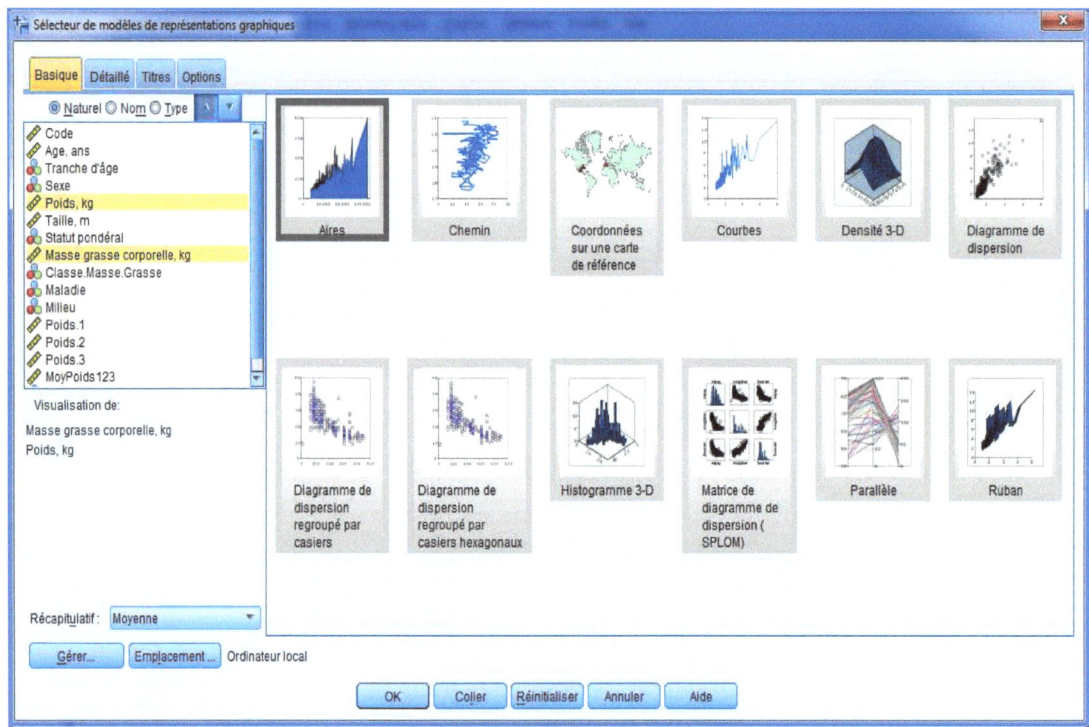

Figure 4- 17 : Modèles de représentations graphiques pour deux variables quantitatives.

5. Diagrammes en bâtons 3D

Les diagrammes en bâtons 3D permettent de représenter graphiquement les variables en trois dimensions.

L'application de cette analyse se fait en choisissant "Graphes/Boîtes de dialogue ancienne version/Bâtons 3D", puis cochez le choix "Groupes d'observations" des axes "X" et "Z", et cliquez sur le bouton "Définir".

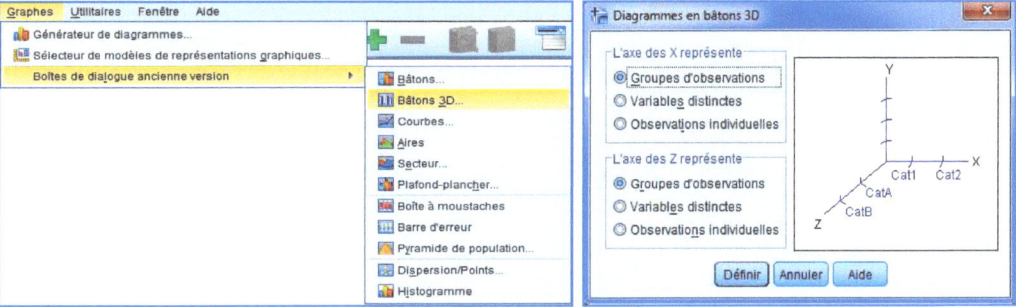

Figure 4- 18 : Représentation d'un diagramme en bâtons à trois dimensions.

Sur la boîte de dialogue "Définir un bâton 3D : Récapitulatifs de groupes d'observations", faites passer la variable qualitative "Sexe" vers la cellule "Axe X des modalités", puis la variable "Milieu" vers la cellule "Axe Z des modalités", et cliquez sur le bouton "OK".

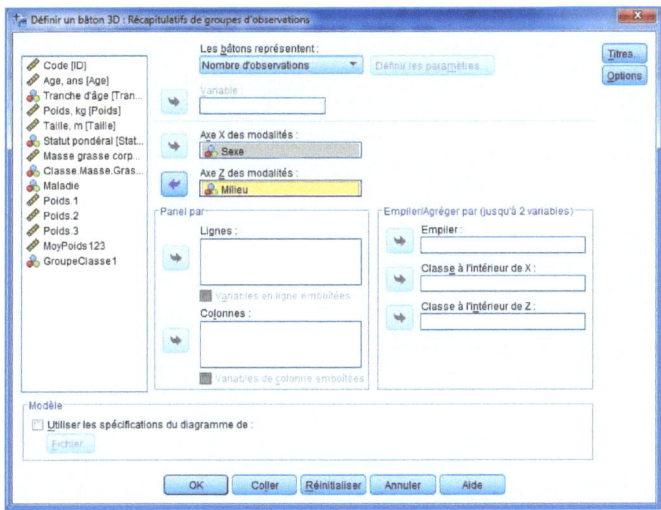

Figure 4- 19 : Définition des variables pour les deux axes.

Une fois l'analyse statistique est exécutée, la représentation graphique sera affichée sur le Viewer.

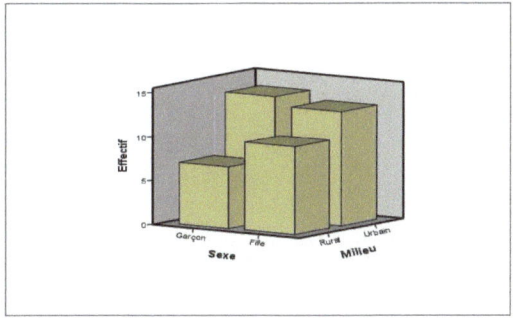

Figure 4- 20 : Représentation graphique à trois dimensions.

La représentation graphique ci-dessus montre le nombre d'observations ou effectifs des sujets habitant en milieu "Urbain" et ceux habitant en milieu "Rural" chez les filles et les garçons.

6. Diagrammes en secteurs

Les diagrammes en secteurs permettent de représenter graphiquement les variables sous forme circulaire ou semi-circulaire.

L'application de cette analyse se fait en choisissant "Graphes/Boîtes de dialogue ancienne version/Secteur", puis cochez le choix "Récapitulatifs pour groupes d'observations", et cliquez sur le bouton "Définir".

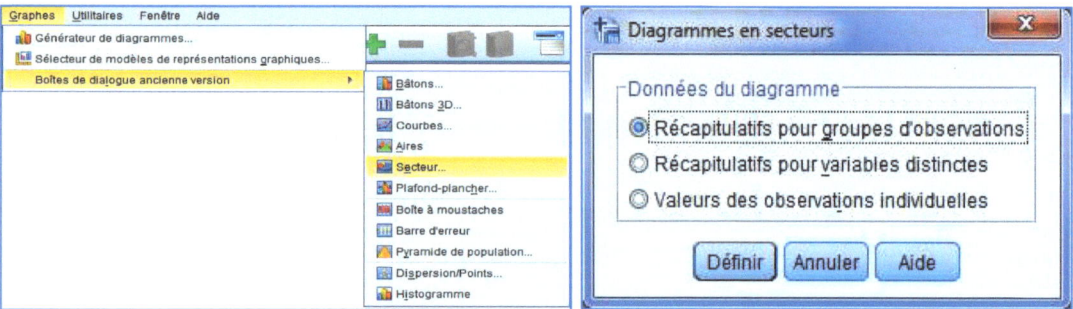

Figure 4- 21 : Représentation d'un diagramme en secteurs.

Sur la boîte de dialogue "Définir le secteur : Récapitulatifs de groupes d'observations", faites passer la variable qualitative "Maladie" vers la cellule "Définir les secteurs", puis la variable "Sexe" vers la cellule "Lignes", et cliquez sur le bouton "OK".

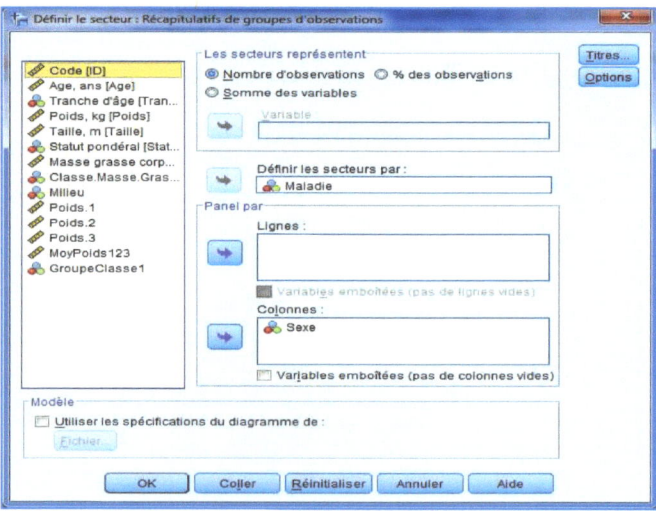

Figure 4- 22 : Définition des variables de la représentation en secteurs.

Une fois l'analyse statistique est exécutée, la représentation graphique sera affichée sur le Viewer.

La représentation graphique suivante montre le nombre d'observations ou effectifs des sujets "Malades" et ceux "Non Malades" chez les filles et les garçons. Les pourcentages correspondant aux effectifs sont ajoutés en passant par "Editeur de diagrammes", puis cliquez sur le bouton d'affichage des "Etiquettes de données".

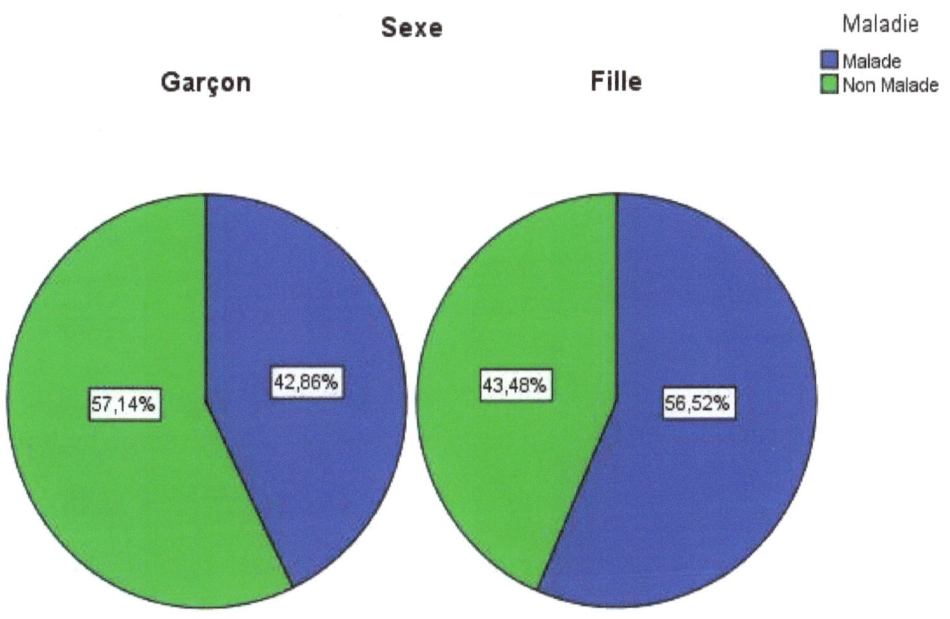

Figure 4- 23 : Diagramme en secteurs.

7. Boîte à moustaches

Les boîtes à moustaches "Box-plot en anglais" permettent de représenter graphiquement les variables quantitatives à distribution ne suivant pas une loi normale. Parfois même si la distribution d'une variable donnée est normale, on fait des boîtes à moustaches pour que les résultats soient beaucoup plus représentables. Par exemple si le revenu mensuel des personnes par pays est plus proche d'une distribution normale, il convient d'utiliser les médianes. Parce que si on fait des moyennes on trouvera que toutes les personnes ont un bon revenu, chose qui n'est pas correcte en réalité, parce qu'il y a des personnes qui sont très à l'aise, alors que d'autres ne le sont pas.

L'application de cette analyse se fait en choisissant "Graphes/Boîtes de dialogue ancienne version/Boîte à moustaches", puis choisissez le type de diagramme "Simple", cochez le choix "Récapitulatifs pour groupes d'observations", et cliquez sur le bouton "Définir".

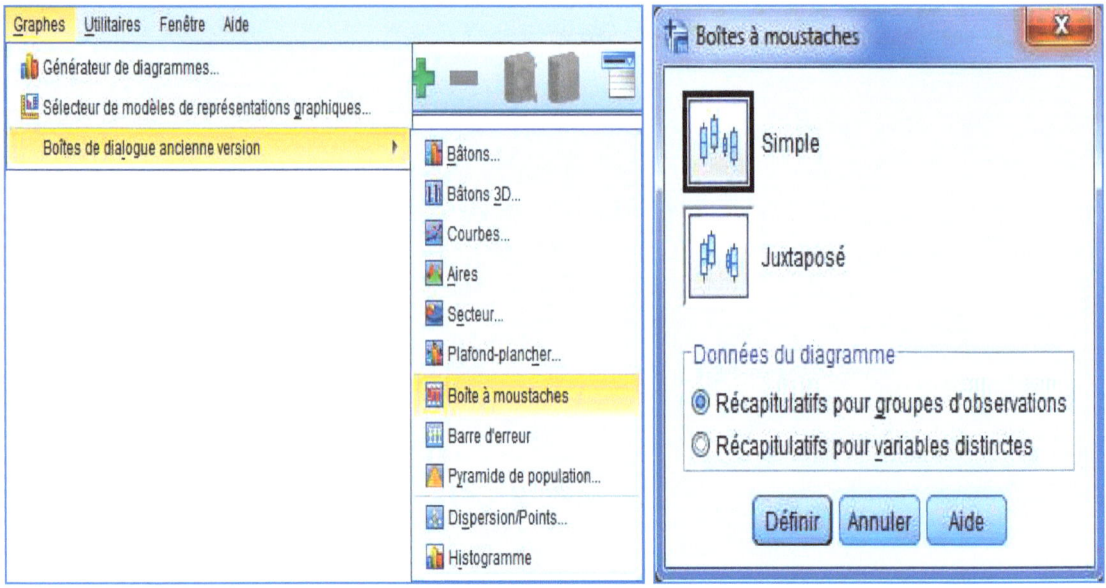

Figure 4- 24 : Choix du type des boîtes à moustaches.

Faites passer la variable quantitative "Age" vers la cellule "Variable", et la variable qualitative "Sexe" vers la cellule "Axe des modalités", et cliquez sur le bouton "OK".

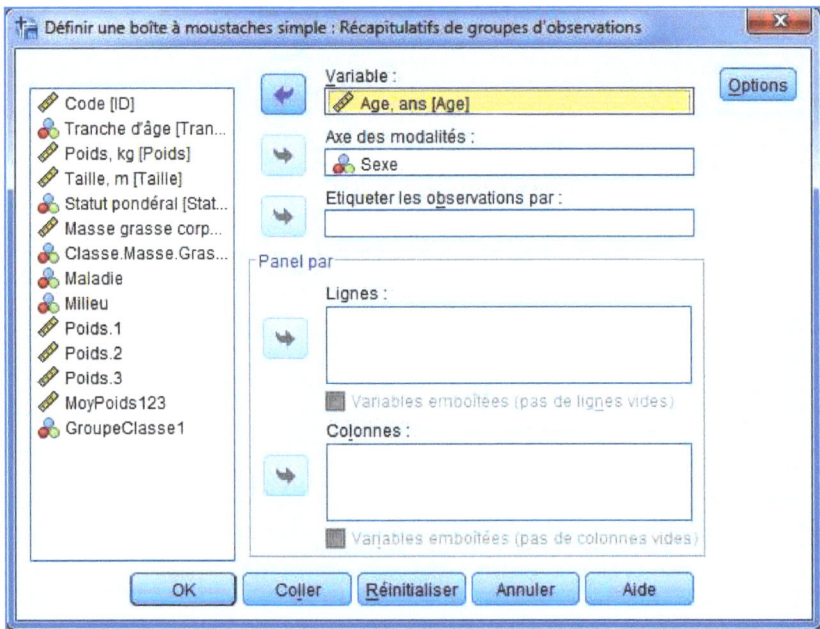

Figure 4- 25 : Définition des variables.

Une fois l'analyse statistique est exécutée, les résultats seront affichés sur le Viewer.

Le Tableau 4-1 montre le nombre des observations valides et manquantes pour les valeurs de la variable quantitative "Age" selon la variable qualitative "Sexe".

Tableau 4- 1 : Récapitulatif du traitement des observations.

		Observations					
		Valide		Manquante		Total	
	Sexe	N	Pourcent	N	Pourcent	N	Pourcent
Age, ans	Garçon	21	100,0%	0	0,0%	21	100,0%
	Fille	23	100,0%	0	0,0%	23	100,0%

La représentation graphique suivante nous montre les deux boîtes à moustaches, une pour les garçons et l'autre pour les filles. Chaque boîte représente une valeur minimale avec ou sans "Outlier < Q_1 − 1.5*IQR", et une valeur maximale avec ou sans "Outlier > Q_3 + 1.5*IQR", le premier quartile à 25% "Q_1", le deuxième quartile à 50% "Q_2 ou Médiane" qui se situe au milieu d'une série dont les valeurs sont classées par ordre croissant, le troisième quartile à 75% "Q_3", et l'espace interquartile "IQR = Q_3 − Q_1".

On constate qu'il y a deux valeurs "Outliers" chez les filles. Ces valeurs prennent en considération le triage des deux variables utilisées "Age" et "Sexe". Pour trouver les mêmes "Outliers" de "22" et "44", trier les variables "Age" suivi par la variable "Sexe" par ordre croissant.

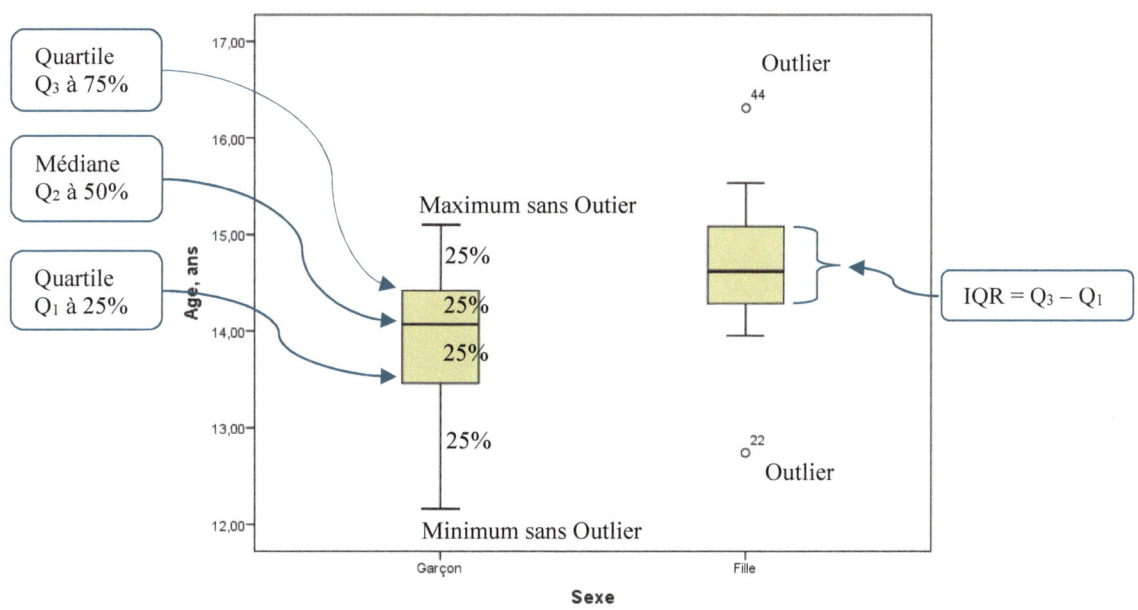

Figure 4- 26 : Représentation des boîtes à moustaches.

Remarque :

- *Les valeurs de la variable "Age" suivent une loi normale, et pour vous monter comment représenter une boîte à moustache, nous avons considéré cette variable comme si elle a une distribution anormale ;*
- *Dans le cas de distribution normale, la médiane et la moyenne sont presque égales.*

8. Diagramme en dispersion/points

Les diagrammes "Dispersion/Points" sont des représentations permettant de représenter graphiquement les variables sous forme de dispersion ou de points.

L'application de cette analyse se fait en choisissant "Graphes/Boîtes de dialogue ancienne version/Dispersion/Points", puis sélectionnez le type de diagramme "Dispersion simple", et cliquez sur le bouton "Définir".

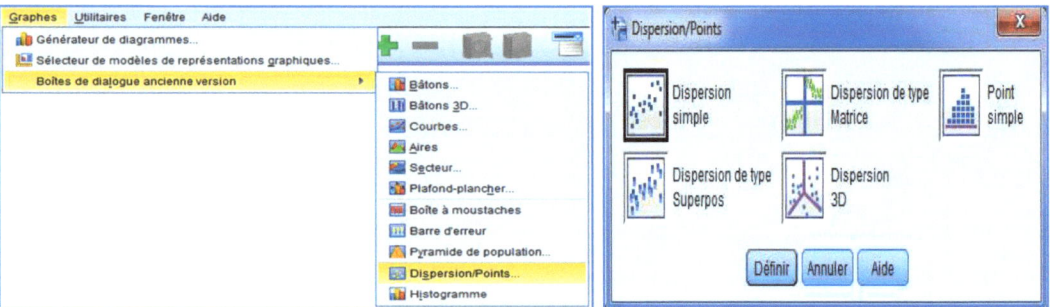

Figure 4- 27 : Choix du type de diagramme en dispersion/points.

Une fois le type de diagramme est défini, faites passer la variable "Masse grasse corporelle" vers la cellule "Axes des Y", la variable "Poids" vers la cellule "Axe des X", et la variable "Sexe" vers la cellule "Définir les marques", puis cliquez sur le bouton "OK".

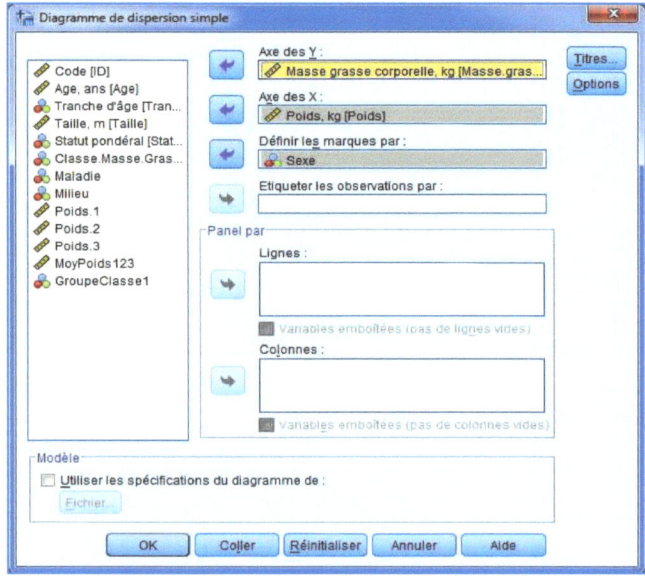

Figure 4- 28 : Définition des variables.

Une fois l'analyse est exécutée, la représentation graphique sera affichée sur le Viewer.

Le diagramme de dispersion simple montre la dispersion des valeurs de la variable "Masse grasse corporelle" en fonction de la variable "Poids" chez les filles et les garçons. Les variables "Masse grasse corporelle" et "Poids" sont plus corrélées chez les filles "$R^2 = 0.553$" que chez les garçons "$R^2 = 0.424$". Les droites affichées sont des courbes d'ajustement linéaire.

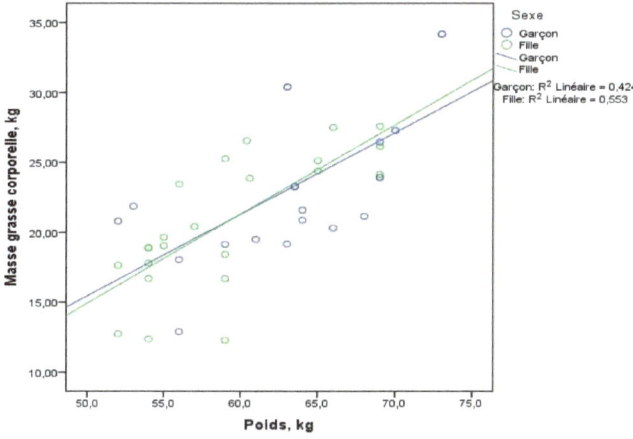

Figure 4- 29 : Représentation du diagramme de dispersion.

L'affichage des courbes d'ajustement linéaire nécessite de double-cliquer sur le graphe, puis choisir la courbe d'ajustement pour prendre une idée sur les valeurs observées au sein de l'échantillon étudié. Dans ce cas nous avons coché la courbe d'ajustement linéaire, et cliqué sur le bouton "Appliquer" (voir la boîte de dialogue "Propriétés" juste à côté de la boîte de dialogue "Editeur de diagrammes").

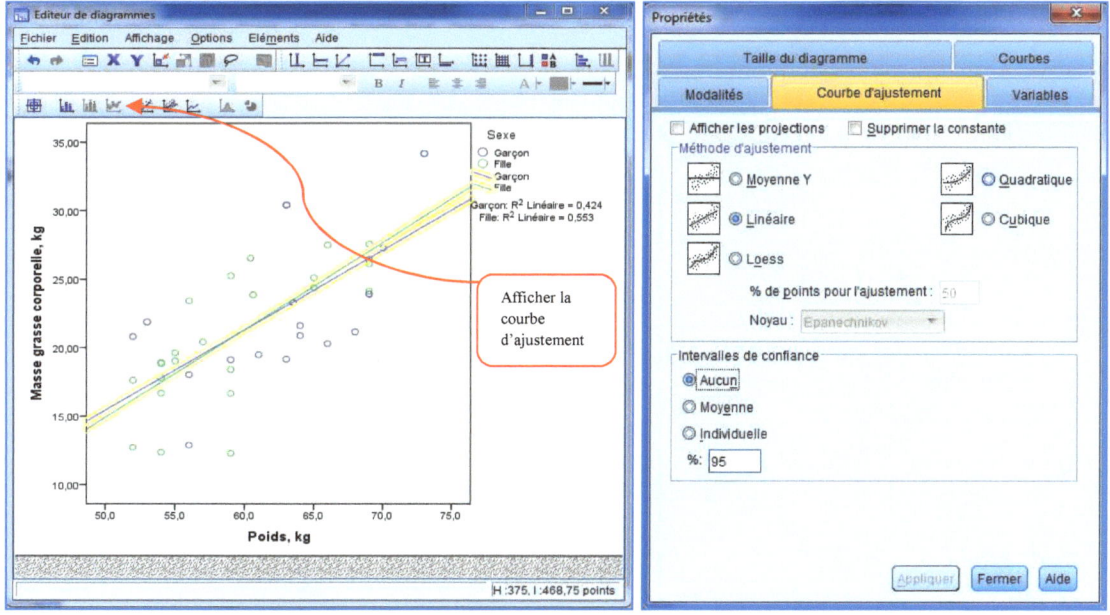

Figure 4- 30 : Affichage des courbes d'ajustement.

Chapitre V

Description numérique et analyse des valeurs manquantes

Dans ce chapitre, nous allons apprendre à décrire la population étudiée numériquement en déterminant les effectifs, les proportions, les sommes, les moyennes, les médianes, et d'autres analyses telles que la description des valeurs manquantes, etc.

1. Analyse des valeurs manquantes

L'analyse des valeurs manquantes est la première analyse à faire pour avoir une idée sur le nombre de valeurs manquantes dans la base de données étudiée.

L'application de cette analyse se fait en choisissant "Analyse/Analyse des valeurs manquantes", puis une boîte de dialogue apparaîtra "Analyse des valeurs manquantes" sur laquelle on trouve deux cellules, une pour les "Variables quantitatives" et l'autre pour les "Variables qualitatives". Avant de faire passer les variables vers les cellules, il faut distinguer entre variables quantitatives acceptant des moyennes et médianes comme "Age, Poids, Taille, …" et variables qualitatives n'acceptant ni moyennes, ni médianes comme "Tranche d'âge, Sexe, …", puis cliquez sur le bouton "OK" pour exécuter l'analyse statistique.

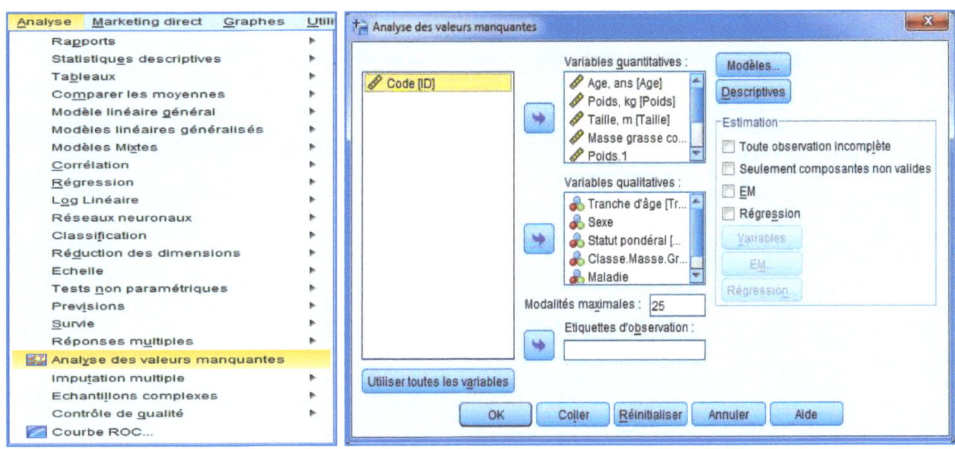

Figure 5- 1 : Analyse des valeurs manquantes.

Une fois cette analyse est exécutée, les résultats seront affichés dans un tableau sur le Viewer.

Le tableau 5-1 montre les moyennes et les écart-types pour les variables quantitatives. Les valeurs manquantes et le nombre des extrêmes sont aussi exprimés par des pourcentages et des effectifs. On constate qu'il n'y a aucune valeur manquante sur la base de données analysée. Notez bien que le nombre d'observations hors de l'intervalle ou outliers est le suivant :

$$Q_1 - 1.5*IQR, Q_3 + 1.5*IQR$$

Avec Q_1, quartile à 25% ; Q_3, quartile à 75% ; IQR, espace interquartile ($Q_3 - Q_1$).

Tableau 5- 1 : Statistiques univariées.

	N	Moyenne	Ecart-type	Manquante		Nombre d'extrema[a]	
				Effectif	Pourcentage	Basse	Haute
Age	44	14,3284	,80810	0	,0	0	0
Poids	44	61,250	6,2119	0	,0	0	0
Taille	44	1,59132	,043460	0	,0	0	0
Masse.grasse	44	21,9973	5,22980	0	,0	0	0
Poids.1	44	61,727	6,4666	0	,0	0	0
Poids.2	44	62,139	6,0848	0	,0	0	0
Poids.3	44	62,950	6,1635	0	,0	0	0
MoyPoids123	44	62,2720	5,01254	0	,0	0	0
Tranche.âge	44			0	,0		
Sexe	44			0	,0		
Statut.pondéral	44			0	,0		
Classe.Masse.Grasse	44			0	,0		
Maladie	44			0	,0		
Milieu	44			0	,0		

a. Nombre d'observations hors de l'intervalle (Q1 - 1,5*IQR, Q3 + 1,5*IQR).

2. Analyse des variables qualitatives

Les variables qualitatives sont décrites par des effectifs et des pourcentages.

L'application de cette analyse se fait en choisissant "Analyse/Statistiques descriptives/Effectifs", puis faites entrer les variables nominales ou ordinales dans la cellule "Variable(s)" de la boîte de dialogue "Effectifs".

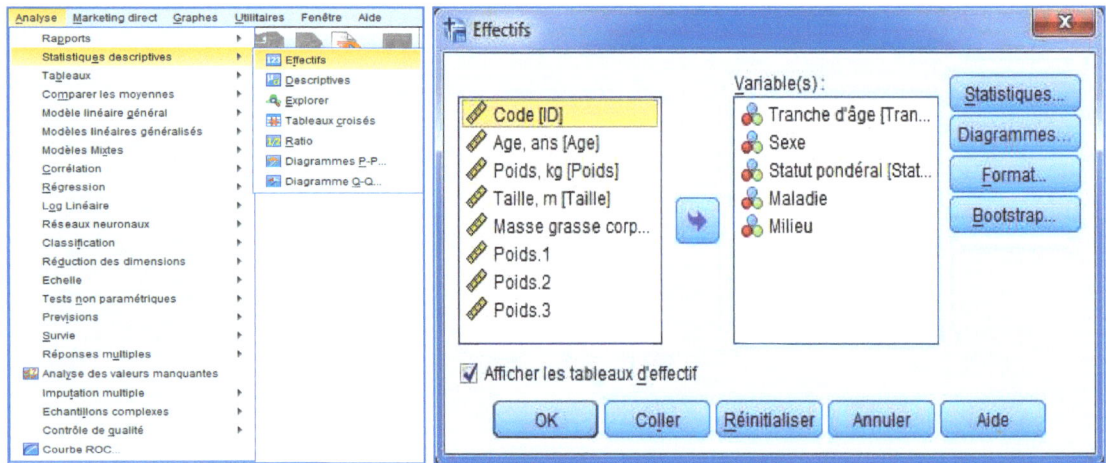

Figure 5- 2 : Analyse des variables qualitatives.

Une fois l'analyse est exécutée, les tableaux des effectifs et des pourcentages s'afficheront sur le Viewer.

Le tableau 5-2 montre le nombre des valeurs valides et celles manquantes pour les variables qualitatives incluses dans l'analyse statistique. On constate donc, qu'il n'y a pas de valeurs manquantes pour toutes les variables "Tranche d'âge, Sexe, Statut pondéral, Maladie et Milieu".

Tableau 5- 2 : Statistiques.

		Tranche d'âge	Sexe	Statut pondéral	Maladie	Milieu
N	Valide	44	44	44	44	44
	Manquante	0	0	0	0	0

Les tableaux de fréquences représentent les effectifs et les pourcentages pour chaque variable incluse dans l'analyse statistique.

Dans tous les tableaux (5-3 à 5-7), on constate que le "Pourcentage" et le "Pourcentage valide" sont les mêmes, ceci indique qu'il n'y a pas de valeurs manquantes.

S'il y a des valeurs manquantes pour une variable donnée, prenez "Pourcentage valide" et non pas "Pourcentage" vu que "Pourcentage" ne prend pas en considération les valeurs manquantes (tableaux 5-3 à 5-7).

Tableau 5- 3 : Tranche d'âge.

		Effectifs	Pourcentage	Pourcentage valide	Pourcentage cumulé
Valide	<14 ans	13	29,5	29,5	29,5
	>=14 ans	31	70,5	70,5	100,0
	Total	44	100,0	100,0	

Tableau 5- 4 : Sexe.

		Effectifs	Pourcentage	Pourcentage valide	Pourcentage cumulé
Valide	Garçon	21	47,7	47,7	47,7
	Fille	23	52,3	52,3	100,0
	Total	44	100,0	100,0	

Tableau 5- 5 : Statut pondéral.

		Effectifs	Pourcentage	Pourcentage valide	Pourcentage cumulé
Valide	Poids normal	17	38,6	38,6	38,6
	Surpoids	19	43,2	43,2	81,8
	Obèse	8	18,2	18,2	100,0
	Total	44	100,0	100,0	

Tableau 5-6 : Maladie.

		Effectifs	Pourcentage	Pourcentage valide	Pourcentage cumulé
Valide	Sujet non malade	22	50,0	50,0	50,0
	Sujet malade	22	50,0	50,0	100,0
	Total	44	100,0	100,0	

Tableau 5-7 : Milieu.

		Effectifs	Pourcentage	Pourcentage valide	Pourcentage cumulé
Valide	Urbain	27	61,4	61,4	61,4
	Rural	17	38,6	38,6	100,0
	Total	44	100,0	100,0	

3. Analyse des variables quantitatives

La description des variables quantitatives se fait principalement soit par des moyennes et écart-types, soit par des médianes et interquartiles.

L'analyse des variables quantitatives exige de tester la normalité de distribution de la variable quantitative étudiée avant de la décrire. La distribution de la variable peut être normale en suivant une loi normale avec une p-valeur ≥ 0.05 par la loi de K-S, ou anormale ne suivant pas une loi normale avec une p-valeur < 0.05 par le test de K-S.

Remarque : La valeur de 0.05 est une valeur seuil prise par le chercheur ou le statisticien comme valeur de risque qui se fixe avant l'analyse statistique.

3.1. Cas de distribution anormale

Les variables quantitatives qui ne se distribuent pas normalement sont décrites par médianes, interquartiles, minimum, maximum, etc.

3.1.1. Définitions

Les paramètres de position, aussi appelés valeurs centrales, servent à caractériser l'ordre de grandeur des données [Concordet, 2013] :

- La médiane est la valeur telle que la moitié des observations lui sont supérieures (ou égales) et la moitié des observations inférieures (ou égales). Il est clair que la médiane existe pour toutes les distributions (ce qui n'est pas le cas de la moyenne) de plus, elle est peu sensible aux valeurs extrêmes.

Lorsque le nombre d'observations est pair, la valeur retenue est la moyenne des observations de rang n/2 et de rang n/2 + 1 ;
- Les quartiles sont au nombre de trois. La médiane est le deuxième. Le premier quartile Q_1 est la valeur telle que 75% des observations lui sont supérieures (ou égales) et 25% inférieures (ou égales). Lorsqu'il n'est pas défini de façon unique, on utilise généralement la moyenne des observations qui l'encadrent pour le calculer. Le troisième quartile Q_3 est la valeur telle que 25% des observations lui sont supérieures (ou égales) et 75% inférieures (ou égales). Lorsqu'il n'est pas défini de façon unique, on utilise la moyenne des observations qui l'encadrent pour le calculer ;
- Le mode est la (ou les) valeur(s) pour laquelle les effectifs sont maximums, il est en général assez difficile de l'évaluer quand il existe sur des échantillons de petite taille ;
- Les extrêmes sont le minimum et le maximum de l'échantillon.

Parmi les paramètres de dispersion qui mesurent la dispersion des données on cite [Concordet, 2013] :

- La distance interquartile qui représente la différence entre Q_3 et Q_1 ;
- L'étendue ou amplitude qui est définie comme la différence entre le maximum et le minimum.

3.1.2. Applications

La description des variables quantitatives qui ne se distribuent pas normalement se fait en choisissant "Analyse/Statistiques descriptives/Effectifs", puis faites entrer les variables quantitatives dans la cellule "Variables".

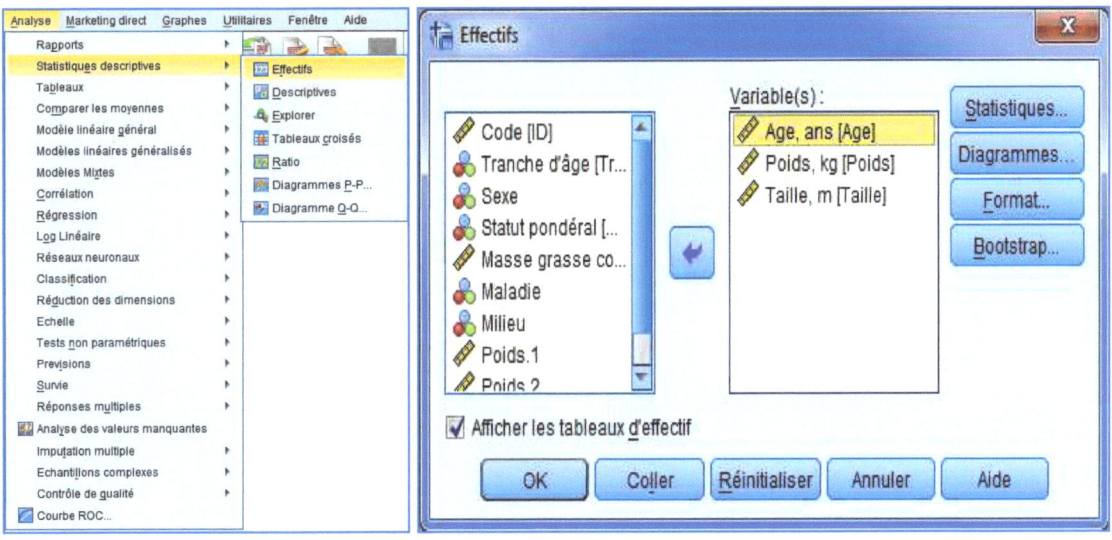

Figure 5- 3 : **Analyse des variables quantitatives à distribution anormale.**

Une fois les variables qualitatives sont définies, cliquez sur le bouton "Statistiques", cochez "Médiane" et "Quartiles", et cliquez sur les boutons "Poursuivre" et "OK".

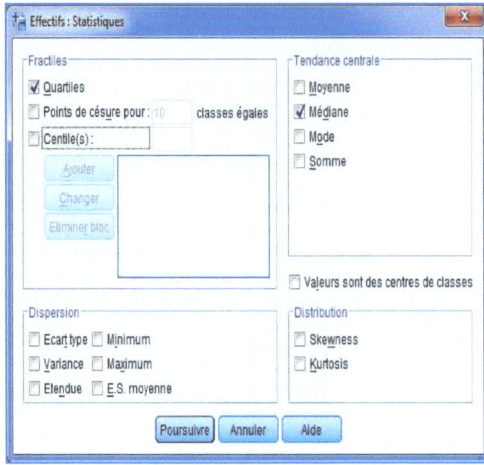

Figure 5- 4 : Choix des paramètres à analyser.

Les médianes seront faites seulement pour les variables qui ne suivent pas une loi normale mais dans cet exemple nous avons choisi trois variables "Age, Poids et Taille" sachant que les distributions sont normales. Donc, cette analyse est faite juste pour montrer comment faire ressortir des médianes et des interquartiles.

Le tableau 5-8 montre les valeurs de la médiane (centile à 50%) et celles des deux quartiles (centiles à 25 et 75%). L'exploitation de ces résultats se fait en écrivant la "Médiane", et en mettant les deux autres centiles en parenthèses (Quartiles à 25%, Quartile à 75%).

Par exemple, l'âge (ans), le poids (kg), et la taille (m) seront décrites respectivement comme suit : 14.38 (13.75, 14.98), 60.80 (55.25, 66.00), et 1.60 (1.57, 1.62).

Tableau 5- 8 : Statistiques.

		Age, ans	Poids, kg	Taille, m
N	Valide	44	44	44
	Manquante	0	0	0
Médiane		14,3800	60,800	1,60000
Centiles	25	13,7475	55,250	1,57100
	50	14,3800	60,800	1,60000
	75	14,9825	66,000	1,62225

3.2. Cas de distribution normale

Les variables quantitatives qui suivent une loi normale sont décrites généralement par moyennes, écart-types, minimum, maximum, etc.

3.2.1. Définitions

Les paramètres de position, aussi appelés valeurs centrales, servent à caractériser l'ordre de grandeur des données [Concordet, 2013] :

- La moyenne arithmétique est plus souvent appelée moyenne, et calculée en utilisant la formule suivante :

$$\bar{x} = \frac{1}{n}\sum_{i=1}^{n} x_i$$

Avec n est la taille de la série de données.

- La moyenne géométrique est toujours inférieure (ou égale) à la moyenne arithmétique. Le log de la moyenne géométrique est la moyenne arithmétique du log des données. Elle est très souvent utilisée pour les données distribuées suivant une loi log normale. Elle est donnée par :

$$\bar{x}_g = \left[\prod_{i=1}^{n} x_i\right]^{1/n} \qquad \log(\bar{x}_g) = \frac{1}{n}\sum_{i=1}^{n} \log(x_i)$$

- La moyenne harmonique est toujours inférieure (ou égale) à la moyenne géométrique, elle est en général utilisée pour calculer des moyennes sur des intervalles de temps qui séparent des événements. Elle est donnée par :

$$\bar{x}_h = \frac{n}{\sum_{i=1}^{n} \frac{1}{x_i}} \qquad \frac{1}{\bar{x}_h} = \frac{1}{n}\sum_{i=1}^{n} \frac{1}{x_i}$$

- Les extrêmes sont le minimum et le maximum de l'échantillon.

Les paramètres de dispersion sont des paramètres qui mesurent la dispersion des données [Concordet, 2013] :

- La variance est définie comme la moyenne des carrés des écarts à la moyenne. Elle s'exprime dans l'unité au carré des données, soit :

$$\hat{\sigma}_n^2 = \frac{1}{n}\sum_{i=1}^{n}(x_i - \bar{x})^2 \qquad \hat{\sigma}_{n-1}^2 = S^2 = \frac{1}{n-1}\sum_{i=1}^{n}(x_i - \bar{x})^2$$

- L'écart type est la racine carrée de la variance ;

- L'étendue ou amplitude est définie comme la différence entre le maximum et le minimum ;
- Le coefficient de variation est défini comme le rapport entre l'écart type et la moyenne.

3.2.2. Applications

La description des variables quantitatives qui se distribuent normalement se fait en choisissant "Analyse/Statistiques descriptives/Descriptives", puis ne faites entrer que les variables quantitatives, et cliquez sur le bouton "Options" pour cocher d'autres analyses.

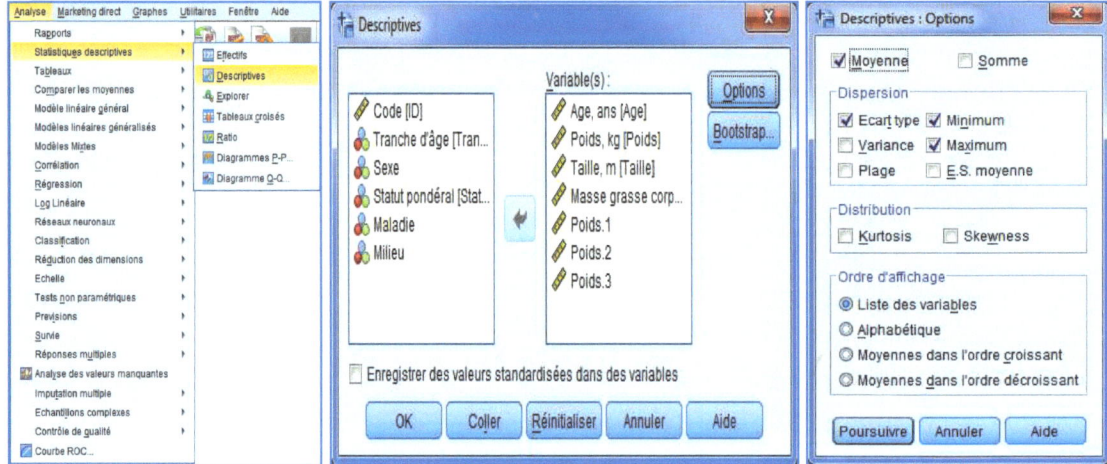

Figure 5- 5 : Analyse des variables quantitatives à distribution normale.

Une fois l'analyse est exécutée, le tableau 5-9 apparaîtra. Dans ce tableau, on trouve le N (effectif), le minimum, le maximum, la moyenne, et l'écart-type pour les variables incluses dans l'analyse. Cette analyse est faite pour la population totale sans aucune séparation ou comparaison des groupes.

Tableau 5- 9 : Statistiques descriptives.

	N	Minimum	Maximum	Moyenne	Ecart type
Age, ans	44	12,16	16,31	14,3284	,80810
Poids, kg	44	52,0	73,0	61,250	6,2119
Taille, m	44	1,495	1,660	1,59132	,043460
Masse grasse corporelle, kg	44	12,28	34,18	21,9973	5,22980
Poids.1	44	52,0	74,0	61,727	6,4666
Poids.2	44	53,0	74,0	62,139	6,0848
Poids.3	44	54,0	75,0	62,950	6,1635
N valide (listwise)	44				

➔ Séparation ou comparaison des groupes

La séparation ou comparaison des analyses selon une variable nominale ou ordinale nécessite d'aller sur "Edition/Scinder un fichier", puis cochez le choix "Comparer les groupes", faites passer la variable "Sexe" vers la cellule "Critères de regroupement", et cliquez sur le bouton "OK".

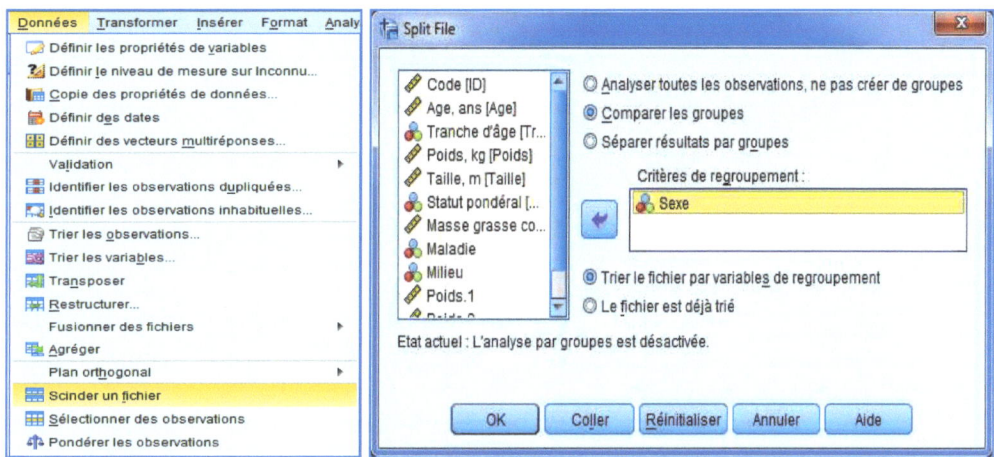

Figure 5- 6 : Définition de la variable de comparaison des groupes.

Une fois la commande "Scinder un fichier" est exécutée, répétez l'analyse descriptive à partir de "Analyse/Statistiques descriptives/Descriptives".

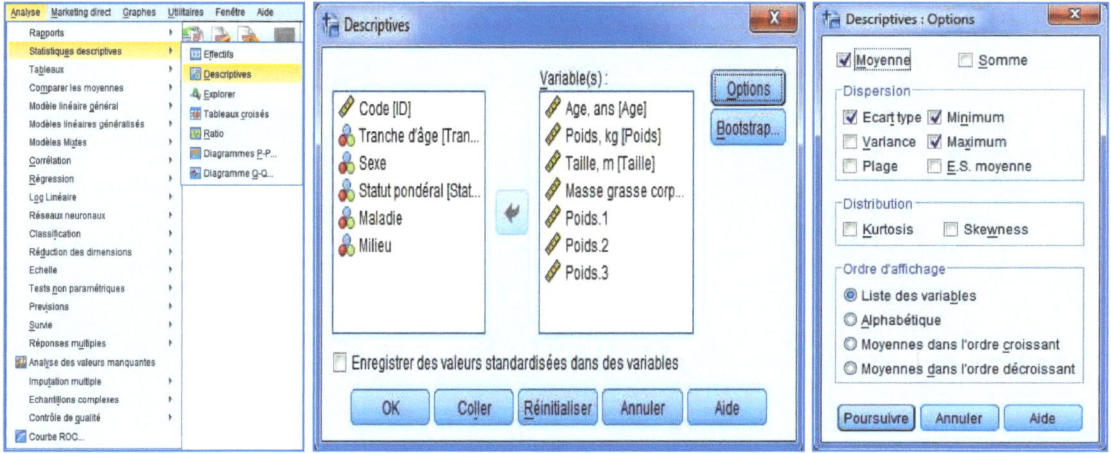

Figure 5- 7 : Répétition de l'analyse des variables quantitatives à distribution normale.

A l'exécution de cette analyse, le tableau 5-10 apparaîtra, dans lequel les résultats sont affichés selon la variable "Sexe". On trouve donc le N (effectif), le minimum, le maximum, la moyenne, et l'écart-type pour les variables incluses dans l'analyse chez les filles et les garçons. Le N valide "listwise" est le nombre des observations dont toutes les valeurs sont valides. S'il y a une valeur manquante, l'observation lui correspondant ne sera pas prise en compte.

L'exploitation de ces résultats se fait en écrivant la "Moyenne ± Ecart-type". Par exemple, l'âge des garçons est 13.95 ± 0.74 ans.

Tableau 5- 10 : Statistiques descriptives.

Sexe		N	Minimum	Maximum	Moyenne	Ecart type
Garçon	Age, ans	21	12,16	15,10	13,9467	,74445
	Poids, kg	21	52,0	73,0	63,714	6,0074
	Taille, m	21	1,495	1,660	1,57619	,052889
	Masse grasse corporelle, kg	21	12,89	34,18	23,4567	5,38463
	Poids.1	21	53,0	74,0	64,410	5,9831
	Poids.2	21	53,0	74,0	64,262	6,1494
	Poids.3	21	54,0	75,0	65,714	6,0074
	N valide (listwise)	21				
Fille	Age, ans	23	12,74	16,31	14,6770	,71164
	Poids, kg	23	52,0	69,0	59,000	5,6146
	Taille, m	23	1,560	1,644	1,60513	,027034
	Masse grasse corporelle, kg	23	12,28	27,57	20,6648	4,81775
	Poids.1	23	52,0	71,0	59,278	6,0045
	Poids.2	23	53,0	71,0	60,200	5,4549
	Poids.3	23	54,0	71,0	60,426	5,2429
	N valide (listwise)	23				

Si vous voulez désactiver la séparation, vous allez sur "Edition/Scinder un fichier" et cochez "Analyser toutes les observations, ne pas créer de groupes", puis cliquez sur le bouton "Ok".

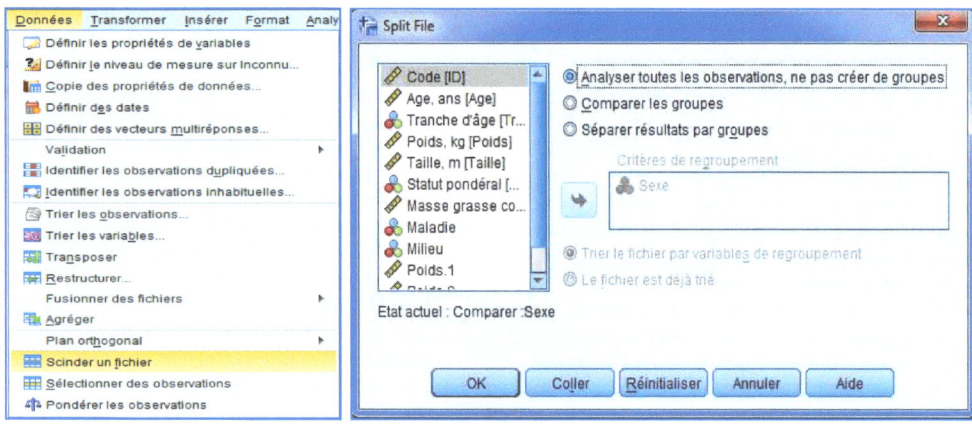

Figure 5- 8 : Désactivation de séparation ou comparaison des groupes.

Chapitre VI

Tests paramétriques pour des variables quantitatives gaussiennes

Dans ce chapitre, nous allons apprendre à comparer des variables à distribution normale en utilisant des tests paramétriques.

1. Définitions

Un test paramétrique est un test pour lequel des hypothèses sur la distribution des populations sont requises [Concordet, 2013]. Ces tests sont plus puissants que les tests non paramétriques, c'est-à-dire, ils détectent avec moins de données une différence statistiquement significative [Guillet, 2011].

En outre, les tests paramétriques sont souvent mis en œuvre en marketing en permettant de comparer la moyenne d'une variable dépendante métrique en fonction des modalités d'une variable nominale [Carricano et *al.*, 2008].

La loi normale ou de Laplace Gauss est une loi de probabilité continue, joue un rôle particulièrement important dans la théorie des probabilités et dans les applications pratiques. La particularité fondamentale de la loi normale la distinguant des autres lois est que c'est une loi limite vers laquelle tendent les autres lois pour des conditions se rencontrant fréquemment en pratique [Concordet, 2013]. La figure ci-dessous montre les différents tests paramétriques selon le type de l'échantillon étudié.

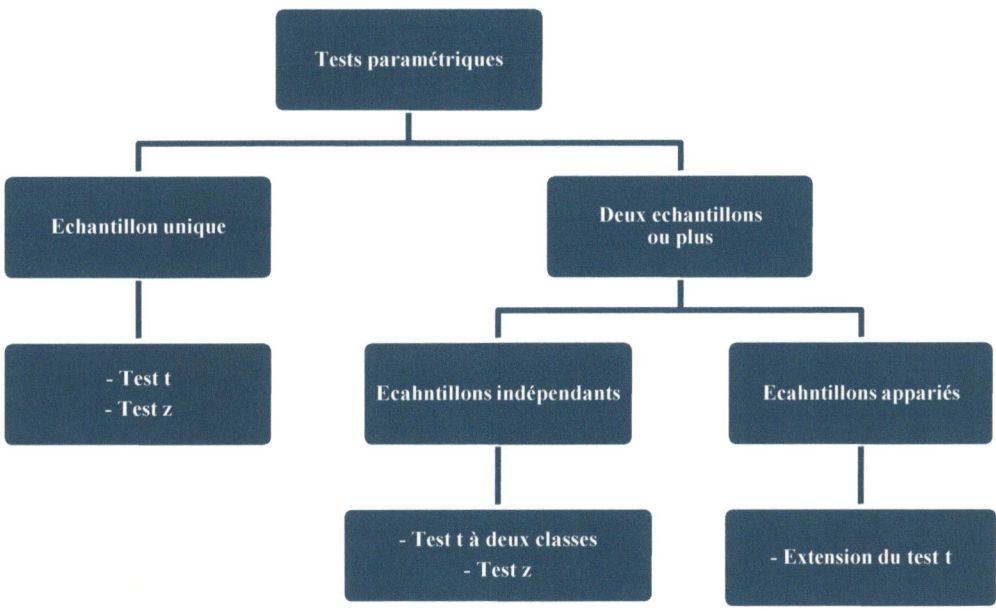

Figure 6-1 : Tests paramétriques [Malhotra et *al.*, 2007].

2. Test de Student

Le test t est une loi de probabilité continue [Concordet, 2013], directement lié à la statistique t de Student, qui suppose que la variable adopte une distribution normale, que la moyenne soit connue et que la variance, lorsqu'elle est inconnue, soit estimée sur l'échantillon [Carricano et *al.*, 2008].

Le test t permet d'évaluer la probabilité que les moyennes de deux groupes sont échantillonnées à partir de la même distribution d'échantillonnage de moyennes [Gregory, 1998].

La statistique t de Student se calcule de la manière suivante [Carricano et *al.*, 2008] :

$$t = \frac{\bar{X} - \mu}{S_{\bar{X}}}$$

Avec $\bar{X}$, moyenne de l'échantillon ; µ, moyenne de la variable ; $S_{\bar{X}}$, variance de l'échantillon.

2.1. Echantillon unique

Le test de Student pour échantillon unique permet de comparer les valeurs d'une variable au sein d'un échantillon unique avec une valeur hypothétique.

L'application de cette analyse se fait en choisissant "Comparer les moyennes/Test T pour échantillon unique", puis faites passer la variable "Masse grasse corporelle" ou les variables quantitatives sélectionnées vers la cellule "Variable(s) à tester", définissez une valeur hypothétique "26", et cliquez par la suite sur le bouton "OK" pour que l'analyse soit exécutée.

Remarque : La valeur hypothétique est une valeur déjà définie pour une population donnée dans la littérature, mais dans cet exemple, la valeur hypothétique "26 kg" a été choisie juste pour expliquer cette analyse.

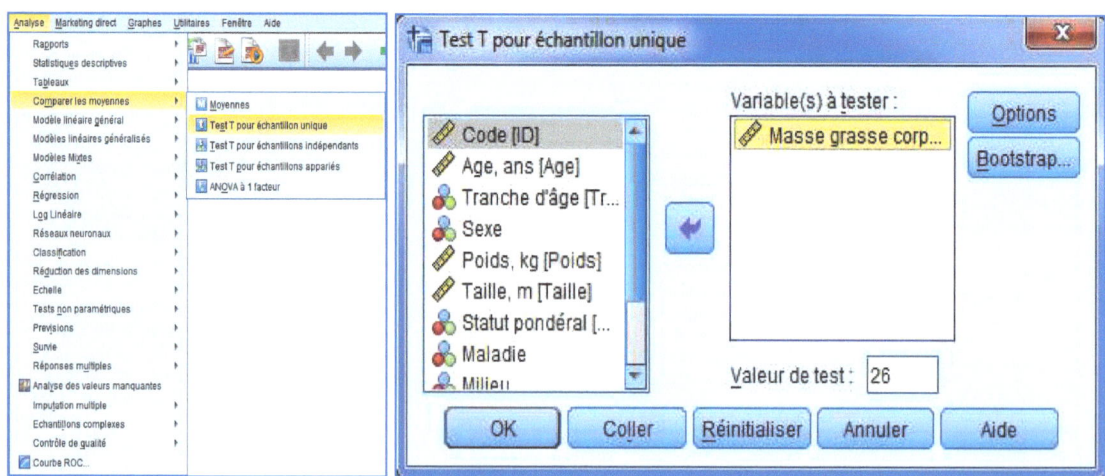

Figure 6- 2 : Test t pour échantillon unique.

Le tableau 6-1 représente le N (nombre d'observations), la moyenne, l'écart-type et l'erreur standard de la moyenne de la variable "Masse grasse corporelle".

Tableau 6- 1 : Statistiques sur échantillon unique.

	N	Moyenne	Ecart-type	Erreur standard moyenne
Masse grasse corporelle, kg	44	21,9973	5,22980	,78842

Le tableau 6-2 représente la valeur de t, le degré de liberté (N − 1 = 43), la p-valeur de signification, et les deux valeurs de l'intervalle de confiance à 95% de la différence. On constate que la moyenne de la variable "Masse grasse corporelle" et la valeur hypothétique "Valeur du test 26" diffèrent significativement (p = 0.000). Donc, la valeur 26 kg est significativement élevée que la moyenne observée (22.00±5.23 kg).

Tableau 6- 2 : Test sur échantillon unique.

	Valeur du test = 26					
	t	ddl	Sig. (bilatérale)	Différence moyenne	Intervalle de confiance 95% de la différence	
					Inférieure	Supérieure
Masse grasse corporelle, kg	-5,077	43	,000	-4,00273	-5,5927	-2,4127

Remarque : Le test bilatéral signifie que l'hypothèse alternative est exprimée par le symbole de différence "≠".

L'application du test t pour échantillon unique nécessite de vérifier les conditions suivantes pour les variables étudiées :

- Distribution suivant une loi normale (p-valeur ≥ 0.05 par le test de K-S) ;
- Effectif total inférieur à 30 (N < 30) ;
- Variables quantitatives.

Dans notre cas, le test t pour échantillon unique ne doit pas être appliqué car l'effectif total est supérieur à 30. Il faut donc utiliser un test non paramétrique "test de Wilcoxon" même si la distribution des variables quantitatives suit une loi normale.

2.2. Echantillons indépendants

Le test de Student pour échantillons indépendants permet de comparer les moyennes entre deux groupes indépendants, par exemple, pour comparer la moyenne d'une variable donnée entre filles et garçons. Dans ce cas, la variable qualitative "Sexe" représente deux groupes indépendants selon la variable quantitative testée.

L'application de cette analyse se fait en choisissant "Analyse/Comparer les moyennes/Test t pour échantillons indépendants", puis faites passer la variable "Masse grasse corporelle" vers la cellule "variable(s) à tester", définissez le "Critère de regroupement qualitatif numérique" selon les modalités de la variable étudiée, par exemple les chiffres "1 et 2" pour la variable "Sexe".

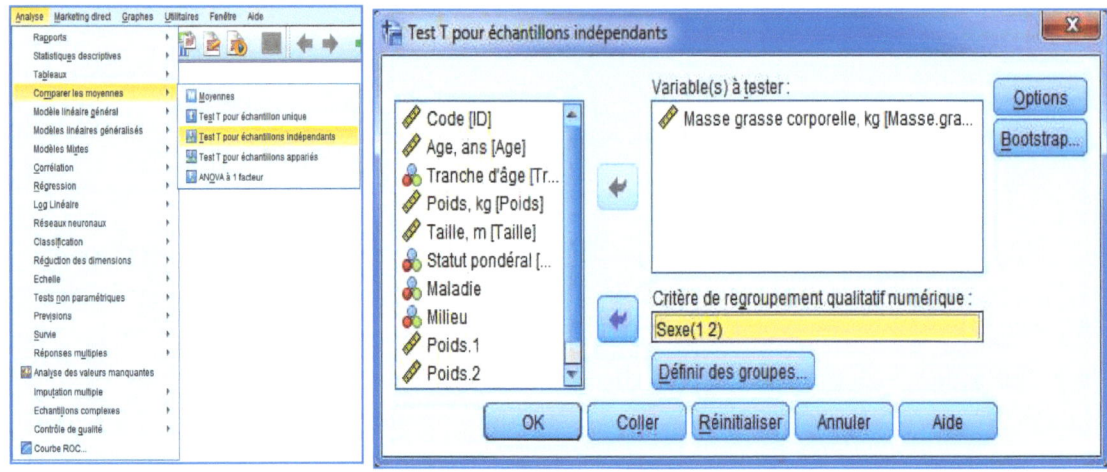

Figure 6- 3 : Test t pour échantillons indépendants.

Le bouton "Définir des groupes" permet de définir les modalités ou groupes de la variable étudiée. Les deux valeurs définies sont "1 et 2". La comparaison de la variable "Masse grasse corporelle" sera donc faite entre le groupe 1 "Garçons" et le groupe 2 "filles".

Figure 6- 4 : Définition des groupes.

Une fois les groupes sont bien définis, cliquez sur les boutons "Poursuivre" et "Ok" pour que l'analyse soit exécutée et affichée sur le Viewer.

Le tableau 6-3 représente l'effectif (N), la moyenne, l'écart-type, et l'erreur standard de la moyenne de la variable "Masse grasse corporelle" chez les garçons et les filles.

Tableau 6- 3 : Statistiques de groupe.

	Sexe	N	Moyenne	Ecart-type	Erreur standard moyenne
Masse grasse corporelle, kg	Garçon	21	23,4567	5,38463	1,17502
	Fille	23	20,6648	4,81775	1,00457

Le tableau 6-4 montre les différents paramètres de la comparaison de la variable "Masse grasse corporelle" entre les garçons et les filles. Cette comparaison donne deux p-valeurs placées sur deux lignes. Pour savoir quelle p-valeur prendre, il faut voir la p-valeur donnée par le test d'homogénéité des variances "test de Levene sur l'égalité des variances". Lorsque les variances sont homogènes (p-valeur ≥ 0.05 par test de Levene), choisissez la p-valeur du test de Student sur la première ligne. Sinon, prenez celle sur la deuxième ligne où les variances sont inégales.

Dans ce cas, nous avons une p-valeur de 0.992 par le test de Levene qui veut dire que les variances sont homogènes ou égales. On prendra donc la p-valeur de 0.077 sur la première ligne qui est supérieure au seuil de 0.05. Donc les filles et les garçons ont statistiquement la même moyenne de la masse grasse corporelle. Ou encore il n'y a pas de différence significative de la variable "Masse grasse corporelle" entre les filles et les garçons.

Tableau 6-4 : Test d'échantillons indépendants.

		Test de Levene sur l'égalité des variances		Test-t pour égalité des moyennes						
									Intervalle de confiance 95% de la différence	
		F	Sig.	t	ddl	Sig. (bilatérale)	Différence moyenne	Différence écart-type	Inférieure	Supérieure
Masse grasse corporelle, kg	Hypothèse de variances égales	,000	,992	1,815	42	,077	2,79188	1,53796	-,31184	5,89561
	Hypothèse de variances inégales			1,806	40,333	,078	2,79188	1,54591	-,33171	5,91548

Si l'hypothèse est orientée (unilatérale, ou à une queue), c'est-à-dire le sens de la différence est spécifié (Exemple : les filles ont plus de surpoids que les garçons). Dans ce cas, on peut diviser la probabilité par deux et la comparer au seuil de 5%. Par contre, dans le cas d'une hypothèse arrondie (dite bilatérale ou à deux queues), on lit la p-valeur telle qu'elle est.

Remarque : Le test bilatéral signifie que l'hypothèse alternative est exprimée par le symbole de différence "≠", ou bien l'hypothèse alternative est arrondie.

L'application du test t pour deux échantillons indépendants requiert la vérification des conditions suivantes pour les variables étudiées :

- Distribution suivant une loi normale (p-valeur ≥ 0.05 par test de K-S) ;
- Homogénéités ou égalités des variances (p-valeur ≥ 0.05 par test de Levene) ;
- Effectif total inférieur à 30 (N < 30) ;
- Variables quantitatives ;
- Echantillons indépendants (non liés) définis par une variable qualitative.

Dans notre cas, l'application du test t sera approximée par une loi normale, car l'effectif total est supérieur à 30. Il faut donc utiliser une analyse de variance "ANOVA à un facteur" si les variables sont quantitatives et à distribution normale, et avec une variable qualitative à deux ou plusieurs modalités représentant le facteur étudié.

2.3. Echantillons appariés

Le test de Student pour échantillons appariés (liés ou dépendants) sert à comparer des moyennes de deux groupes dépendants, comme par exemple, la comparaison du poids mesuré en 2012 avec le poids mesuré en 2013 au sein des mêmes individus.

L'application de cette analyse se fait en choisissant "Analyse/Comparer les moyennes/Test T pour échantillons appariés", puis faites passer les variables dépendantes ou les groupes appariés vers la cellule "Variables appariées", par exemple la variable "Poids.1" mesuré pendant la première semaine, et la variable "Poids.2" mesuré pendant la deuxième semaine.

Une fois les variables "Poids.1 et Poids.2" sont bien définies, cliquez sur le bouton "OK" pour exécuter le test en affichant les résultats sur le Viewer.

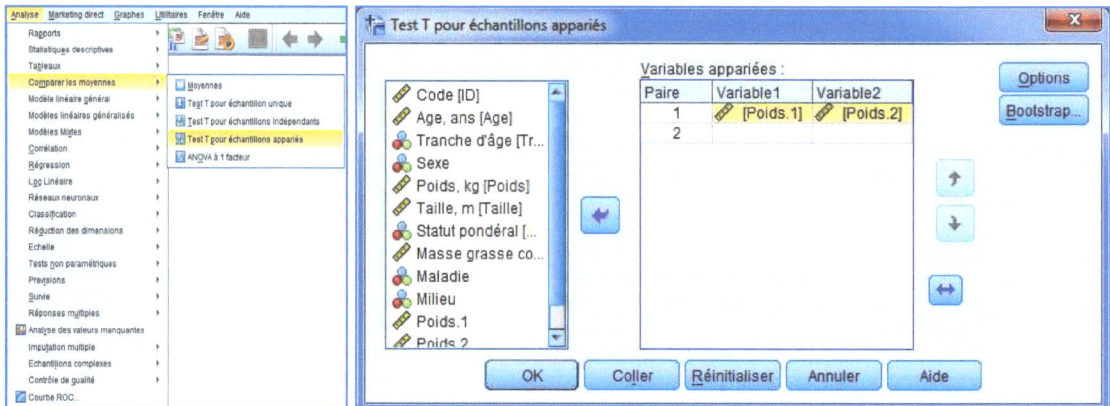

Figure 6- 5 : Test t pour échantillons dépendants.

Le tableau 6-5 représente les moyennes des deux variables étudiées "Poids.1 et Poids.2", l'effectifs des observations ou individus, l'écart-type de chaque moyenne et l'erreur standard de la moyenne.

Tableau 6- 5 : Statistiques pour échantillons appariés.

		Moyenne	N	Ecart-type	Erreur standard moyenne
Paire 1	Poids.1	61,727	44	6,4666	,9749
	Poids.2	62,139	44	6,0848	,9173

Le tableau 6-6 montre le degré de corrélation entre les deux variables "Poids1 et Poids.2". On constate qu'il n y a pas de corrélation significative entre les variables "Poids.1 et Poids.2" car la p-valeur de 0.123 est supérieure que la valeur seuil de 0.05.

Remarque : Plus le degré de corrélation est plus proche de la valeur 1, plus la p-valeur est plus petite que la valeur seuil de 0.05.

Tableau 6-6 : Corrélation pour échantillons appariés.

		N	Corrélation	Sig.
Paire 1	Poids.1 & Poids.2	44	,236	,123

Le tableau 6-7 représente principalement la moyenne de différence entre les valeurs des deux variables "Poids.1 et Poids.2" qui est de -0.41±7.76, et aussi l'intervalle de confiance à 95% de la différence qui est de -2.77 et 1.95. La p-valeur "0.727" de cette comparaison est strictement supérieure au seuil de 0.05, donc les moyennes des variables "Poids.1 et Poids.2" ne diffèrent pas significativement ou bien les deux moyennes sont statistiquement les mêmes.

Tableau 6-7 : Test d'échantillons appariés.

		Différences appariées							
				Erreur standard moyenne	Intervalle de confiance 95% de la différence		t	ddl	Sig. (bilatérale)
		Moyenne	Ecart-type		Inférieure	Supérieure			
Paire 1	Poids.1 - Poids.2	-,4114	7,7626	1,1703	-2,7714	1,9487	-,352	43	,727

Remarque : Le test bilatéral signifie que l'hypothèse alternative est exprimée par le symbole de différence "≠".

L'application du test t pour échantillons liés ou appariés requiert la vérification des conditions suivantes pour les variables étudiées :

— Distribution suivant une loi normale (p-valeur ≥ 0.05 par test de K-S) ;
— Effectif total inférieur à 30 (N < 30) ;
— Variables quantitatives ;
— Echantillons dépendants (liés ou appariés).

Dans notre cas, l'application du test t sera approximée par une loi normale car l'effectif total est supérieur à 30. Il faut donc utiliser une analyse de variance "ANOVA à mesures répétées" si les variables sont quantitatives et à distribution normale.

3. Analyse de variances

L'analyse de variances (ANOVA) s'effectue en utilisant la loi de Fisher-Snédécor qui est une loi de probabilité continue [Concordet, 2013]. Le test F permet de détecter qu'au moins une paire de moyennes significativement différente [Lalanne, 2006-2007]. Les différents types d'analyse de variances sont les suivants :

— ANOVA à un facteur ;

- ANOVA univariée : une variable dépendante, et une ou plusieurs variables indépendantes ;
- ANOVA multivariée (MANOVA) : au moins deux variables dépendantes, et une ou plusieurs variables indépendantes ;
- ANOVA à mesures répétées : au moins deux variables dépendantes, et une ou plusieurs variables indépendantes (inter-sujets).

Remarque : L'analyse de covariance est appelée ANCOVA, et correspond aux analyses de variances pour au moins deux variables à distribution normale.

Un facteur est dit contrôlé si ses valeurs ne sont pas observées mais fixées par l'expérimentateur. Les modalités des variables qualitatives explicatives sont appelées niveaux du facteur [Chouquet, 2009-2010].

La première condition à vérifier avant d'appliquer tout type d'analyse de variances est la normalité de distribution qui se teste par la loi de K-S.

Dans le cas d'ANOVA à un facteur, les données gaussiennes à une distribution normale seront testées en examinant l'homogénéité des variances étudiées par le test de Levene qui permettra de décider quelle p-valeur sera prise :

- Si les variances sont homogènes (p-valeur $\geq$ 0.05 par test de Levene), on prend la p-valeur déterminée par ANOVA ;
- Si les variances ne sont pas homogènes (p-valeur < 0.05 par test de Levene), on prend la p-valeur déterminée suite à une correction de la statistique F par le test de Welch.

L'analyse par ANOVA donne deux possibilités pour la statistique F :

- Si la signification de la statistique est strictement supérieure au seuil de 0.05, on peut assumer des variances égales. Donc, la comparaison multiple par les tests de Post Hoc ne sera pas utilisée parce que les variances sont statistiquement les mêmes ;
- Si la signification de la statistique est strictement inférieure au seuil de 0.05, on ne peut assumer des variances égales. Donc, les tests de Post Hoc sont nécessaires pour voir exactement les variances qui diffèrent car au moins deux variances de deux groupes sont différentes.

Les tests Post Hoc permettent donc de comparer des groupes sans qu'une hypothèse sur la relation entre ces groupes ait été posée avant d'examiner les données. La multiplication des comparaisons augmente le risque de commettre sur l'ensemble des comparaisons au moins une erreur de type I (rejeter à tort l'hypothèse nulle) [Raufaste, 2013].

Un test de Post Hoc peut être "laxiste", "conservateur", ou entre les deux. Certains tests donneront plus facilement une valeur significative et seront qualifiés de "laxistes". D'autres au contraire donneront difficilement un résultat significatif et seront qualifiés de plus "conservateurs" [Raufaste, 2013].

Il n'existe pas de règle stricte et consensuelle pour guider le choix dès lors que les conditions d'application de chaque test sont respectées, mais le premier critère de choix est celui de la puissance statistique [Raufaste, 2013].

Le choix d'un test de Post Hoc requiert de tester l'homogénéité des variances :
- Dans le cas de variances égales, on utilise les tests de Post Hoc suivants : LSD, Benferroni, Sidak, Scheffé, Tukey, Duncan, Gabriel, … ;
- Dans le cas de variances inégales, on utilise les tests de Post Hoc suivants : T_2 de Tamhane, T_3 de Dunnett's, Games-Howell, et C de Dunnett's.

Ci-dessous quelques définitions pour faciliter le choix des tests de Post Hoc :
- Test de la plus petite différence significative (LSD, Least Significant Difference) de Fisher : ce test a été développé pour explorer toutes les comparaisons possibles par paires de moyennes comprenant un facteur en utilisant l'équivalent de plusieurs tests t [Stevens, 1999]. Il est le plus "laxiste" des tests de Post Hoc car les p-valeurs sont calculées exactement sans véritable protection contre l'augmentation du risque au niveau de l'ensemble des comparaisons. La conséquence est que le taux d'erreur de l'ensemble excédera le seuil de 0.05 [Raufaste, 2013] ;
- Test Student de Newman-Keuls : ce test est de plus en plus déconseillé car le risque de commettre au moins une erreur au niveau de l'ensemble des comparaisons augmente presque linéairement avec le nombre de paires de moyennes à comparer [Raufaste, 2013], mais il peut avoir une puissance accrue si les effectifs sont égaux et les contrastes sont simples [Lalanne, 2006-2007] ;
- Test de la différence vraiment significative (HSD, Honestly Significant difference) de Tukey : ce test conservateur a été conçu pour une situation avec des tailles d'échantillons égales par groupe [Stevens, 1999] et des contrastes simples [Lalanne, 2006-2007], mais il peut être adapté à la taille des échantillons inégaux [Stevens, 1999] en permettant de comparer tous les groupes deux à deux [Guillet, 2011]. Il teste l'hypothèse nulle globale et suppose que les données soient normalement distribuées. La variante du HSD dite "B de Tukey", dans laquelle la valeur critique correspond à la moyenne entre la valeur critique donnée par le HSD et celle obtenue par le test de Student-Newman-Keuls [Raufaste, 2013] ;

- Test de Tukey – Kramer : ce test est conçue pour la situation dans laquelle les effectifs des groupes étudiés ne sont pas égales [Stevens, 1999] ;
- Test de Scheffé : ce test permet de ne pas se limiter à des comparaisons deux à deux. Il consiste à faire un test F standard sur l'ensemble des contrastes possibles, et compare la valeur du F à une valeur critique [Raufaste, 2013]. Il permet de tester la nullité de n'importe quel contraste [Lalanne, 2006-2007]. Ce test est le plus flexible et le plus conservateur. Il corrige alpha pour toutes les comparaisons par paires, mais aussi pour toutes les comparaisons complexes de moyennes qui impliquent des contrastes de plus de deux moyennes à la fois. Mais il est susceptible de conduire à des erreurs de type II à moins des comparaisons complexes sont en cours [Stevens, 1999] ;
- Le test de Brown – Forsythe : ce test est une modification du test de Scheffé pour les situations avec l'hétérogénéité de la variance [Stevens, 1999] ;
- Test de Dunnett : ce test est utilisable dans le cas d'une comparaison de tous les groupes à un groupe témoin ou de référence [Lalanne, 2006-2007 ; Guillet, 2011]. Il est le plus capable de détecter une différence significative sans que l'erreur de type I pour l'ensemble des comparaisons ne dépasse le seuil alpha de 0.05 [Raufaste, 2013] ;
- Méthode du t corrigé (Bonferroni) : ce test est très simple à mettre en œuvre car il corrige les p-valeurs par le nombre de comparaisons faites. Dans le cas de trois comparaisons, on multipliera par trois les p-valeurs données par les trois tests statistiques en prenant comme maximum 1 [Guillet, 2011] ;
- Test de Ryan-Einot-Gabriel-Welsch (REGW) : ce test permet d'ajuster les seuils critiques. Il utilise soit la statistique d'écart studentisée (q), soit un test F [Raufaste, 2013].

Le test de comparaisons multiples de Duncan et le test de Newman-Keuls ont été critiqués pour ne pas fournir une protection suffisante contre le glissement d'alpha et devraient probablement être évités [Stevens, 1999].

3.1. Analyse de variances à un facteur

L'ANOVA à un facteur est une analyse de variances au sein d'une ou de plusieurs variables quantitatives pour conclure le degré de signification entre les groupes étudiés définis par une seule variable nominale ou ordinale dit le "Critère".

L'application d'ANOVA à un facteur se fait en choisissant "Analyse/Comparer les moyennes/ANOVA à 1 facteur", puis faites passer les variables "Age" et "Poids" vers la cellule "Liste Variable dépendantes", et la variable "Statut pondéral" vers la cellule "Critère".

Figure 6- 6 : Analyse de variances à un facteur.

Pour ne pas refaire les mêmes analyses, cochez les paramètres les plus utilisés :

- Cliquez sur le bouton "Post Hoc", puis cochez "Tukey" et "Games-Howell" seulement si le critère accepte plus de deux modalités, et cliquez sur le bouton "Poursuivre" ;
- Cliquez sur le bouton "Options", puis cochez "Caractéristique", "Test d'homogénéité de variances", "Welch", et cliquez sur le bouton "Poursuivre".

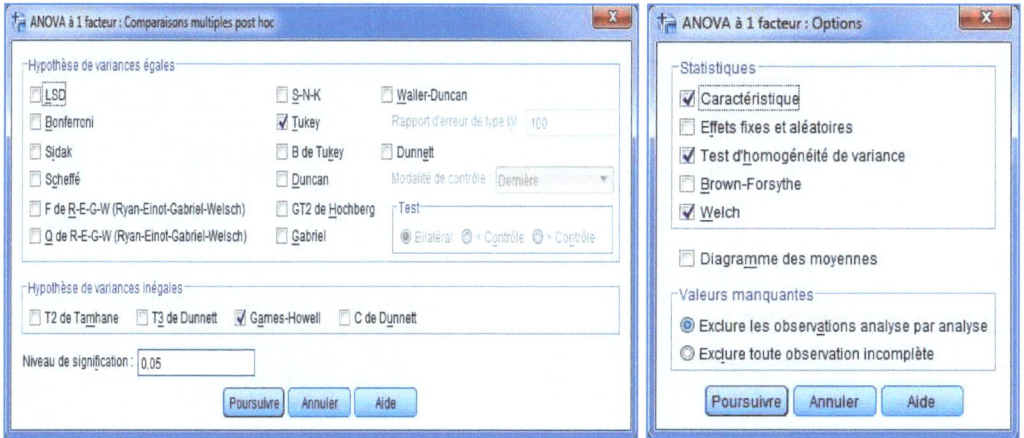

Figure 6- 7 : Définition des choix d'analyse.

Une fois tous les paramètres sont cochés, cliquez sur "OK" pour que l'analyse soit exécutée et affichée sur le Viewer.

Le tableau 6-8 représente des analyses statistiques faites pour les variables étudiées "Age" et "Poids" selon le critère "Statut pondéral" dont les modalités sont : poids normal, surpoids, et obésité. Ces analyses descriptives concernent l'effectif "N", la moyenne, l'écart-type, l'erreur standard, les deux bornes de l'intervalle de confiance à 95% pour la moyenne, le minimum, et le maximum.

Tableau 6- 8 : Descriptives.

		N	Moyenne	Ecart-type	Erreur standard	Intervalle de confiance à 95% pour la moyenne		Minimum	Maximum
						Borne inférieure	Borne supérieure		
Age, ans	Poids normal	17	14,8147	,70274	,17044	14,4534	15,1760	13,40	16,31
	Surpoids	19	14,2063	,77048	,17676	13,8350	14,5777	12,16	15,23
	Obésité	8	13,5850	,33127	,11712	13,3080	13,8620	13,22	14,07
	Total	44	14,3284	,80810	,12183	14,0827	14,5741	12,16	16,31
Poids, kg	Poids normal	17	55,412	2,4254	,5882	54,165	56,659	52,0	59,0
	Surpoids	19	64,000	4,8849	1,1207	61,646	66,354	52,0	70,0
	Obésité	8	67,125	4,4139	1,5605	63,435	70,815	63,0	73,0
	Total	44	61,250	6,2119	,9365	59,361	63,139	52,0	73,0

Le tableau 6-9 montre la statistique de Levene, le ddl1, le ddl2 et la p-valeur "Signification". Ce qui nous intéresse sur ce tableau ce sont les deux p-valeurs. Les variances pour la variable "Age" sont homogènes entre les groupes du "Statut pondéral" car la p-valeur de 0.247 est supérieure à 0.05. Tandis que pour la variable "Poids", les variances ne sont pas homogènes au sein des différents groupes du "Statut pondéral". Donc pour la variable "Poids" on doit faire la correction de "Welch" pour montrer que la moyenne du "Poids" diffère ou pas significativement entre les modalités de la variable "Statut pondéral" ou "Critère".

Tableau 6- 9 : Test d'homogénéité des variances.

	Statistique de Levene	ddl1	ddl2	Signification
Age, ans	1,449	2	41	,247
Poids, kg	3,506	2	41	,039

Le tableau 6-10 montre la somme des carrés, le ddl, la moyenne des carrés, la valeur de F, et la p-valeur de "Signification" pour les deux variables "Age" et "Poids" à l'inter- et l'intra-groupes et au total. Dans ce cas on ne prendra qu'une seule p-valeur c'est celle de la variable "Age" car c'est la seule qui a des variances homogènes entre les modalités de la variable mise comme "Critère" dans l'analyse. Pour la variable "Age", il y a une différence hautement significative "p-valeur = 0.000" entre les modalités du "Statut pondéral", il faut donc accéder aux comparaisons multiples par les tests de "Post Hoc".

Les variances ne sont pas homogènes pour la variable "Poids", on prendra alors la p-valeur de "Welch" et non pas celle trouvée sur le tableau "ANOVA à 1 facteur". La p-valeur de la comparaison effectuée entre les différentes modalités du "Statut pondéral" pour la variable "Poids" est de 0.000. Cette p-valeur est donnée par le test de Welch (voir le tableau 6-11).

Tableau 6-10 : ANOVA à 1 facteur.

		Somme des carrés	ddl	Moyenne des carrés	F	Signification
Age, ans	Inter-groupes	8,725	2	4,362	9,241	,000
	Intra-groupes	19,355	41	,472		
	Total	28,080	43			
Poids, kg	Inter-groupes	999,257	2	499,629	31,037	,000
	Intra-groupes	660,013	41	16,098		
	Total	1659,270	43			

Le tableau 6-11 représente les paramètres suivants : Statistique du test d'égalité des moyennes, ddl1, ddl2, et la p-valeur "Sig.". Ce tableau ne sera utile que dans le cas des variances hétérogènes pour les variables étudiées. La seule p-valeur qui sera prise, c'est celle de la variable "Poids" car elle a présenté des variances hétérogènes entre les différentes modalités du "Statut pondéral". La p-valeur est de 0.000 qui signifie qu'au moins deux variances sont inégales pour la variable "Poids". Il faut donc accéder aux comparaisons multiples par un test de "Post Hoc".

Tableau 6-11 : Tests d'égalité des moyennes.

		Statistique[a]	ddl1	ddl2	Sig.
Age, ans	Welch	17,863	2	26,437	,000
Poids, kg	Welch	39,426	2	16,970	,000

a. Distribution F asymptotique.

Le tableau 6-12 concerne l'application des tests de Post-Hoc dans le cas où l'analyse par ANOVA ou la correction de Welch aurait montré une p-valeur < 0.05 ; et si seulement si la variable "Critère" accepterait plus de deux modalités ou groupes, par exemple la variable "Statut pondéral" accepte trois modalités.

Les tests de comparaisons multiples servent à faire des comparaisons des groupes "un par un" pour détecter exactement les pairs de groupes qui diffèrent significativement de point de vu variances.

Dans notre analyse, les variances des deux variables "Age et Poids" diffèrent significativement entre les trois modalités étudiées de la variable "Critère". Cette signification par ANOVA veut dire qu'il y a au moins deux variances différentes. Pour savoir exactement les pairs des variances qui diffèrent, on accède à une "Comparaison multiple".

Il y'en a plusieurs tests qui permettent de faire des comparaisons multiples. Dans notre exemple, nous avons choisi le test de Tukey et Games-Howell. Le test de Tukey est utilisé pour la variable "Age" car les variances sont homogènes, tandis que le test de Games-Howell est fait pour la variable "Poids" car les variances sont hétérogènes.

Le test de Tukey fait pour la variable "Age" montre que l'âge chez les personnes à poids normal diffère significativement de celles ayant un surpoids (p-valeur = 0.03) et celles qui sont obèses (p-valeur = 0.000), par contre la moyenne de la variable "Age" ne diffère pas significativement entre les personnes ayant un surpoids et celles obèses.

Le test de Games-Howell fait pour la variable "Poids" montre que le poids chez les personnes à poids normal diffère significativement de celles ayant un surpoids (p-valeur = 0.000) et celles qui sont obèses (p-valeur = 0.000), par contre la moyenne de la variable "Poids" ne diffère pas significativement entre les personnes ayant un surpoids et celles obèses.

Tableau 6- 12 : Comparaisons multiples.

Comparaisons multiples

Variable dépendante		(I) Statut pondéral	(J) Statut pondéral	Différence de moyennes (I-J)	Erreur standard	Signification	Intervalle de confiance à 95%	
							Borne inférieure	Borne supérieure
Age, ans	Test de Tukey	Poids normal	Surpoids	,60839*	,22938	,030	,0506	1,1662
			Obésité	1,22971*	,29458	,000	,5134	1,9460
		Surpoids	Poids normal	-,60839*	,22938	,030	-1,1662	-,0506
			Obésité	,62132	,28958	,093	-,0828	1,3255
		Obésité	Poids normal	-1,22971*	,29458	,000	-1,9460	-,5134
			Surpoids	-,62132	,28958	,093	-1,3255	,0828
	Games-Howell	Poids normal	Surpoids	,60839*	,24555	,047	,0067	1,2101
			Obésité	1,22971*	,20680	,000	,7118	1,7477
		Surpoids	Poids normal	-,60839*	,24555	,047	-1,2101	-,0067
			Obésité	,62132*	,21204	,019	,0930	1,1496
		Obésité	Poids normal	-1,22971*	,20680	,000	-1,7477	-,7118
			Surpoids	-,62132*	,21204	,019	-1,1496	-,0930
Poids, kg	Test de Tukey	Poids normal	Surpoids	-8,5882*	1,3395	,000	-11,845	-5,331
			Obésité	-11,7132*	1,7202	,000	-15,896	-7,530
		Surpoids	Poids normal	8,5882*	1,3395	,000	5,331	11,845
			Obésité	-3,1250	1,6910	,167	-7,237	,987
		Obésité	Poids normal	11,7132*	1,7202	,000	7,530	15,896
			Surpoids	3,1250	1,6910	,167	-,987	7,237
	Games-Howell	Poids normal	Surpoids	-8,5882*	1,2657	,000	-11,726	-5,450
			Obésité	-11,7132*	1,6677	,000	-16,365	-7,062
		Surpoids	Poids normal	8,5882*	1,2657	,000	5,450	11,726
			Obésité	-3,1250	1,9212	,266	-8,131	1,881
		Obésité	Poids normal	11,7132*	1,6677	,000	7,062	16,365
			Surpoids	3,1250	1,9212	,266	-1,881	8,131

*. La différence moyenne est significative au niveau 0.05.

L'application d'ANOVA à un facteur requiert la vérification des conditions suivantes :

- Distribution suivant une loi normale (p-valeur ≥ 0.05 par le test de K-S) ;
- Variables quantitatives sur la liste des variables dépendantes (Age, Poids, Taille, Masse grasse corporelle, …) ;
- Homogénéité des variances (p-valeur ≥ 0.05 par le test de Levene) ;

- Echantillons indépendants (Age $_{\text{Poids normal}}$ vs. Age $_{\text{Surpoids}}$ vs. Age $_{\text{Obésité}}$; Taille $_{\text{Poids normal}}$ vs. Taille $_{\text{Surpoids}}$ vs. Taille $_{\text{Obésité}}$; …).

3.2. Analyse de variances univariée

L'ANOVA univariée est une analyse de variances d'une variable quantitative, en prenant en compte l'influence d'un ou de plusieurs facteurs (variables qualitatives) qui représentent des échantillons indépendants (non liés).

L'application d'ANOVA univariée se fait en choisissant "Modèle linéaire général/Univarié", puis faites passer la variable quantitative "Masse grasse corporelle" vers la cellule "Variable dépendante". Dans la cellule "Facteur(s) fixe(s)" faites passer les deux variables qualitatives "Sexe" et "Milieu". Le test va tester l'influence par "Sexe", par "Milieu", et par l'interaction entre les deux facteurs "Sexe*Milieu". Ceci, pour montrer que la variable "Masse grasse corporelle" est influencée par tel ou tel paramètre.

Les variables "Sexe" et "Milieu" sont deux variables dichotomiques c'est-à-dire elles ont deux modalités chacune (Sexe : Fille et Garçon ; Milieu : Urbain et Rural). Donc, les comparaisons multiples ne seront pas faites même si la p-valeur d'ANOVA est significative dans le cas où les variables qualitatives "Facteurs" n'accepteraient que deux modalités.

La variable dépendante et les variables indépendantes ou facteurs seront choisis selon les objectifs de l'étude ou la recherche effectuée. Donc, seulement les facteurs pouvant avoir une influence sur la variable dépendante (ou facteur dépendant) seront analysés.

Dans cet exemple, deux facteurs sont définis, ceci signifie que nous avons utilisé ANOVA univariée à deux facteurs ou 2 variables indépendantes "Sexe, Milieu".

L'effet de la variable "Sexe" se teste en fixant les hypothèses suivantes :
- H_0 : Les deux groupes du sexe ont les même variances et par conséquent les mêmes moyennes en masse grasse corporelle ;
- H_1 : Les deux groupes du sexe ont des variances et des moyennes en masse grasse corporelle significativement différentes.

L'effet de la variable "Milieu" se teste en fixant les hypothèses suivantes :
- H_0 : Les deux groupes du milieu ont les même variances et par conséquent les mêmes moyennes en masse grasse corporelle ;
- H_1 : Les deux groupes du milieu ont des variances et des moyennes en masse grasse corporelle significativement différentes.

L'effet d'interaction entre les variables "Sexe et Milieu" se teste en fixant les hypothèses suivantes :

- H_0 : Les variances ne diffèrent par l'interaction "Sexe*Milieu" ;
- H_1 : Les variances diffèrent significativement par l'interaction "Sexe*Milieu".

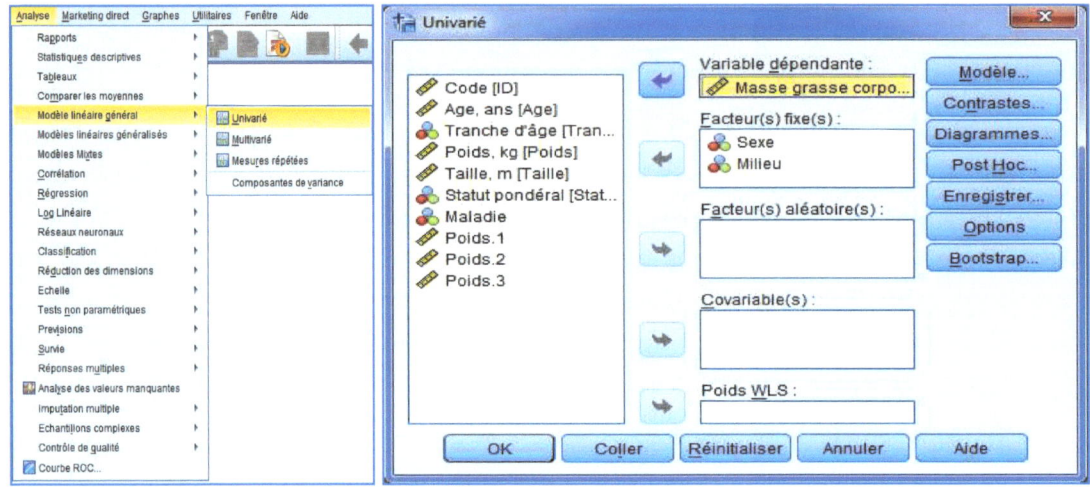

Figure 6-8 : Analyse de variances univariée.

Une fois les variables sont bien définies, cliquez sur "Options" pour cocher "Tests d'homogénéité", puis cliquez sur les boutons "Poursuivre" et "Ok".

Remarque : Si vous voulez afficher la description des variables étudiées, cochez le choix "Statistiques descriptives" à partir de la boîte de dialogue "Options".

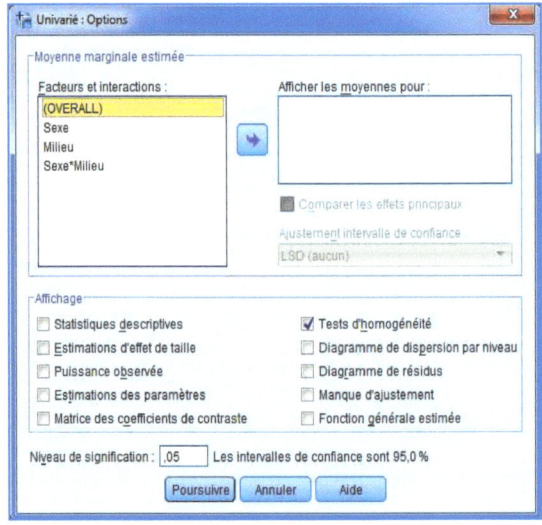

Figure 6-9 : Définition de paramètres d'analyse.

Une fois l'analyse par ANOVA univariée est exécutée, plusieurs tableaux s'afficheront sur le Viewer.

Le tableau 6-13 montre une p-valeur de 0.438 qui est strictement supérieure à la valeur seuil de 0.05. Donc les variances de la variable quantitative dépendante sont homogènes sur les différents groupes des variables qualitatives.

Tableau 6- 13 : Test d'égalité des variances des erreurs de Levene[a].

Variable dépendante: Masse grasse corporelle, kg

D	ddl1	ddl2	Sig.
,924	3	40	,438

Teste l'hypothèse nulle que la variance des erreurs de la variable dépendante est égale sur les différents groupes.

a. Plan : Ordonnée à l'origine + Sexe + Milieu + Sexe * Milieu

Le tableau 6-14 permet de décrire l'effectif des modalités de chaque variable étudiée. Il permet même de déterminer les valeurs utilisées pour le codage des différentes modalités des variables qualitatives.

Tableau 6- 14 : Facteurs inter-sujets.

		Etiquette de valeur	N
Sexe	1	Garçon	21
	2	Fille	23
Milieu	1	Urbain	27
	2	Rural	17

Le tableau 6-15 montre les paramètres suivants : Somme des carrés de type III, Degrés de liberté "ddl", Moyenne des carrés, Valeur de D, et la p-valeur de signification "Sig.".

Sur la colonne "Source", prenez les lignes de "Sexe", "Milieu" et "Sexe*Milieu". Les variables "Sexe" et "Milieu" n'ont pas d'influence sur la variable "Masse grasse corporelle" car les deux p-valeurs sont de 0.065 et 0.858, respectivement (voir la colonne "Sig."), ces deux valeurs sont supérieures à 0.05 (Seuil d'erreur alpha). Et également il n'y a pas d'influence sur la variable dépendante par l'interaction entre les variables "Sexe*Milieu" car la p-valeur est de 0.503 qui est strictement supérieure au seuil de 0.05.

Tableau 6- 15 : Tests des effets inter-sujets.

Variable dépendante: Masse grasse corporelle, kg

Source	Somme des carrés de type III	ddl	Moyenne des carrés	D	Sig.
Modèle corrigé	98,230[a]	3	32,743	1,215	,317
Ordonnée à l'origine	20066,382	1	20066,382	744,679	,000
Sexe	96,738	1	96,738	3,590	,065
Milieu	,874	1	,874	,032	,858
Sexe * Milieu	12,303	1	12,303	,457	,503
Erreur	1077,854	40	26,946		
Total	22466,804	44			
Total corrigé	1176,084	43			

a. R deux = ,084 (R deux ajusté = ,015)

L'application d'analyse univariée de variances requiert la vérification des conditions suivantes :

- Distribution suivant une loi normale (p-valeur ≥ 0.05 par le test de K-S) ;
- Variable dépendante quantitative (Masse grasse corporelle, Poids, ...) ;
- Homogénéité des variances (p-valeur ≥ 0.05 par le test de Levene) ;
- Echantillons indépendants (Masse grasse $_{Filles}$ vs. Masse grasse $_{Garçons}$; Poids $_{Filles}$ vs. Poids $_{Garçons}$; ...).

3.3. Analyse de variances multivariée

L'ANOVA multivariée (MANOVA) est une analyse de variances au sein d'une ou de plusieurs variables quantitatives dépendantes pour tester l'influence d'un ou de plusieurs facteurs (variables qualitatives) dont les échantillons sont indépendants (non liés), contrairement à l'ANOVA univariée qui ne permet d'étudier qu'une seule variable quantitative dépendante.

L'ANOVA permet de tester si la moyenne de deux ou plusieurs groupes sont tirés de la même distribution d'échantillonnage [Gregory, 1998].

La MANOVA est l'analogue multivarié pour T^2 de Hotelling qui teste si les deux vecteurs de moyennes pour les deux groupes sont échantillonnés à partir de la même distribution d'échantillonnage. T^2 de Hotelling est l'équivalent multivarié du test t [Gregory, 1998].

Le lambda de Wilks dans le cas d'analyse multivariée a le même rôle que la statistique F dans le cas d'analyse de variance à un facteur. Donc, le lambda de Wilks est une statistique de test utilisée dans l'analyse de la variance multivariée (MANOVA) pour tester s'il existe des différences entre les moyennes des groupes identifiés de sujets sur une combinaison de variables dépendantes [Bartlett et al., 2000].

La proportion de la variance dans la combinaison de variables dépendantes qui n'est pas comptabilisée par la variable indépendante ou facteur peut être mesurée directement par le lambda de Wilks. Le Lambda de Wilks peut être transformé ou ajusté mathématiquement à une statistique qui a approximativement une distribution F. Cela rend plus facile à calculer la p-valeur [Bartlett et al., 2000].

Il y a un certain nombre de statistiques alternatives qui peuvent être calculés pour effectuer une tâche similaire à celle du lambda de Wilks, comme le critère de trace de Pillai et le critère de GCR de Roy [Bartlett et al., 2000].

La comparaison des modèles ajustés peut être faite par application d'une ANOVA qui détermine une statistique F et une p-valeur. Ces deux paramètres seront utilisés pour conclure si les modèles sont équivalents ou pas. Une autre méthode est d'utiliser un critère comme l'AIC ou le BIC. Le modèle qui aura la plus petite valeur sera le "meilleur" modèle [Guillet, 2011] dans le cas de développement de modèles linéaires généralisés.

En outre, la comparaison de courbes entre différents groupes peut être faite par une comparaison de la somme des carrés moyens du modèle fait avec la somme des sommes des carrés moyens à l'aide d'un test F et une p-valeur [Guillet, 2011].

Dans l'exemple suivant, deux variables indépendantes "Sexe et Milieu" sont définies pour appliquer une ANOVA multivariée à deux facteurs.

L'effet de la variable "Sexe" se teste en fixant les hypothèses suivantes :

- H_0 : Les deux groupes du sexe ont les même variances et par conséquent les mêmes moyennes en masse grasse corporelle / poids ;
- H_1 : Les deux groupes du sexe ont des variances et des moyennes significativement différentes en masse grasse corporelle / poids.

L'effet de la variable "Milieu" se teste en fixant les hypothèses suivantes :

- H_0 : Les deux groupes du milieu ont les même variances et par conséquent les mêmes moyennes en masse grasse corporelle / poids ;
- H_1 : Les deux groupes du milieu ont des variances et des moyennes significativement différentes en masse grasse corporelle / poids.

L'effet d'interaction entre les variables "Sexe et Milieu" se teste en fixant les hypothèses suivantes :

- H_0 : Les variances ne diffèrent pas par l'interaction "Sexe*Milieu" ;
- H_1 : Les variances diffèrent significativement par l'interaction "Sexe*Milieu".

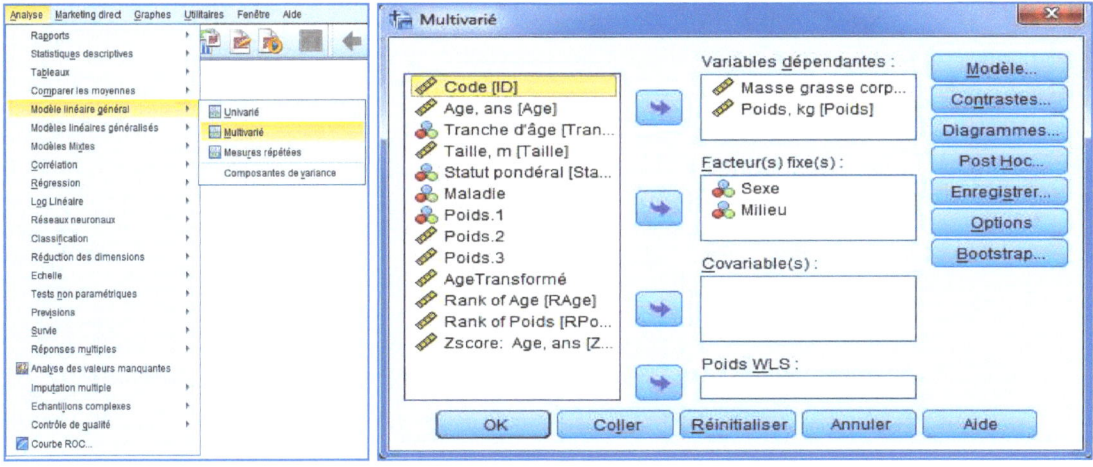

Figure 6- 10 : Analyse de variances multivariée.

L'application d'ANOVA multivariée se fait en choisissant "Analyse/Modèle linéaire général/Multivarié", puis faites passer les variables quantitatives dépendantes "Masse grasse corporelle" et "Poids", et les variables qualitatives ou facteurs fixes "Sexe" et "Milieu".

Une fois les variables sont bien définies, cliquez sur le bouton "Options" pour cocher le "Test d'homogénéité" qui permet d'étudier si les variances sont homogènes (p-valeur ≥ 0.05 par le test de Levene) ou hétérogène (p-valeur < 0.05 par le test de Levene), et cliquez sur le bouton "Poursuivre".

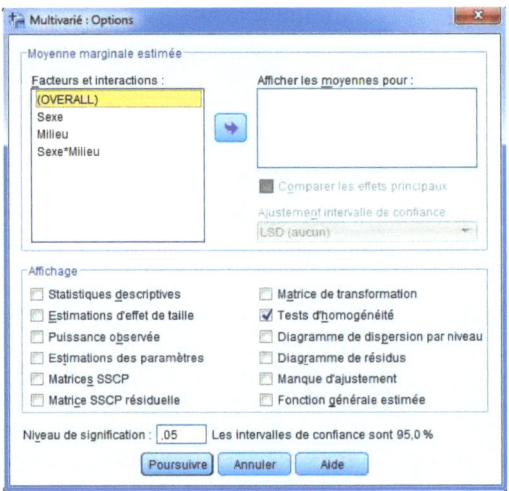

Figure 6-11 : Définition de paramètres d'analyse.

Après l'exécution de cette analyse. Les tableaux ci-dessous s'afficheront sur le Viewer.

Le tableau 6-16 nous montre les étiquettes de valeurs des modalités pour toutes les variables qualitatives étudiées. Par exemple sur l'Editeur de données, il y a deux modalités pour la variable "Sexe" qui sont les suivantes : Garçons définis par le chiffre "1", et filles définies par le chiffre "2".

Tableau 6-16 : Facteurs inter-sujets.

		Etiquette de valeur	N
Sexe	1	Garçon	21
	2	Fille	23
Milieu	1	Urbain	27
	2	Rural	17

Le tableau 6-17 montre une p-valeur de 0.557 strictement supérieure au seuil de 0.05, ceci signifie que les matrices de covariance étudiées sont égales sur l'ensemble des groupes. Donc, ce test permet de vérifier une condition importante dans l'application d'ANOVA multivariée.

Tableau 6-17 : Test d'égalité des matrices de covariance de Box[a].

M de Box	8,653
D	,864
ddl1	9
ddl2	6291,403
Sig.	,557

Teste l'hypothèse nulle selon laquelle les matrices de covariances observées des variables dépendantes sont égales sur l'ensemble des groupes.

a. Plan : Ordonnée à l'origine + Sexe + Milieu + Sexe * Milieu

Le tableau 6-18 montre les tests multivariés suivants : Trace de Pillai, Lambda de Wilks, Trace de Hotelling et Plus grande racine de Roy. Ces tests permettent de tester l'hypothèse nulle "Les moyennes de différentes classes étudiées sont les mêmes". Les effets de l'Ordonnée à l'origine "p-valeurs de 0.000", et du Sexe "p-valeurs de 0.007" pour tous les tests présentent des p-valeurs inférieures à 0.05, ceci veut dire que la variable "Sexe" et la constante "Ordonnée à l'origine" influencent significativement les moyennes des classes étudiées.

Tableau 6-18 : Tests multivariés[a].

Effet		Valeur	D	ddl de l'hypothèse	Erreur ddl	Sig.
Ordonnée à l'origine	Trace de Pillai	,993	2949,783[b]	2,000	39,000	,000
	Lambda de Wilks	,007	2949,783[b]	2,000	39,000	,000
	Trace de Hotelling	151,271	2949,783[b]	2,000	39,000	,000
	Plus grande racine de Roy	151,271	2949,783[b]	2,000	39,000	,000
Sexe	Trace de Pillai	,222	5,566[b]	2,000	39,000	,007
	Lambda de Wilks	,778	5,566[b]	2,000	39,000	,007
	Trace de Hotelling	,285	5,566[b]	2,000	39,000	,007
	Plus grande racine de Roy	,285	5,566[b]	2,000	39,000	,007
Milieu	Trace de Pillai	,035	,705[b]	2,000	39,000	,500
	Lambda de Wilks	,965	,705[b]	2,000	39,000	,500
	Trace de Hotelling	,036	,705[b]	2,000	39,000	,500
	Plus grande racine de Roy	,036	,705[b]	2,000	39,000	,500
Sexe * Milieu	Trace de Pillai	,141	3,201[b]	2,000	39,000	,052
	Lambda de Wilks	,859	3,201[b]	2,000	39,000	,052
	Trace de Hotelling	,164	3,201[b]	2,000	39,000	,052
	Plus grande racine de Roy	,164	3,201[b]	2,000	39,000	,052

a. Plan : Ordonnée à l'origine + Sexe + Milieu + Sexe * Milieu
b. Statistique exacte

Le tableau 6-19 montre que les variances sont égales pour les différents groupes des variables dépendantes étudiées "Masse grasse corporelle" et "Poids".

Tableau 6-19 : Test d'égalité des variances des erreurs de Levene[a].

	D	ddl1	ddl2	Sig.
Masse grasse corporelle, kg	,924	3	40	,438
Poids, kg	,391	3	40	,760

Teste l'hypothèse nulle que la variance des erreurs de la variable dépendante est égale sur les différents groupes.

a. Plan : Ordonnée à l'origine + Sexe + Milieu + Sexe * Milieu

Le tableau 6-20 montre que :

- La variable dépendante "Masse grasse corporelle" n'est pas influencée par les variables "Sexe" et "Milieu", ni par l'interaction de "Sexe*Milieu" car les p-valeurs (0.065, 0.858, 0.503 respectivement) sont toutes supérieures au seuil de 0.05 ;
- La deuxième variable dépendante "Poids" est influencée par la variable "Sexe" et également par l'interaction entre les deux variables "Sexe*Milieu".

Tableau 6-20 : Test des effets inter-sujets.

Source	Variable dépendante	Somme des carrés de type III	ddl	Moyenne des carrés	D	Sig.
Modèle corrigé	Masse grasse corporelle, kg	98,230[a]	3	32,743	1,215	,317
	Poids, kg	416,025[b]	3	138,675	4,462	,009
Ordonnée à l'origine	Masse grasse corporelle, kg	20066,382	1	20066,382	744,679	,000
	Poids, kg	155949,417	1	155949,417	5017,496	,000
Sexe	Masse grasse corporelle, kg	96,738	1	96,738	3,590	,065
	Poids, kg	342,293	1	342,293	11,013	,002
Milieu	Masse grasse corporelle, kg	,874	1	,874	,032	,858
	Poids, kg	29,161	1	29,161	,938	,339
Sexe * Milieu	Masse grasse corporelle, kg	12,303	1	12,303	,457	,503
	Poids, kg	154,136	1	154,136	4,959	,032
Erreur	Masse grasse corporelle, kg	1077,854	40	26,946		
	Poids, kg	1243,245	40	31,081		
Total	Masse grasse corporelle, kg	22466,804	44			
	Poids, kg	166728,020	44			
Total corrigé	Masse grasse corporelle, kg	1176,084	43			
	Poids, kg	1659,270	43			

a. R deux = ,084 (R deux ajusté = ,015)
b. R deux = ,251 (R deux ajusté = ,195)

Dans ce cas on ne peut utiliser les tests de Post Hoc même si on a quelque p-valeurs strictement inférieures à la valeur seuil de 0.05 car les deux variables qualitatives étudiées n'acceptant que deux modalités chacune.

L'application d'analyse de variances multivariée requiert la vérification des conditions suivantes :

- Distribution suivant une loi normale (p-valeur ≥ 0.05 par le test de K-S) ;

- Variable dépendante quantitative (Masse grasse corporelle, Poids, Taille, ...) ;
- Egalité des matrices de covariance (p-valeur ≥ 0.05 par le test de Box) ;
- Homogénéité des variances (p-valeur ≥ 0.05 par le test de Levene) ;
- Echantillons indépendants (Poids $_{Urbain}$ vs. Poids $_{Rural}$, ...).

3.4. Analyse de variances à mesures répétées

L'ANOVA à mesures répétées est une analyse de variances au sein de deux ou plusieurs variables quantitatives représentant des échantillons dépendants (liés ou appariés).

L'application d'ANOVA à mesures répétées se fait en choisissant "Analyse/Modèle linéaire général/Mesures répétées", puis définissez les facteurs et le nombre des niveaux, par exemple nous, nous avons trois facteurs représentés par trois variables quantitatives "Poids 1, Poids 2, Poids 3", donc le nombre de niveaux est de "3" qui veut dire trois mesures dépendantes. Les trois facteurs constituent le facteur intra-sujets qui portera le nom par défaut "Facteur1" dans les analyses qui seront affichées sur le Viewer.

Une fois le nombre de niveaux est bien saisi, cliquez sur le bouton "Ajouter" pour que le "Facteur1(3)" s'affiche dans la cellule, puis sur le bouton "Définir".

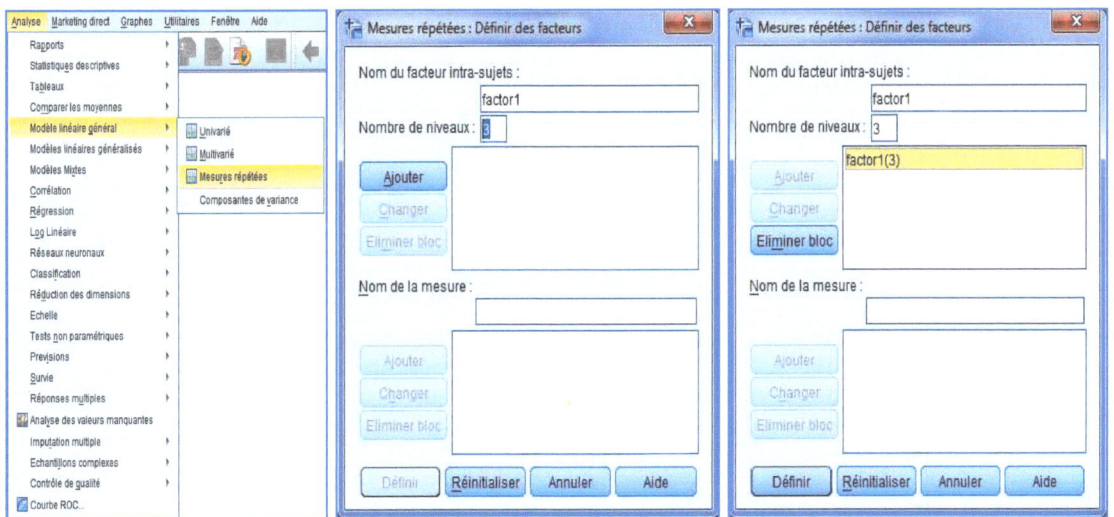

Figure 6-12 : Analyse de variances à mesures répétées.

Une fois les facteurs sont définis, on passera à une autre boîte de dialogue sur laquelle on ajoutera les variables ou facteurs intra-sujets dans la cellule "Facteur1". Donc, faites passer la variable "Poids.1" vers le premier facteur "_?_(1)", la variable "Poids.2" vers le deuxième facteur "_?_(2)", et la variable "Poids.3" vers le troisième facteur "_?_(3)". Les trois variables étudiées sont des variables quantitatives représentant trois échantillons dépendants. La variable "Poids.1" correspond à la mesure faite pendant la première semaine, la variable "Poids.2" correspond à celle faite à la deuxième semaine, et la variable "Poids.3" correspond à la troisième semaine. On cherche donc à tester la différence entre ces trois échantillons dépendants "Poids.1, Poids.2, et Poids.3".

Le test d'influence correspond à l'utilisation des facteurs inter-sujets représentés par les variables qualitatives suivantes "Sexe" et "Statut pondéral". Nous allons tester l'influence de la variable "Sexe", la variable "Statut pondéral", puis l'interaction entre les deux variables "Sexe*Statut pondéral" sur les trois variables dépendantes "Poids.1, Poids.2, Poids.3".

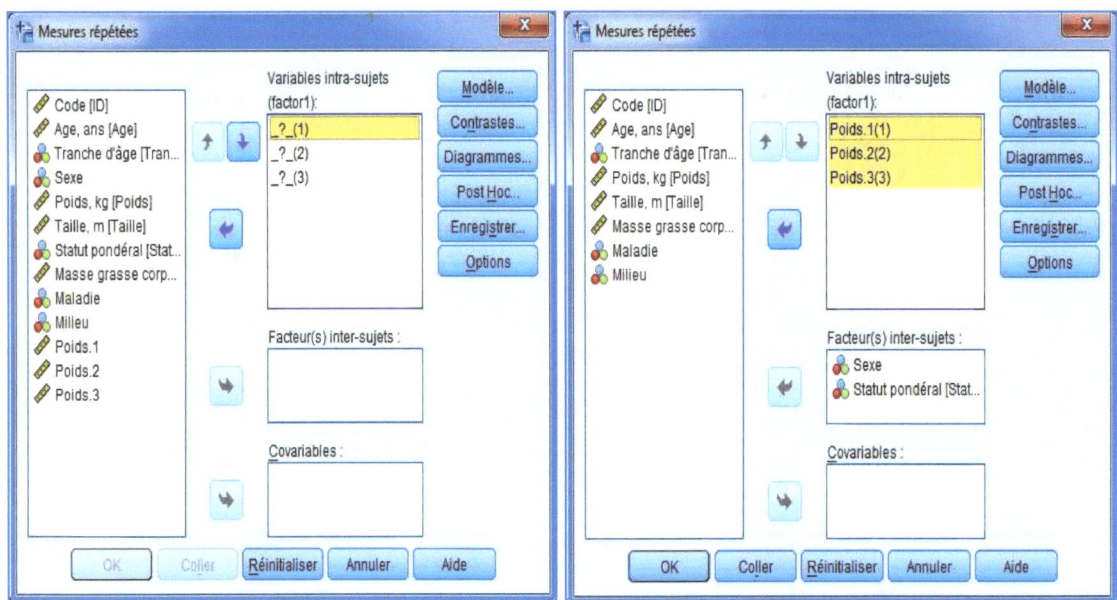

Figure 6- 13 : Définition des facteurs intra- et inter-sujets.

Une fois les variables intra- et inter-sujets sont bien définies sur la boîte de dialogue principale :

- Cochez "Test d'homogénéité" à partir du bouton "Options", puis cliquez sur "Poursuivre" ;
- Choisissez le test de "Tukey" par le bouton "Post Hoc", faites passer la variable "Statut pondéral" vers la cellule vide "Tests post hoc pour", puis cliquez sur le bouton "Poursuivre".

Remarque : Les tests de Post Hoc seront utilisés seulement s'il y a au moins une p-valeur < 0.05 par ANOVA à mesures répétées, et une variable qualitative comportant plus de 2 modalités.

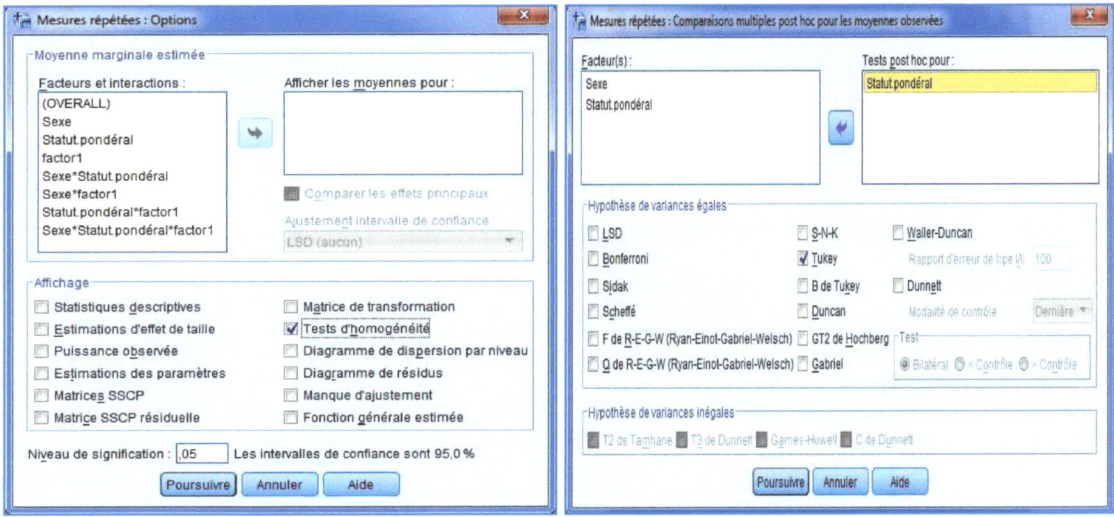

Figure 6- 14 : Définition des paramètres d'analyse.

Sur la boîte de dialogue principale, cliquez sur le bouton "OK" pour que les analyses soient affichées sur le Viewer.

Le tableau 6-21 montre les variables quantitatives utilisées comme facteurs dépendants et aussi leur classement. Par exemple le "Facteur1" porte trois facteurs classés selon l'ordre suivant : Poids 1, Poids 2, et Poids 3.

Tableau 6- 21 : Facteurs intra-sujets.

Mesure: MEASURE_1

factor1	Variable dépendante
1	Poids.1
2	Poids.2
3	Poids.3

Le tableau 6-22 présente les différentes variables qualitatives étudiées, les modalités de chaque variable, et l'effectif des observations pour chaque modalité. Par exemple : 23 filles et 21 garçons pour la variable "Sexe".

Tableau 6- 22 : Facteurs inter-sujets.

		Etiquette de valeur	N
Sexe	1	Garçon	21
	2	Fille	23
Statut pondéral	3	Poids normal	17
	4	Surpoids	19
	5	Obésité	8

Le tableau 6-23 permet de tester si les matrices de covariances des variables dépendantes sont égales ou non. Dans cet exemple, nous avons une p-valeur de 0.894 qui est strictement supérieure à 0.05, donc l'hypothèse nulle "Les matrices de covariances observées des variables dépendantes sont égales sur l'ensemble des groupes" est à retenir. Ceci est une condition importante dans la validation de l'analyse des variances à mesures répétées.

Tableau 6- 23 : Test d'égalité des matrices de covariance de Box[a].

M de Box	2,809
D	,377
ddl1	6
ddl2	2018,597
Sig.	,894

Teste l'hypothèse nulle selon laquelle les matrices de covariances observées des variables dépendantes sont égales sur l'ensemble des groupes.

a. Plan : Ordonnée à l'origine + Sexe + Statut.pondéral + Sexe * Statut.pondéral
Dans le plan des sujets : factor1

Le tableau 6-24 montre les tests suivants : Trace de Pillai, Lambda de Wilks, Trace de Hotelling et Plus grande racine de Roy. Ces tests permettent de tester l'hypothèse nulle "Les moyennes de différentes classes étudiées sont les mêmes". L'effet de la variable "Statut pondéral" influence significativement les moyennes de différentes classes étudiées car les p-valeurs de tous les tests sont inférieures au seuil d'erreur de 0.05.

Tableau 6- 24 : Tests multivariés[a].

Effet		Valeur	D	ddl de l'hypothèse	Erreur ddl	Sig.
factor1	Trace de Pillai	,100	2,116[b]	2,000	38,000	,135
	Lambda de Wilks	,900	2,116[b]	2,000	38,000	,135
	Trace de Hotelling	,111	2,116[b]	2,000	38,000	,135
	Plus grande racine de Roy	,111	2,116[b]	2,000	38,000	,135
factor1 * Sexe	Trace de Pillai	,056	1,129[b]	2,000	38,000	,334
	Lambda de Wilks	,944	1,129[b]	2,000	38,000	,334
	Trace de Hotelling	,059	1,129[b]	2,000	38,000	,334
	Plus grande racine de Roy	,059	1,129[b]	2,000	38,000	,334
factor1 * Statut.pondéral	Trace de Pillai	,411	5,047	4,000	78,000	,001
	Lambda de Wilks	,594	5,656[b]	4,000	76,000	,000
	Trace de Hotelling	,676	6,249	4,000	74,000	,000
	Plus grande racine de Roy	,663	12,922[c]	2,000	39,000	,000
factor1 * Sexe * Statut.pondéral	Trace de Pillai	,115	2,469[b]	2,000	38,000	,098
	Lambda de Wilks	,885	2,469[b]	2,000	38,000	,098
	Trace de Hotelling	,130	2,469[b]	2,000	38,000	,098
	Plus grande racine de Roy	,130	2,469[b]	2,000	38,000	,098

a. Plan : Ordonnée à l'origine + Sexe + Statut.pondéral + Sexe * Statut.pondéral
Dans le plan des sujets : factor1

b. Statistique exacte

c. La statistique est une borne supérieure de F qui produit une borne inférieure pour le seuil de signification.

Le tableau 6-25 montre la p-valeur du test de Mauchly. Le test de Mauchly teste la symétrie composée-homogénéité des variances/covariances. Dans ce cas la p-valeur de 0.005 est strictement inférieure à la valeur seuil de 0.05, donc l'hypothèse nulle est à rejeter et on passe à l'hypothèse alternative qui dit qu'il n'y a pas de sphéricité. La sphéricité est similaire à la supposition d'homogénéité d'ANOVA univariée. S'il n'y a pas de sphéricité, on prendra les p-valeurs correspondant à la correction de Greenhouse-Geisser sur le tableau 6-26.

Tableau 6- 25 : Test de sphéricité de Mauchly[a].

Mesure: MEASURE_1

Effet intra-sujets	W de Mauchly	Khi-deux approché	ddl	Sig.	Epsilon[b]		
					Greenhouse-Geisser	Huynh-Feldt	Borne inférieure
factor1	,758	10,533	2	,005	,805	,921	,500

Teste l'hypothèse nulle selon laquelle la matrice de covariance des erreurs des variables dépendantes orthonormées est proportionnelle à la matrice identité.

a. Plan : Ordonnée à l'origine + Sexe + Statut.pondéral + Sexe * Statut.pondéral
   Dans le plan des sujets : factor1

b. Peut être utilisé pour ajuster les degrés de libertés des tests de signification centrés. Les tests corrigés sont affichés dans le tableau des Tests des effets intra-sujets

Le tableau 6-26 montre les tests suivants : Tests faits si la sphéricité est supposée, la correction de Greenhouse-Geisser s'il n'y a pas de sphéricité, Huynh-Feldt, Borne infériure. Rappelez-vous que le tableau précédent nous a montré qu'il n y a pas de sphéricité, ceci précise que les p-valeurs qui seront prises sont celles données par la correction de Greenhouse-Geisser.

D'après ce tableau, on constate que :

- Pour le "Facteur1", il n'y a pas de différence significative entre les trois poids ou facteurs dépendants car la p-valeur de 0.233 est supérieure à la valeur seuil de 0.05 ;
- Le "Facteur1" ou les trois poids dépendants ne sont pas influencés par la variable "Sexe" car la p-valeur est de 0.191 ;
- Le "Facteur1" ou les trois poids dépendants sont influencés par la variable "Statut pondéral" parce que la p-valeur est de 0.000.
- Le "Facteur1" est influencé par l'interaction des deux variables qualitatives "Sexe et Statut pondéral" avec une p-valeur de 0.042.

En résumé, les trois poids ou échantillons dépendants étudiés ne sont pas influencés par "Sexe" mais ils sont influencés par "Statut pondéral" et par l'interaction "Sexe*Statut pondéral".

Tableau 6-26 : Tests des effets intra-sujets.

Mesure: MEASURE_1

Source		Somme des carrés de type III	ddl	Moyenne des carrés	D	Sig.
factor1	Sphéricité supposée	45,351	2	22,676	1,496	,230
	Greenhouse-Geisser	45,351	1,610	28,165	1,496	,233
	Huynh-Feldt	45,351	1,841	24,629	1,496	,231
	Borne inférieure	45,351	1,000	45,351	1,496	,229
factor1 * Sexe	Sphéricité supposée	52,385	2	26,192	1,728	,184
	Greenhouse-Geisser	52,385	1,610	32,533	1,728	,191
	Huynh-Feldt	52,385	1,841	28,449	1,728	,187
	Borne inférieure	52,385	1,000	52,385	1,728	,196
factor1 * Statut.pondéral	Sphéricité supposée	586,094	4	146,523	9,669	,000
	Greenhouse-Geisser	586,094	3,220	181,995	9,669	,000
	Huynh-Feldt	586,094	3,683	159,146	9,669	,000
	Borne inférieure	586,094	2,000	293,047	9,669	,000
factor1 * Sexe * Statut. pondéral	Sphéricité supposée	109,068	2	54,534	3,599	,032
	Greenhouse-Geisser	109,068	1,610	67,736	3,599	,042
	Huynh-Feldt	109,068	1,841	59,232	3,599	,036
	Borne inférieure	109,068	1,000	109,068	3,599	,065
Erreur(factor1)	Sphéricité supposée	1182,057	78	15,155		
	Greenhouse-Geisser	1182,057	62,797	18,823		
	Huynh-Feldt	1182,057	71,813	16,460		
	Borne inférieure	1182,057	39,000	30,309		

Le tableau 6-27 présente deux types de fonctions :

- Fonction linéaire dont la formule est la suivante : $y = ax + b$;
- Fonction quadratique dont la formule est la suivante : $y = ax^2 + bx + c$. Les différentes formules de cette fonction s'utilisent pour décrire une situation quadratique, par exemple la trajectoire du dauphin, ... [Blanchard et Bernadette, 2013].

Prenons par exemple le "Facteur1" représenté par le Poids 1, Poids 2 et Poids 3. Ces trois poids étudiés peuvent avoir une variation soit linéaire, soit quadratique car les deux p-valeurs sont supérieures au seuil de 0.05.

Dans le cas de signification de la fonction linéaire, on peut dire que le "Poids.1" est supérieur au "Poids.2" qui est à son tour supérieur au "Poids.3".

Remarque : Les représentations graphiques des fonctions linéaires et quadratiques sont bien expliquées sur l'annexe "Différents types de fonctions polynomiales".

Tableau 6- 27 : Tests des contrastes intra-sujets.

Mesure: MEASURE_1

Source	factor1	Somme des carrés de type III	ddl	Moyenne des carrés	D	Sig.
factor1	Linéaire	31,751	1	31,751	4,041	,051
	Quadratique	13,600	1	13,600	,606	,441
factor1 * Sexe	Linéaire	,373	1	,373	,047	,829
	Quadratique	52,012	1	52,012	2,317	,136
factor1 * Statut.pondéral	Linéaire	16,284	2	8,142	1,036	,364
	Quadratique	569,810	2	284,905	12,690	,000
factor1 * Sexe * Statut. pondéral	Linéaire	,373	1	,373	,047	,829
	Quadratique	108,695	1	108,695	4,841	,034
Erreur(factor1)	Linéaire	306,458	39	7,858		
	Quadratique	875,599	39	22,451		

Le tableau 6-28 montre que les trois p-valeurs par le test de Levene sont strictement supérieures à 0.05 donc l'hypothèse nulle "La variance des erreurs de la variable dépendante est égale sur les différents groupes" est à retenir.

Tableau 6- 28 : Test d'égalité des variances des erreurs de Levene[a].

	D	ddl1	ddl2	Sig.
Poids.1	2,525	4	39	,056
Poids.2	,229	4	39	,920
Poids.3	2,543	4	39	,055

Teste l'hypothèse nulle que la variance des erreurs de la variable dépendante est égale sur les différents groupes.

a. Plan : Ordonnée à l'origine + Sexe + Statut.pondéral + Sexe * Statut.pondéral
Dans le plan des sujets : factor1

Le tableau 6-29 montre la somme des carrés de type III, ddl, moyenne des carrés, la valeur de D, et la p-valeur de signification. On constate que :

- La variable "Sexe" n'a pas d'influence sur les poids comparés car la p-valeur de 0.294 est supérieure à la valeur seuil de 0.05 ;
- La variable "Statut pondéral" présente une influence car la p-valeur est de 0.000 donc au moins deux variances des erreurs des variables dépendantes diffèrent significativement, dans ce cas il faut faire une comparaison multiple par un test de Post Hoc. Rappelez-vous que le test de "Tukey" pour la variable "Statut pondéral" a été déjà choisi avant l'exécution des analyses ;
- L'interaction "Sexe*Statut pondéral" n'a pas d'influence sur les variables dépendantes "Poids.1, Poids.2, Poids.3" car la p-valeur est supérieure à 0.05.

Tableau 6- 29 : Tests des effets inter-sujets.

Mesure: MEASURE_1
Variable tranformée: Moyenne

Source	Somme des carrés de type III	ddl	Moyenne des carrés	D	Sig.
Ordonnée à l'origine	446961,480	1	446961,480	14495,702	,000
Sexe	34,853	1	34,853	1,130	,294
Statut.pondéral	698,951	2	349,475	11,334	,000
Sexe * Statut.pondéral	94,498	1	94,498	3,065	,088
Erreur	1202,529	39	30,834		

Le tableau 6-30 montre l'analyse du test de "Tukey". Ce test permet de voir exactement où se trouve la différence. Dans cet exemple, toutes les p-valeurs sont strictement inférieures à 0.05. Donc les variances diffèrent significativement pour chaque pair de modalités suivantes : "Poids normal, Surpoids", "Poids normal, Obésité", et "Surpoids, Obésité" du "Facteur1" qui représente les trois poids inclus dans cette analyse statistique.

Tableau 6- 30 : Comparaison multiple.

Mesure: MEASURE_1
Test de Tukey

(I) Statut pondéral	(J) Statut pondéral	Différence des moyennes (I-J)	Erreur standard	Sig.	Intervalle de confiance à 95%	
					Borne inférieure	Limite supérieure
Poids normal	Surpoids	-5,897*	1,0703	,000	-8,504	-3,289
	Obésité	-10,246*	1,3745	,000	-13,594	-6,897
Surpoids	Poids normal	5,897*	1,0703	,000	3,289	8,504
	Obésité	-4,349*	1,3512	,007	-7,641	-1,057
Obésité	Poids normal	10,246*	1,3745	,000	6,897	13,594
	Surpoids	4,349*	1,3512	,007	1,057	7,641

En fonction des moyennes observées.
Le terme d'erreur est Carré moyen(Erreur) = 10,278.
*. La différence des moyennes est significative au niveau ,05.

L'application de l'analyse des variances à mesures répétées requiert la vérification des conditions suivantes :

– Distribution suivant une loi normale (p-valeur ≥ 0.05 par le test de K-S) ;
– Variables dépendantes quantitatives (Facteurs dépendants ou intra-sujets) ;
– Homogénéité des variances (p-valeur ≥ 0.05 par le test de Levene) ;
– Egalité des matrices de covariances observées des variables dépendantes sur l'ensemble des groupes (p-valeur ≥ 0.05 par le test de Box) ;
– Sphéricité de la matrice des variances / covariances (p-valeur ≥ 0.05 par le test de Mauchly) ;
– Echantillons dépendants ou liés (Poids.1 *vs.* Poids.2 *vs.* Poids.3, …).

Chapitre VII

Tests non paramétriques sans tenir compte du type de distribution

Dans ce chapitre, nous allons apprendre à comparer des variables à distribution ne suivant pas une loi normale en utilisant des tests non paramétriques comme le test de Mann-Whitney, le test de Kruskal-Wallis, test d'indépendance et comparaison des proportions en utilisant le test de Chi-deux, et le test binomial.

1. Définitions

Les tests non paramétriques sont des méthodes applicables quelle que soit la distribution de la population. C'est-à-dire qu'aucune hypothèse n'est faite sur la distribution. Une autre caractéristique essentielle des tests non paramétriques, est leur faible puissance pour les petits effectifs, par rapport à leurs analogues paramétriques [Carricano et *al.*, 2008 ; Concordet, 2013].

Il est fortement recommandé d'utiliser des tests non paramétriques, dans le cas où les hypothèses d'un test paramétrique ne sont pas toutes vérifiées. Si le problème est dû à la non-normalité des données, on peut essayer une transformation mathématique (log, arcsin, carré, racine carré, inverse, …) afin de valider l'hypothèse de normalité sur les données transformées et on utilisera un test non paramétrique seulement si aucune des transformations essayées ne fonctionne [Guillet, 2011].

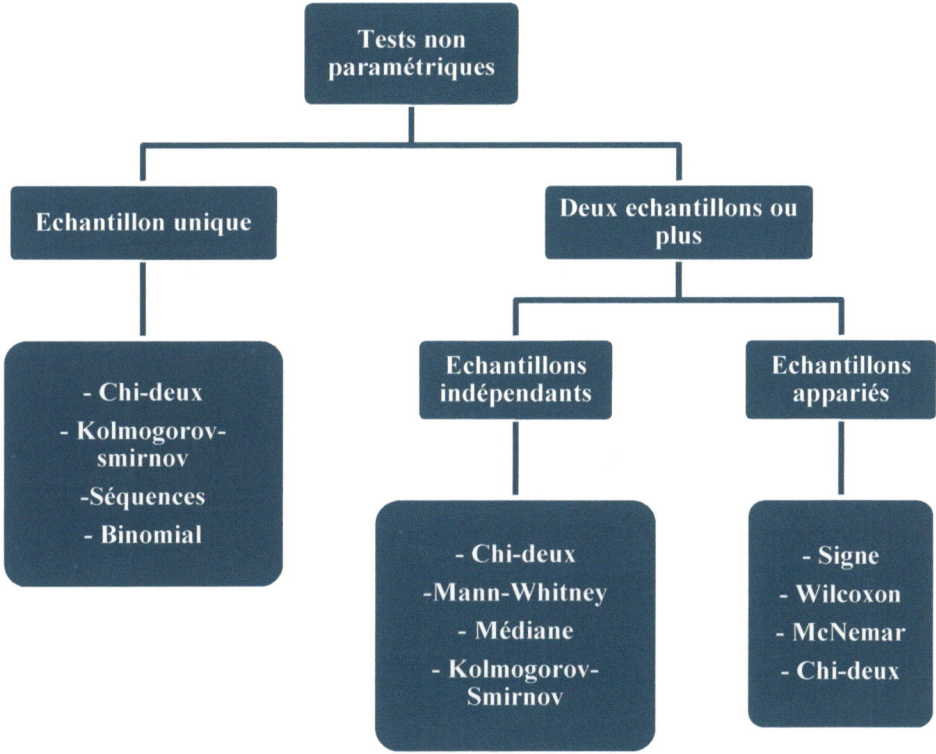

Figure 7- 1 : **Tests non paramétriques [Malhotra et *al.*, 2007].**

Remarque : Dans le cas de trois ou plusieurs échantillons appariés, on utilise le test de Cochran pour tester la différence de proportions, et le test de McNemar dans le cas de deux échantillons appariés. L'application du test de Chi-deux dans le cas de deux échantillons appariés donne uniquement une idée sur l'association entre les variables qualitatives étudiées.

Le test de la médiane, moins puissant que l'U de Mann-Whitney, permet de déterminer si deux groupes sont issus de populations ayant la même médiane, en estimant la position de chaque observation par rapport à la médiane globale des deux échantillons [Carricano et *al.*, 2008].

Le test de McNemar pour deux échantillons appariés, et le test de Cochran pour deux ou plusieurs échantillons appariés permettent de comparer des proportions au sein des échantillons liés ou appariés. C'est le cas des études où les mesures se répètent pour les mêmes individus pendant deux temps ou plus. Par exemple pour comparer des :

– Proportions de carence en micronutriments chez les enfants au sein d'une école donnée pendant les années scolaires 2012 et 2013, on utilise le test de McNemar ou celui de Cochran ;
– Proportions de carence en micronutriments chez les enfants au sein d'une école donnée pendant les années scolaires 2012, 2013 et 2014, on utilise le test de Cochran.

La commande "Tests non paramétriques", sur la version 20 du SPSS, comporte deux versions :

– Nouvelle version qui choisit le test à utiliser d'une manière automatique selon le type de données ;
– Ancienne version "Boîtes de dialogue ancienne version" qui exige un choix du test à utiliser par l'utilisateur selon le type de données.

2. Tests non paramétriques

Le choix des tests non paramétriques change selon le type de données et le type d'échantillons. La sélection de ces tests s'effectue d'une manière automatique, ce qui facilite la tâche d'utilisation pour les nouveaux utilisateurs et chercheurs.

2.1. Cas d'échantillon unique

Les tests non paramétriques pour échantillon unique permettent de réaliser des analyses pour un seul groupe, comme par exemple le test de la normalité de distribution. Le test à utiliser sera automatiquement choisi, il suffit de définir les variables.

L'application de cette analyse se fait en choisissant "Analyse/Tests non paramétriques/Un échantillon". Une boîte de dialogue apparaîtra sur laquelle on trouvera trois boutons : "Objectif", "Champs", et "Paramètres". Puisque cette analyse est automatique, utilisez uniquement le bouton "Champs", et faites passer les variables quantitatives "Age, Poids, Taille, …" et qualitatives "Tranche d'âge, Sexe, Statut pondéral, …" vers la cellule "Champs de test", puis cliquez sur le bouton "Exécuter" pour que les résultats soient affichés sur le Viewer.

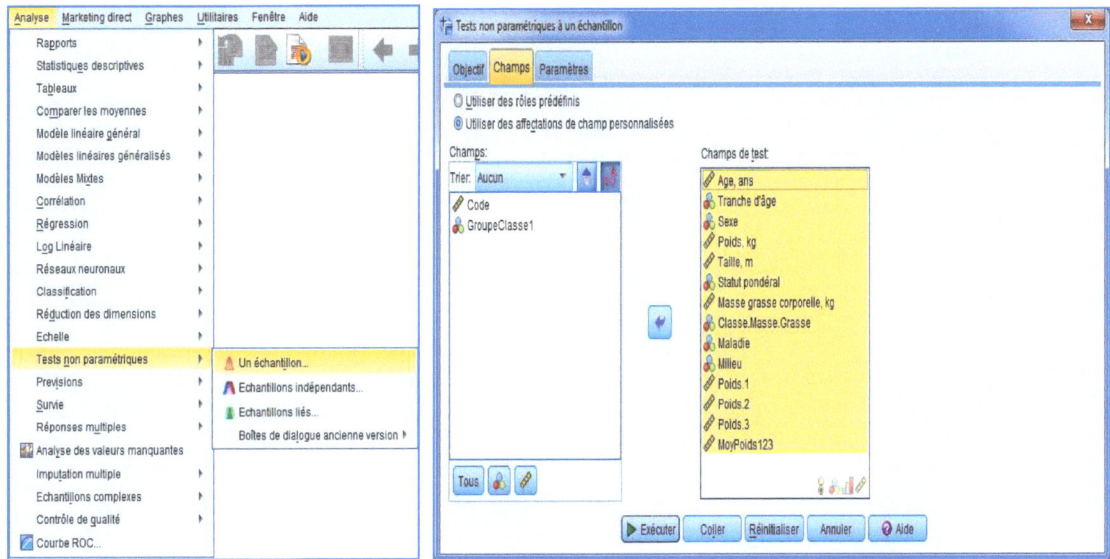

Figure 7- 2 : Tests non paramétriques pour échantillon unique.

Une fois les analyses sont exécutées, les résultats seront affichés sur le Viewer.

Le tableau 7-1 montre les tests d'hypothèse pour toutes les variables quantitatives et qualitatives. Les tests sont numérotés de "1" à "14". Prenons par exemple le test n° "1", c'est le "Test binomial à échantillon unique" dont l'hypothèse nulle est la suivante : "Les Catégories définies par Tranche d'âge surviennent avec les probabilités 0.5 et 0.5". Ce test a montré une p-valeur de 0.010 strictement inférieure à la valeur seuil de 0.05, donc l'hypothèse nulle sera rejetée, et on passera à l'hypothèse alternative qui dit que les deux tranches d'âge "<14 ans" et "≥14 ans" ne représentent pas la même proportion de "0.5" ou "50%".

Dans ce tableau, les tests d'hypothèse varient selon le type de données et de variables :

- Variable qualitative "Nominale ou catégorielle" à deux modalités : Test binomial pour comparer les proportions des deux modalités. Si la p-valeur est supérieure ou égale à 0.05, on n'aura pas de différence significative entre les deux modalités comparées "Hypothèse nulle sur la différence est à retenir" ;

- Variable qualitative "Nominale ou catégorielle" à trois ou plusieurs modalités : Test du Chi-deux pour comparer les proportions des trois modalités. Si la p-valeur est supérieure ou égale à 0.05, on n'aura pas de différence significative entre les modalités comparées "Hypothèse nulle sur la différence est à retenir" ;
- Variable quantitative "Echelle : Continue ou discontinue" : Test de K-S pour tester la normalité de distribution de la variable étudiée. Si la p-valeur est supérieure ou égale à 0.05, la distribution de la variable est normale "Hypothèse nulle sur la normalité est à retenir".

Tableau 7-1 : Récapitulatif du test d'hypothèse.

	Hypothèse nulle	Test	Sig.	Décision
1	Les catégories définies par Tranche d'âge = <14 ans et >=14 ans surviennent avec les probabilités 0,5 et 0,5.	Test binomial à échantillon unique	,010	Rejeter l'hypothèse nulle.
2	Les catégories définies par Sexe = Garçon et Fille surviennent avec les probabilités 0,5 et 0,5.	Test binomial à échantillon unique	,880	Retenir l'hypothèse nulle.
3	Les catégories de Statut pondéral surviennent avec des probabilités égales.	Test du Chi-deux à échantillon unique	,096	Retenir l'hypothèse nulle.
4	Les catégories définies par Classe Masse Grasse = MG >= 25% et MG < 25% surviennent avec les probabilités 0,5 et 0,5.	Test binomial à échantillon unique	,004	Rejeter l'hypothèse nulle.
5	Les catégories définies par Maladie = Non Malade et Malade surviennent avec les probabilités 0,5 et 0,5.	Test binomial à échantillon unique	1,000	Retenir l'hypothèse nulle.
6	Les catégories définies par Milieu = Urbain et Rural surviennent avec les probabilités 0,5 et 0,5.	Test binomial à échantillon unique	,175	Retenir l'hypothèse nulle.
7	La distribution de Age, ans est normale avec une moyenne de 14,33 et un écart-type de 0,81.	Test de Kolmogorov-Smirnov à échantillon unique	,946	Retenir l'hypothèse nulle.
8	La distribution de Poids, kg est normale avec une moyenne de 61,25 et un écart-type de 6,21.	Test de Kolmogorov-Smirnov à échantillon unique	,560	Retenir l'hypothèse nulle.
9	La distribution de Taille, m est normale avec une moyenne de 1,59 et un écart-type de 0,04.	Test de Kolmogorov-Smirnov à échantillon unique	,324	Retenir l'hypothèse nulle.
10	La distribution de Masse grasse corporelle, kg est normale avec une moyenne de 22,00 et un écart-type de 5,23.	Test de Kolmogorov-Smirnov à échantillon unique	,992	Retenir l'hypothèse nulle.
11	La distribution de Poids.1 est normale avec une moyenne de 61,73 et un écart-type de 6,47.	Test de Kolmogorov-Smirnov à échantillon unique	,573	Retenir l'hypothèse nulle.
12	La distribution de Poids.2 est normale avec une moyenne de 62,14 et un écart-type de 6,08.	Test de Kolmogorov-Smirnov à échantillon unique	,562	Retenir l'hypothèse nulle.
13	La distribution de Poids.3 est normale avec une moyenne de 62,95 et un écart-type de 6,16.	Test de Kolmogorov-Smirnov à échantillon unique	,506	Retenir l'hypothèse nulle.
14	La distribution de MoyPoids123 est normale avec une moyenne de 62,27 et un écart-type de 5,01.	Test de Kolmogorov-Smirnov à échantillon unique	,499	Retenir l'hypothèse nulle.

Les significations asymptotiques sont affichées. Le niveau de signification est ,05.

Remarque : La majoration des p-valeurs de signification ne doit pas être faite car les p-valeurs significatives peuvent devenir non significatives, ceci fausse les décisions de l'acceptation ou du rejet de l'hypothèse testée. Par exemple, dans le cas d'une p-valeur de 0.049 l'hypothèse nulle est à rejeter, et si on majore on trouvera une p-valeur de 0.05 qui nous poussera à ne pas rejeter l'hypothèse nulle.

2.2. Cas d'échantillons indépendants

Les tests non paramétriques pour échantillons indépendants permettent de réaliser des analyses pour deux ou plusieurs groupes indépendants, comme par exemple la comparaison de deux ou plusieurs médianes des groupes non appariés. Le test à utiliser sera automatiquement choisi, il suffit de définir les variables.

L'application de cette analyse se fait en choisissant "Analyse/Tests non paramétriques/Echantillons indépendants". Une boîte de dialogue apparaîtra sur laquelle on trouvera trois boutons : "Objectif", "Champs", et "Paramètres". Puisque cette analyse est automatique, utilisez uniquement le bouton "Champs", et faites passer les variables quantitatives "Age, Poids, Taille" vers la cellule "Champs de test", et la variable qualitative "Sexe" vers la cellule "Groupes", puis cliquez sur le bouton "Exécuter" pour que les résultats soient affichés sur le Viewer.

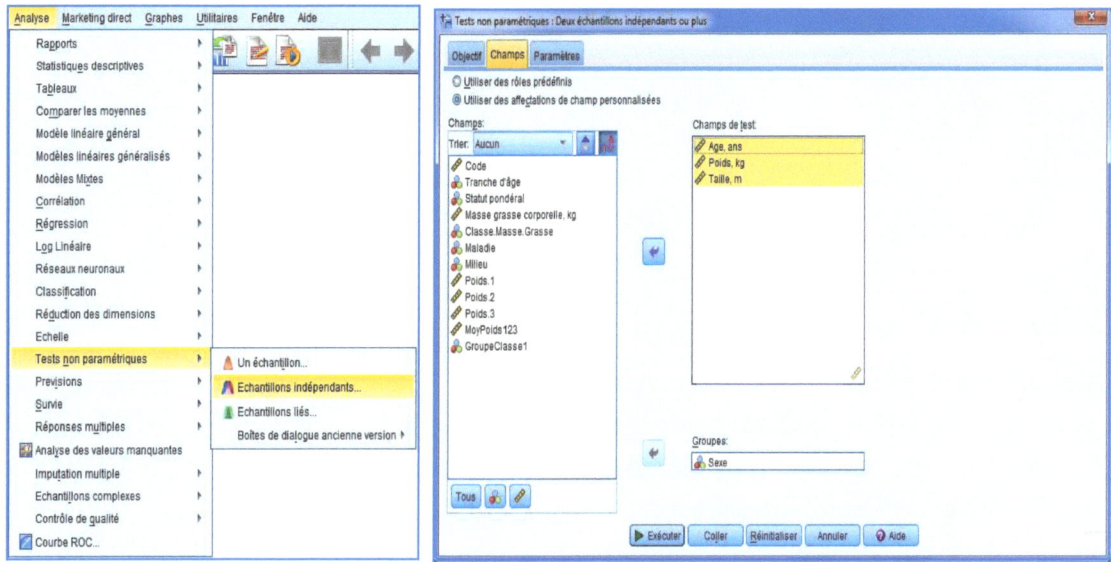

Figure 7- 3 : Tests non paramétriques pour échantillons indépendants.

Une fois les analyses sont exécutées, les résultats seront affichés sur le Viewer.

Le tableau 7-2 montre les tests d'hypothèse pour les trois variables quantitatives. Les tests sont numérotés de "1" à "3". Prenons par exemple le test n° "1" c'est le "Test U de Mann-Whitney à échantillons associés" dont l'hypothèse nulle est la suivante : la distribution de l'âge est identique sur les catégories du sexe. Ce test a montré une p-valeur de 0.002 strictement inférieure à la valeur seuil de 0.05, donc l'hypothèse nulle sera rejetée et on passera à l'hypothèse alternative qui dit qu'il y a une différence significative de l'âge chez les garçons et les filles.

La variable "Poids" présente une distribution qui n'est pas identique sur les catégories du sexe "Garçon et Fille". Par contre, la distribution de la variable "Taille" est identique sur les catégories du sexe "Garçon et Fille", ça veut dire que les garçons et les filles ont statistiquement la même taille.

Tableau 7- 2 : Récapitulatif du test d'hypothèse.

	Hypothèse nulle	Test	Sig.	Décision
1	La distribution de Age, ans est identique sur les catégories de Sexe.	Test U de Mann-Whitney à échantillons associés	,002	Rejeter l' hypothèse nulle.
2	La distribution de Poids, kg est identique sur les catégories de Sexe.	Test U de Mann-Whitney à échantillons associés	,016	Rejeter l' hypothèse nulle.
3	La distribution de Taille, m est identique sur les catégories de Sexe.	Test U de Mann-Whitney à échantillons associés	,099	Retenir l' hypothèse nulle.

Les significations asymptotiques sont affichées. Le niveau de signification est ,05.

2.3. Cas d'échantillons liés

Les tests non paramétriques pour échantillons liés permettent de réaliser des analyses pour deux ou plusieurs groupes appariés ou dépendants, comme par exemple la comparaison de deux ou plusieurs médianes mesurées pour les mêmes individus. Le test à utiliser sera automatiquement choisi, il suffit de définir les variables.

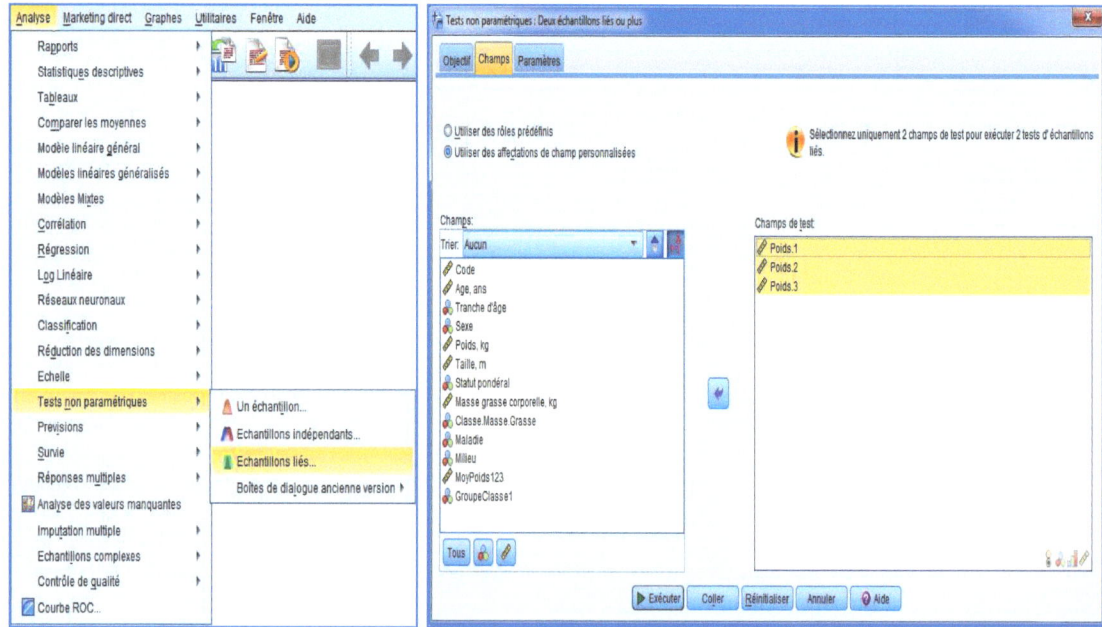

Figure 7- 4 : Tests non paramétriques pour échantillons appariés.

L'application de cette analyse se fait en choisissant "Analyse/Tests non paramétriques/Echantillons liés". Une boîte de dialogue apparaîtra sur laquelle on trouvera trois boutons : "Objectif", "Champs", et "Paramètres". Puisque cette analyse est automatique, utilisez uniquement le bouton "Champs", et faites passer les variables quantitatives "Poids.1, Poids.2, Poids.3" vers la cellule "Champs de test", puis cliquez sur le bouton "Exécuter" pour afficher les résultats sur le Viewer.

Une fois les analyses sont exécutées, les résultats seront affichés sur le Viewer.

Le tableau 7-3 montre le test d'hypothèse pour les trois variables quantitatives. Le test "n° 1" est le "Test de Friedman à échantillons associés" ou "Analyse de variance par rang d'ordre 2 de Friedman à échantillons associés" dont l'hypothèse nulle est que les "Distributions de Poids 1, Poids 2 et Poids 3 sont identiques". Ce test a montré une p-valeur de 0.000 qui est strictement inférieure à 0.05 donc l'hypothèse nulle sera rejetée et on passera à l'hypothèse alternative qui dit que les "Distributions de Poids 1, Poids 2 et Poids 3 ne sont pas identiques". C'est-à-dire qu'au moins deux variances sont significativement différentes.

Tableau 7- 3 : Récapitulatif du test d'hypothèse.

	Hypothèse nulle	Test	Sig.	Décision
1	Les distributions de Poids.1, Poids. 2 and Poids.3 sont identiques.	Analyse de la variance par rang d'ordre 2 de Friedman à échantillons associés	,000	Rejeter l' hypothèse nulle.

Les significations asymptotiques sont affichées. Le niveau de signification est ,05.

Les analyses supplémentaires peuvent être affichées sur la boîte de dialogue du "Visualiseur de modèles" en double-cliquant sur le tableau 7-3, puis voir test par test pour afficher les représentations et les tableaux leurs correspondant.

Le tableau 7-4 montre les p-valeurs des trois comparaisons effectuées : "Poids 1 – Poids 2", "Poids 1 – Poids 3", et "Poids 2 – Poids 3". L'hypothèse nulle testée est la suivante : les "Distributions de l'échantillon 1 et de l'échantillon 2 sont identiques".

D'après ce tableau, les hypothèses nulles sont à rejeter car les trois p-valeurs ajustées "0.023, 0.000, 0.014" sont strictement inférieures à la valeur seuil de 0.05, donc les variables de chaque paire diffèrent significativement.

Tableau 7- 4 : Test d'hypothèse nulle sur l'identité des distributions de l'échantillon 1 et de l'échantillon 2.

Echantillon1-Echantillon2	Statistique de test	Erreur standard	Std. Statistique de test	Sig.	Sig.ajus.
Poids.1-Poids.2	-,568	,213	-2,665	,008	,023
Poids.1-Poids.3	-1,170	,213	-5,490	,000	,000
Poids.2-Poids.3	-,602	,213	-2,825	,005	,014

Chaque ligne teste l'hypothèse nulle que les distributions de l'échantillon 1 et de l'échantillon 2 sont identiques.
Les significations asymptotiques (test bilatéraux) sont affichées. Le niveau de signification est ,05.

3. Test du Chi-deux

La loi ou test du Chi-deux permet de tester l'indépendance entre des variables nominales, et de comparer deux ou plusieurs proportions appartenant aux échantillons indépendants, par exemple la comparaison des proportions des filles et des garçons [Philippe et Viano, 2013].

3.1. Cas d'intra-modalités

Les proportions de deux ou plusieurs intra-modalités d'une ou de plusieurs variables qualitatives données peuvent être comparées par le test de Chi-deux (χ^2). Ce test permet de comparer une distribution observée à une distribution théorique.

L'hypothèse nulle et l'hypothèse alternative à tester par la loi de Chi-deux (χ^2) dans le cas d'intra-modalités au sein d'une ou de plusieurs variables données sont les suivantes :

- H$_0$: Proportions des intra-modalités identiques "$P_1 = P_2 = \ldots = P_n$" ;
- H$_1$: Proportions des intra-modalités différentes "$P_1 \neq P_2 \neq \ldots \neq P_n$".

Le test de Chi-deux s'applique en choisissant "Analyse/Tests non paramétriques/Boîtes de dialogue ancienne version/Chi-deux", puis faites entrer les deux variables à tester "Maladie" et "Statut pondéral" dans la cellule "Liste des variables à tester", et cliquez sur le bouton "OK" pour exécuter l'analyse.

Remarque : Les proportions étudiées peuvent être comparées à une valeur hypothétique déjà connue dans la littérature en cochant le choix "Valeurs". Par exemple, si on connait que la proportion des personnes "Malades" est de "0.20".

Cette valeur sera donc mise dans la cellule qui apparaîtra quand on coche le choix "Valeurs". Par conséquent, les hypothèses seront écrites comme suit :

- H_0: Proportions des modalités identiques "$P_1 = P_2 = ... = 0.20$" ;
- H_1: Proportions des modalités différentes "$P_1 \neq P_2 \neq ... \neq 0.20$".

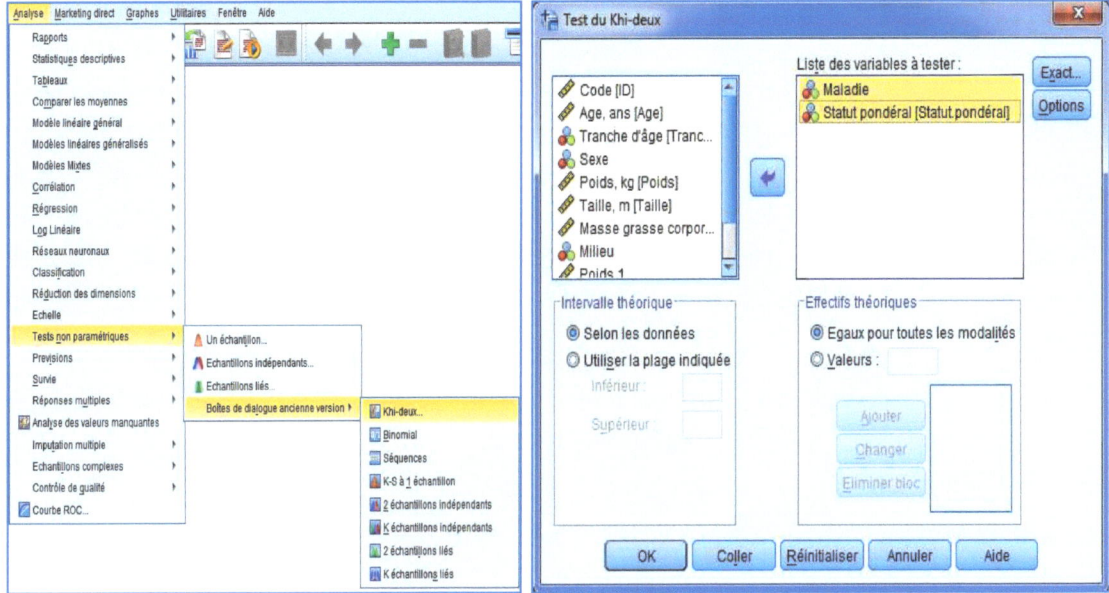

Figure 7- 5 : Comparaison des proportions d'intra-modalités.

Une fois l'analyse statistique est exécutée, les résultats seront affichés sur le Viewer.

Le tableau 7-5 présente le nombre des cas observés et théoriques pour les deux modalités de la variable "Maladie". L'effectif théorique de chaque groupe est strictement supérieur à la valeur de "5", ceci indique que le test du Chi-deux est valide. Le chiffre "5" est la valeur correspondant à la plus petite fréquence absolue trouvée dans la table de la distribution théorique du test de Chi-deux.

Tableau 7- 5 : Maladie.

	Effectif observé	Effectif théorique	Résidu
Malade	22	22,0	,0
Non Malade	22	22,0	,0
Total	44		

Le tableau 7-6 présente le nombre des cas observés et théoriques pour les trois modalités de la variable "Statut pondéral". L'effectif théorique de chaque groupe est strictement supérieur à la valeur "5" donc le test du Chi-deux est valide.

Tableau 7- 6 : Statut pondéral.

	Effectif observé	Effectif théorique	Résidu
Poids normal	17	14,7	2,3
Surpoids	19	14,7	4,3
Obésité	8	14,7	-6,7
Total	44		

Le tableau 7-7 montre les p-valeurs de la comparaison faite entre les intra-modalités de chaque variable. On constate que les effectifs des deux groupes "Malade, Non Malade" de la variable "Maladie" sont les mêmes car la p-valeur est de "1.00" qui est strictement supérieure à la valeur seuil de 0.05. Même constatation pour la variable "Statut pondéral" parce que la comparaison des modalités "Poids normal, Surpoids, Obésité" a montré une p-valeur de "0.096" strictement supérieure à la valeur seuil de 0.05.

Juste en bas de ce tableau, vous trouverez que toutes les cellules ont des fréquences théoriques supérieures à "5". Donc, le test de Chi-deux est valide pour les deux variables étudiées.

Tableau 7- 7 : Test.

	Maladie	Statut pondéral
Khi-deux	,000[a]	4,682[b]
ddl	1	2
Signification asymptotique	1,000	,096

a. 0 cellules (0,0%) ont des fréquences théoriques inférieures à 5. La fréquence théorique minimum d'une cellule est 22,0.

b. 0 cellules (0,0%) ont des fréquences théoriques inférieures à 5. La fréquence théorique minimum d'une cellule est 14,7.

3.2. Cas d'inter-modalités

Le test de Chi-deux (χ^2) est un test permettant également d'étudier l'indépendance entre des variables nominales données.

L'hypothèse nulle et l'hypothèse alternative à tester par la loi de Chi-deux (χ^2) dans le cas d'inter-modalités représentées par les tableaux croisés sont les suivantes :

- H_0: Les variables étudiées sont indépendantes ;
- H_1: Les variables étudiées sont dépendantes ou liées.

Le test de Chi-deux s'applique en choisissant "Analyse/Statistiques descriptives/Tableaux croisés", puis faites passer la variable qualitative "Maladie" vers la cellule "Ligne(s)", et la variable qualitative "Sexe" vers la cellule "Colonne(s)".

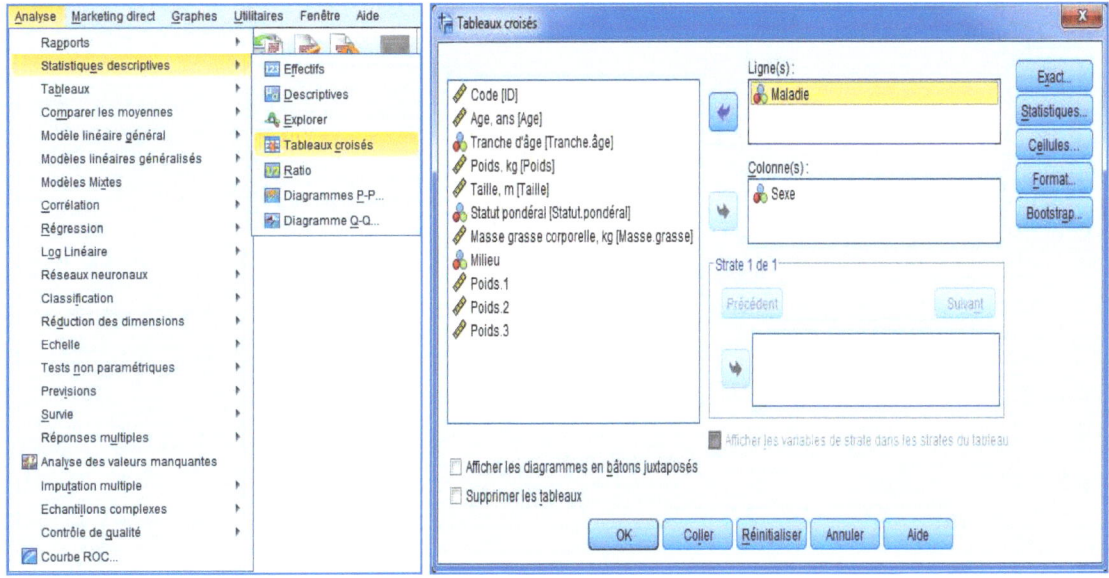

Figure 7- 6 : Création de tableaux croisés.

Cliquez sur le bouton "Statistiques", cochez "Chi-deux", et cliquez sur "OK", puis sur le bouton "Cellules" pour cocher les deux choix "Observé" et "Ligne", et cliquez sur "OK".

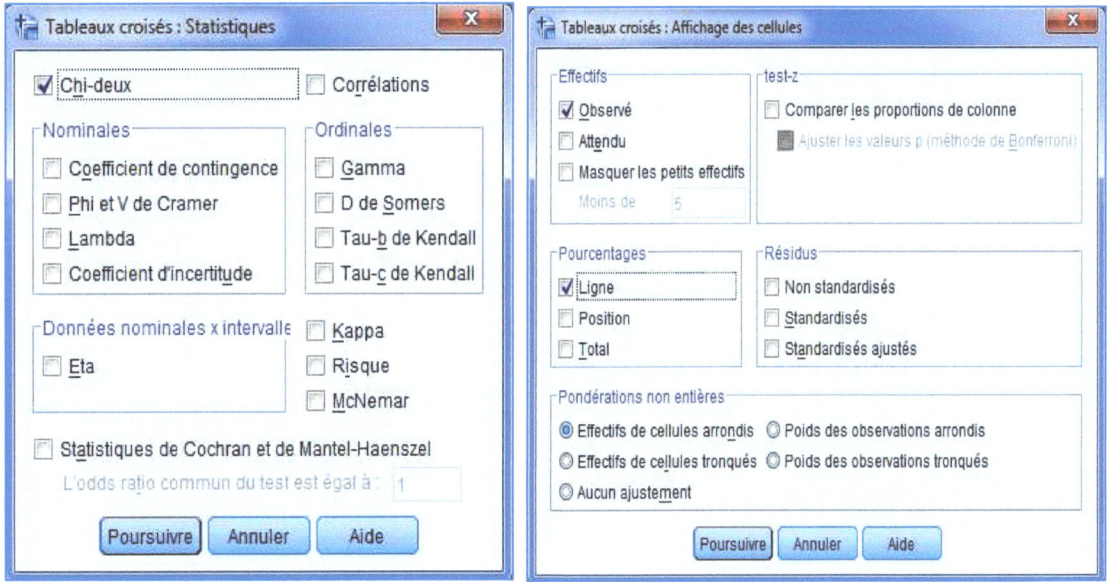

Figure 7- 7 : Choix des paramètres d'analyse.

Une fois les paramètres sont bien cochés, cliquez sur "OK" pour que les analyses soient affichées sur le Viewer.

Le tableau 7-8 montre qu'il n'y a aucune valeur manquante et que toutes les observations sont prises dans l'analyse des variables qualitatives "Maladie et Sexe".

Tableau 7- 8 : Récapitulatif du traitement des observations.

	Observations					
	Valide		Manquante		Total	
	N	Pourcent	N	Pourcent	N	Pourcent
Maladie * Sexe	44	100,0%	0	0,0%	44	100,0%

Le tableau 7-9 montre les effectifs et les pourcentages de différentes modalités des variables "Sexe et Maladie". On constate que 41% des sujets malades chez les garçons, contre 59% chez les filles. Faites attentions lors de la lecture des tableaux croisés, les pourcentages sont compris dans la variable "Maladie" et non pas dans la variable "Sexe". Ce tableau est de type "2*2", ceci veut dire que chaque variable contient deux modalités représentées par deux lignes et deux colonnes.

Tableau 7- 9 : Croisement Maladie*Sexe

			Sexe		Total
			Garçon	Fille	
Maladie	Sujet non malade	Effectif	12	10	22
		% compris dans Maladie	54,5%	45,5%	100,0%
	Sujet malade	Effectif	9	13	22
		% compris dans Maladie	40,9%	59,1%	100,0%
Total		Effectif	21	23	44
		% compris dans Maladie	47,7%	52,3%	100,0%

Le tableau 7-10 montre que :

- La valeur de Chi-deux est de 0.820 avec une p-valeur de 0.365 ;
- La correction pour la continuité représente la correction de Yates ;
- La p-valeur du test exact de Fisher est de 0.547.

Tableau 7- 10 : Tests du Chi-deux.

	Valeur	ddl	Signification asymptotique (bilatérale)	Signification exacte (bilatérale)	Signification exacte (unilatérale)
Khi-deux de Pearson	,820[a]	1	,365		
Correction pour la continuité[b]	,364	1	,546		
Rapport de vraisemblance	,822	1	,364		
Test exact de Fisher				,547	,273
Association linéaire par linéaire	,801	1	,371		
Nombre d'observations valides	44				

a. 0 cellules (0,0%) ont un effectif théorique inférieur à 5. L'effectif théorique minimum est de 10,50.

b. Calculé uniquement pour un tableau 2x2

La p-valeur de Chi-deux de 0.365 est strictement supérieure à la valeur seuil de 0.05, ceci indique qu'il n'y a pas de signification "hypothèse nulle à retenir". On conclue donc qu'il n'y a pas d'association entre la variable "Sexe" et la variable "Maladie", c'est-à-dire que la maladie ne touche pas un sexe donnée, elle peut toucher les garçons comme les filles (tableau 7-10).

Juste en bas du tableau 7-10, vous trouverez que toutes les cellules ont des fréquences théoriques supérieures à "5". Donc, le test de Chi-deux est valide pour les deux variables étudiées.

Dans le cas des tableaux "2*2", s'il y a un effectif théorique inférieur à 5, on prend la p-valeur corrigée par Yates, ou celle de Fisher. Par contre dans le cas des tableaux "2*n" ou "n*2" on peut prendre la p-valeur du rapport de vraisemblance si les effectifs n'influencent pas, ou diminuer les n modalités à 2 modalités pour que la correction de Yates, et le test de Fisher soient donnés dans le tableau de contingence.

4. Test Binomial

Le test binomial est un test non paramétrique permettant de comparer les proportions de deux intra-modalités d'une ou de plusieurs variables qualitatives, par exemple la comparaison des proportions des filles et des garçons.

Quand la variable X suit une loi binomiale de paramètre N et p on note [Concordet, 2013] :

$$X \sim B(N, p)$$

Plus généralement, si N est grand, p est petit et Np est raisonnable on peut approximer la loi B (N, p) par une loi de poisson de paramètre λ = Np. Les conditions usuelles sous lesquelles on considère que la qualité de l'approximation est raisonnable sont les suivantes : $N > 30$, et $Np > 5$ [Concordet, 2013].

L'hypothèse nulle et l'hypothèse alternative à tester par le test binomial pour les intra-modalités sont les suivantes :

- H_0: Proportions des deux intra-modalités sont identiques "$P_1 = P_2 = 0.50$" ;
- H_1: Proportions des deux intra-modalités sont différentes "$P_1 \neq P_2 \neq 0.50$".

L'analyse par la loi binomiale se fait en choisissant "Analyse/Tests non paramétriques/Boîtes de dialogue ancienne version/Binomial", puis faites entrer les deux variables dichotomiques "Maladie" et "Sexe" dans la cellule "Liste des variables à tester", et cliquez sur le bouton "OK" pour exécuter l'analyse statistique.

Remarque : La proportion testée peut être modifiée selon l'hypothèse à tester. Dans notre exemple, nous avons précisé que les deux proportions testées sont égales, c'est-à-dire que chacune est égale à 0.50.

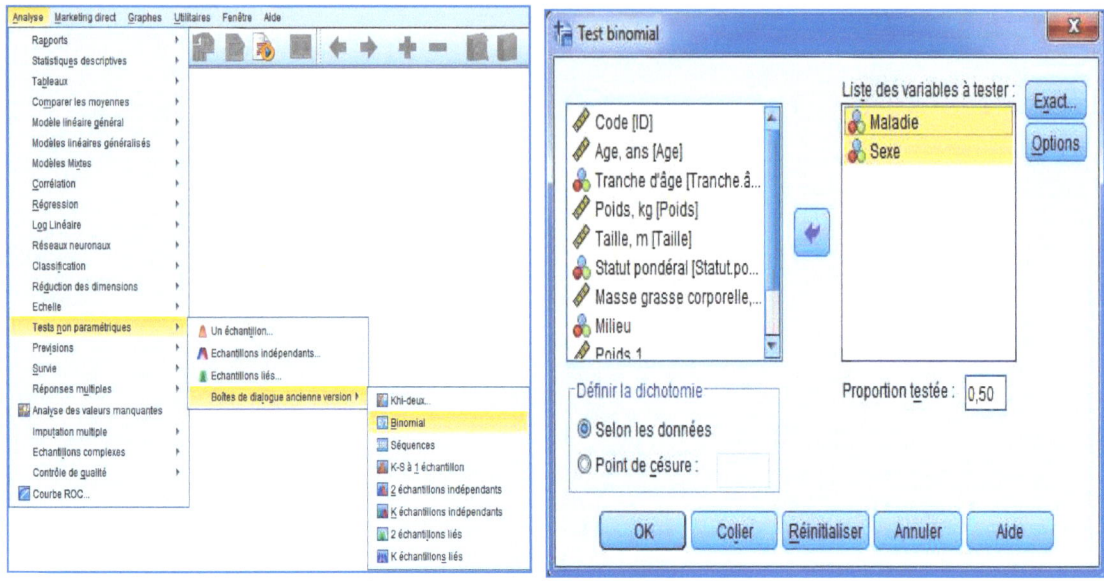

Figure 7- 8 : Comparaison des intra-modalités par le test Binomial.

Une fois l'analyse est exécutée, les résultats seront affichés sur le Viewer.

Le tableau 7-11 montre les groupes ou modalités des deux variables dichotomiques "Maladie et Sexe". On constate que :

- La proportion des personnes "Non malades" ne diffère pas significativement de celle des personnes "Malades" car la p-valeur "1.000" déterminée par le test binomial est strictement supérieure à 0.05 ;
- La proportion des "Filles" ne diffère pas significativement de celle des "Garçons" car la p-valeur "0.880" déterminée par le test binomial est strictement supérieure à 0.05.

Tableau 7- 11 : Test binomial.

		Modalité	N	Proportion observée.	Test de proportion	Signification exacte (bilatérale)
Maladie	Groupe 1	Non Malade	22	,50	,50	1,000
	Groupe 2	Malade	22	,50		
	Total		44	1,00		
Sexe	Groupe 1	Fille	23	,52	,50	,880
	Groupe 2	Garçon	21	,48		
	Total		44	1,00		

Remarque : Le mot "Bilatéral" signifie que l'hypothèse alternative est exprimée par le symbole de différence "≠".

5. Séquences

La sous commande "Séquences" permet de réaliser des analyses, pour deux échantillons ou plus. Les valeurs de chaque échantillon seront comparées à la césure choisie "Médiane, Moyenne, Mode, Personnalisé" en déterminant le degré de signification.

L'application de cette analyse se fait en choisissant "Analyse/Tests non paramétriques/Boîtes de dialogue ancienne version/Séquences", puis cochez le type de césure. Dans ce cas nous avons coché les quatre césures : Médiane, Moyenne, Mode, et Personnalisé. Pour la césure "Personnalisé" nous avons saisi la valeur de "60 kg".

Remarque : Si l'effectif est très faible, cliquez sur le bouton "Exact", et cochez "Tests exacts", puis cliquez sur le bouton "Poursuivre".

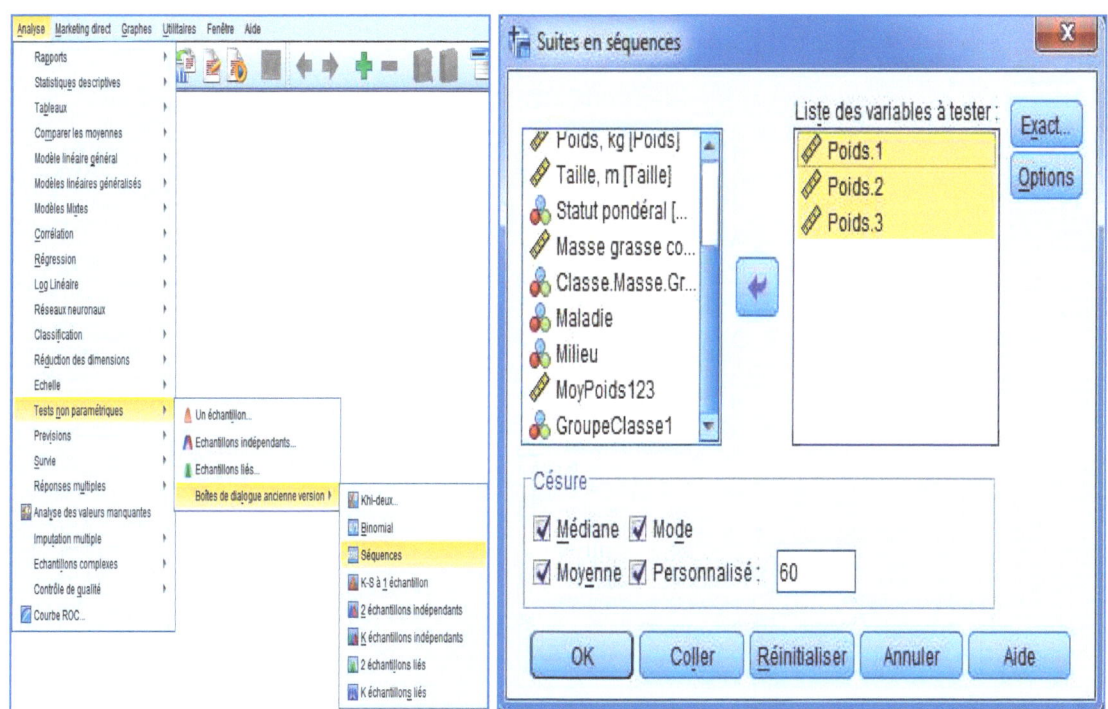

Figure 7- 9 : Comparaison des variables à une ou plusieurs valeurs de césure.

Une fois les paramètres et les variables sont bien définis, cliquez sur le bouton "OK" pour que les analyses soient affichées sur le Viewer.

Le tableau 7-12 montre les résultats de comparaison entre les valeurs de chaque variable avec la valeur du test "Médiane de ces valeurs". On constate que les valeurs des variables "Poids 1, Poids 2, et Poids 3" ne diffèrent pas significativement de la valeur du test "Médiane" avec des p-valeurs de 0.170, 0.647, et 0.286 respectivement.

Tableau 7- 12 : Test de suite.

	Poids.1	Poids.2	Poids.3
Valeur du test[a]	61,5	62,5	61,7
Observations < valeur du test	22	22	22
Observations > valeur du test	22	22	22
Nombre total d'observations	44	44	44
Nombre de séquences	18	21	19
Z	-1,373	-,458	-1,068
Signification asymptotique (bilatérale)	,170	,647	,286

a. Médiane

Le tableau 7-13 montre les résultats de comparaison entre les valeurs de chaque variable avec la valeur du test "Moyenne de ces valeurs". On constate que les valeurs des variables "Poids 1, Poids 2, et Poids 3" ne diffèrent pas significativement de la valeur du test "Moyenne" avec des p-valeur de 0.170, 0.647, et 0.095 respectivement.

Tableau 7- 13 : Test de suite 2.

	Poids.1	Poids.2	Poids.3
Valeur du test[a]	61,727	62,139	62,950
Observations < valeur du test	22	22	23
Observations > valeur du test	22	22	21
Nombre total d'observations	44	44	44
Nombre de séquences	18	21	17
Z	-1,373	-,458	-1,668
Signification asymptotique (bilatérale)	,170	,647	,095

a. Moyenne

Le tableau 7-14 montre les résultats de comparaison entre les valeurs de chaque variable avec la valeur du test "Mode". On constate que les valeurs des variables "Poids 1, Poids 2, et Poids 3" ne diffèrent pas significativement de la valeur du test "Mode" avec des p-valeur de 0.675, 1.000, et 0.177 respectivement.

Remarque : S'il existe plusieurs modes, le mode ayant la valeur la plus élevée sera utilisé. C'est le cas des variables "Poids 1" et "Poids 3".

Tableau 7- 14 : Test de suite 3.

	Poids.1	Poids.2	Poids.3
Valeur du test[a]	69,0[b]	56,0	71,0[b]
Observations < valeur du test	34	8	36
Observations > valeur du test	10	36	8
Nombre total d'observations	44	44	44
Nombre de séquences	15	14	11
Z	-,419	,000	-1,350
Signification asymptotique (bilatérale)	,675	1,000	,177

a. Mode

b. Il existe plusieurs modes. Le mode ayant la valeur la plus élevée est utilisé.

Le tableau 7-15 montre les résultats de comparaison entre les valeurs de chaque variable avec la valeur du test "Spécifiée par l'utilisateur" qui est de "60". On constate que les valeurs des variables "Poids 1, Poids 2, et Poids 3" ne diffèrent pas significativement de la valeur du test "Spécifiée par l'utilisateur" avec des p-valeurs de 0.184, 0.926, et 0.964 respectivement.

Tableau 7- 15 : Test de suite 4.

	Poids.1	Poids.2	Poids.3
Valeur du test[a]	60,000	60,000	60,000
Nombre total d'observations	44	44	44
Nombre de séquences	18	20	22
Z	-1,329	-,093	,045
Signification asymptotique (bilatérale)	,184	,926	,964

a. Spécifié par l'utilisateur.

6. Test de Mann-Whitney

Le test de Mann-Whitney "Test U" est un test non paramétrique permettant de comparer deux échantillons indépendants pour des variables quantitatives à distribution anormale. Il permet donc de vérifier si les deux groupes proviennent de la même population ou non. La statistique du test U réunit les deux échantillons et ordonne les observations par ordre croissant de taille. Le test calcule le nombre de fois où un résultat du groupe 1 précède un résultat du groupe 2, ainsi que le nombre de fois où un résultat du groupe 2 précède un résultat du groupe 1. U est d'autant plus petit que les groupes sont différents [Carricano et al., 2008].

Autrement dit, le test de Mann-Withney est basé sur le classement de l'ensemble des observations par ordre croissant, la détermination du rang de chacune d'elles, et le calcul de la somme des rangs U relative à l'échantillon qui comporte le plus petit nombre d'observations [Concordet, 2013].

Le test de Mann-Whitney permet de tester les hypothèses suivantes :

- H_0: Les deux échantillons indépendants sont les mêmes ;
- H_1: Les deux échantillons indépendants sont différents.

L'application du test de Mann-Whitney se fait en choisissant "Analyse/Tests non paramétriques/Boîtes de dialogue ancienne version/2 échantillons indépendants", puis faites entrer la variable quantitative "Taille" dans la cellule "Liste des variables à tester", précisez la variable "Sexe" comme "Critère de regroupement qualitatif numérique", cochez le choix qui précise le "Type de test" qui est "U de Mann-Whitney", cliquez sur le bouton "Définir des groupes" pour la variable "Sexe" en faisant entrer les chiffres utilisés dans le codage des deux modalités "Garçon : 1" et "Fille : 2".

La variable "Sexe" est dichotomique c'est-à-dire qu'elle ne contient que deux modalités. Si on a une variable avec plus de deux modalités, par exemple, "1, 2 et 3", on comparera les paires suivantes : "1 et 2", "1 et 3", et "2 et 3". Cette technique est l'équivalent des tests de "Post Hoc" dans le cas où la distribution serait normale.

Une fois les paramètres sont bien définis, cliquez sur le bouton "OK" pour que l'analyse soit exécutée.

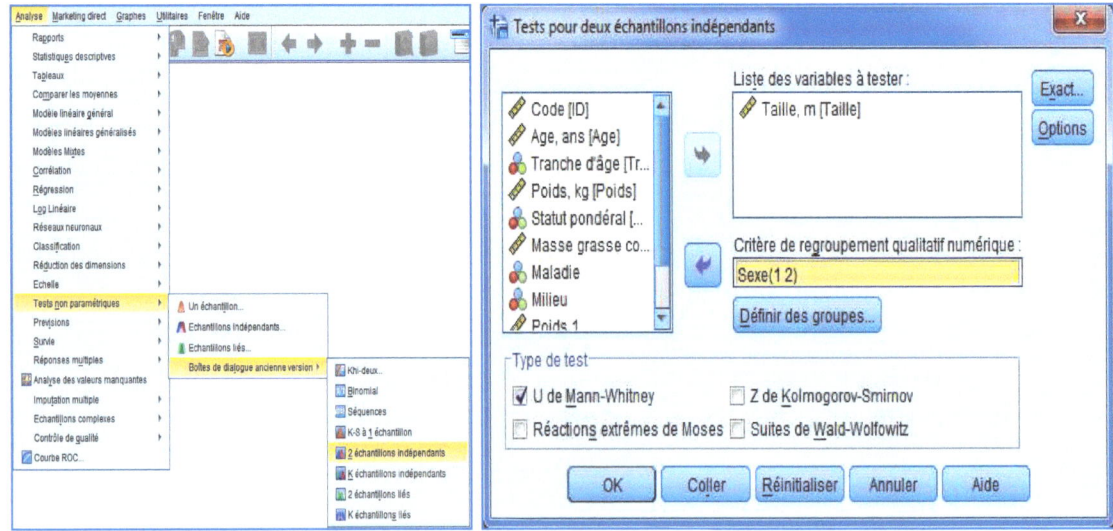

Figure 7- 10 : Comparaison de médianes pour deux échantillons indépendants.

Une fois l'analyse statistique est exécutée, les résultats seront affichés sur le Viewer.

Le tableau 7-16 montre les rangs moyens et la somme des rangs pour la variable quantitative "Taille" selon la variable qualitative "Sexe".

Tableau 7- 16 : Rang.

	Sexe	N	Rang moyen	Somme des rangs
Taille, m	Garçon	21	19,17	402,50
	Fille	23	25,54	587,50
	Total	44		

Le tableau 7-17 montre la valeur U de Mann-Whitney qui est de 171.500, avec une valeur de signification asymptotique "bilatérale" de 0.099 strictement supérieure à la valeur seuil de 0.05, donc la médiane de la variable "Taille" ne diffère pas significativement selon le critère de regroupement représenté par la variable "Sexe". Autrement dit, les garçons et les filles ont la même taille.

Tableau 7- 17 : Test.

	Taille, m
U de Mann-Whitney	171,500
W de Wilcoxon	402,500
Z	-1,651
Signification asymptotique (bilatérale)	,099

a. Critère de regroupement : Sexe

7. Test de Wilcoxon

Le test de Wilcoxon est un test non paramétrique permettant de comparer deux échantillons dépendants "liés ou appariés" pour des variables quantitatives à distribution anormale.

Le test de Wilcoxon ou des rangs tient compte non seulement du signe des différences, mais aussi de leur rang. La réalisation du test nécessite le calcul des différences observées entre paires d'individus, la détermination du rang de ces différences en faisant abstraction du signe, et le calcul de la somme des rangs des différences positives (Y+) et des rangs des différences négatives (Y-) [Concordet, 2013].

Les hypothèses testées pour le test de Wilcoxon ainsi que le test des signes sont les suivantes [Concordet, 2013] :

- H_0 : Absence de différence "P(+) = P(-) = ½" ;
- H_1 : Présence de différence "P(+) ≠ P(-) ≠ ½".

> Où P(+) est la probabilité d'observer une différence positive, et P(-) est la probabilité d'observer une différence négative.

La statistique z du test de Wilcoxon s'obtient donc en calculant la différence entre les scores des deux observations par paires d'observations, puis en calculant le rang de toutes les différences, et enfin la somme des rangs positifs et des rangs négatifs. On rejette l'hypothèse nulle "Absence de différence entre les deux groupes" s'il y a une différence entre la somme des rangs positifs et la somme des rangs négatifs. Le sens de la statistique indique le sens de la différence de la paire examinée [Carricano et al., 2008]

Le test du signe est relativement proche du test de Wilcoxon, mais il est plus limité et par suite moins puissant. Il ne s'attache en effet qu'à une comparaison des signes des différences, sans procéder à un classement comme le fait le test de Wilcoxon [Carricano et al., 2008]. Le test du signe est un test non paramétrique relatif au cas de deux échantillons appariés. Il est uniquement basé sur le signe des différences observées entre les paires [Concordet, 2013].

L'application du test de Wilcoxon se fait en choisissant "Analyse/Tests non paramétriques/Boîtes de dialogue ancienne version/2 échantillons liés", puis faites entrer les variables quantitatives "Poids 1, et Poids 2" dans la cellule "Paires à tester", cochez le "Type de test" qui est le test de "Wilcoxon", et cliquez sur le bouton "OK" pour que l'analyse soit exécutée.

Remarque : Le test de Signe est à cocher si la distribution est très asymétrique, c'est-à-dire que la p-valeur du Test de K-S est très significatives.

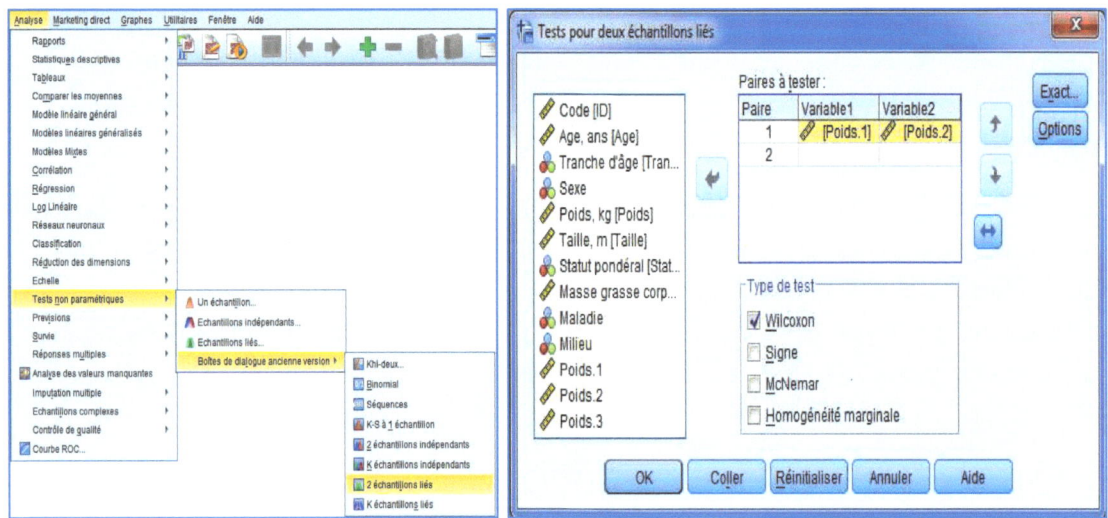

Figure 7-11 : Comparaison de deux médianes dans le cas d'échantillons dépendants.

Une fois l'analyse statistique est exécutée, les résultats seront affichés sur le Viewer.

Le tableau 7-18 montre une description des rangs moyens ainsi que leurs sommes pour la paire de variables "Poids 2 – Poids 1". Ces rangs sont représentés sous deux formes :

- Rands négatifs dont l'effectif est de "14" dans le cas si "Poids 2 < Poids 1" ;
- Rands positifs dont l'effectif est de "29" dans le cas si "Poids 2 > Poids 1".

Tableau 7- 18 : Rangs.

		N	Rang moyen	Somme des rangs
Poids.2 - Poids.1	Rangs négatifs	14[a]	29,29	410,00
	Rangs positifs	29[b]	18,48	536,00
	Ex aequo	1[c]		
	Total	44		

a. Poids.2 < Poids.1
b. Poids.2 > Poids.1
c. Poids.2 = Poids.1

Le tableau 7-19 montre la valeur de "Z" et la p-valeur de signification bilatérale "0.445" du test de Wilcoxon. Cette p-valeur est strictement supérieure à 0.05, donc l'hypothèse nulle sera retenue en disant que les deux médianes des variables "Poids 1 et Poids 2" sont les mêmes, ou elles ne diffèrent pas significativement.

Remarque : La variable "Poids 1" est la mesure durant la première semaine, tandis que la variable "Poids 2" est celle prise durant la deuxième semaine.

Tableau 7- 19 : Test[a].

	Poids.2 - Poids.1
Z	-,764[b]
Signification asymptotique (bilatérale)	,445

a. Test de Wilcoxon
b. Basée sur les rangs négatifs.

Remarque : Le test bilatéral signifie que l'hypothèse alternative est exprimée par le symbole de différence "≠".

8. Test de Kruskal-Wallis

Le test de Kruskal-Wallis ou "Test H" est un test non paramétrique permettant de comparer plus de deux groupes "k échantillons indépendants" pour des variables quantitatives à distribution anormale. Ce test est l'équivalent d'ANOVA à un facteur pour échantillons indépendants dans le cas de normalité de distribution.

Le test des rangs a été étendu au cas de plusieurs échantillons indépendants par Kruskal et Wallis. Comme pour deux échantillons, la réalisation du test est basée sur le classement de l'ensemble des observations par ordre croissant, la détermination du rang de chacune d'elle et le calcul des sommes des rangs relatives aux différents échantillons [Concordet, 2013].

Le test de Kruskal-Wallis permet de tester les hypothèses suivantes :

- H_0: Les k échantillons indépendants sont les mêmes ;

– H$_1$: Les k échantillons indépendants représentent au moins deux groupes différents.

L'application du test de Kruskal-Wallis se fait en choisissant "Analyse/Tests non paramétriques/Boîtes de dialogue ancienne version/K échantillons indépendants", puis faites entrer la variable quantitative "Poids" dans la cellule "Liste des variables à tester", précisez la variable "Statut pondéral" comme "Critère de regroupement qualitatif numérique", et cochez le choix qui précise le "Type de test" qui est "H de Kruskal-Wallis".

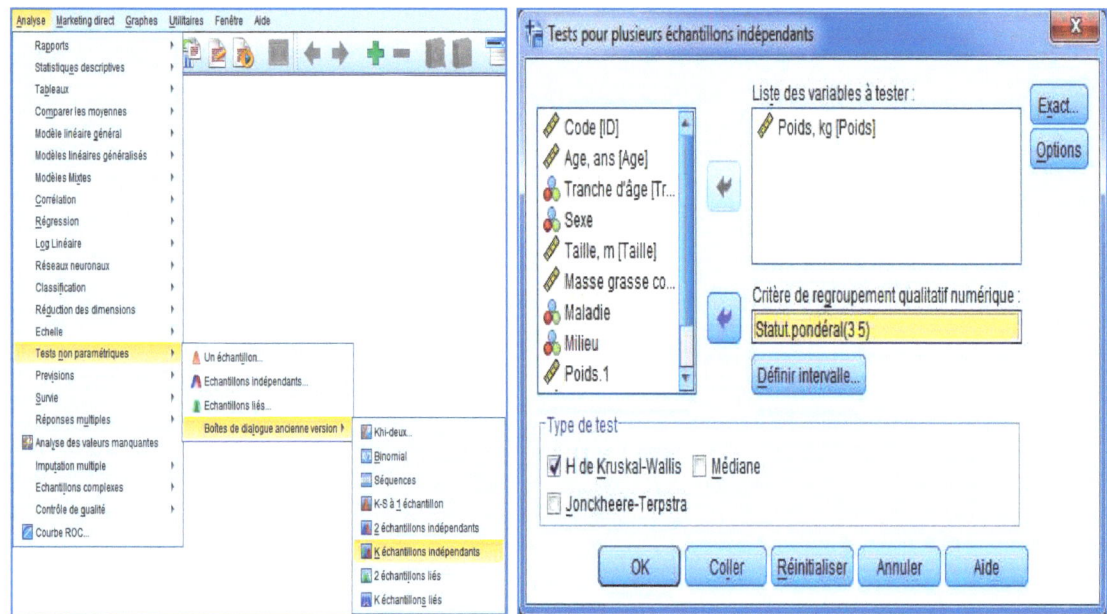

Figure 7- 12 : Comparaison de médianes dans le cas d'échantillons indépendants.

La définition des modalités de la variable qualitative requiert de cliquer sur le bouton "Définir intervalle", puis saisissez la valeur minimale "3" et celle maximale "5" utilisées pour le codage des modalités de la variable "Critère de regroupement qualitatif numérique", et cliquez sur les boutons "Poursuivre", et "OK".

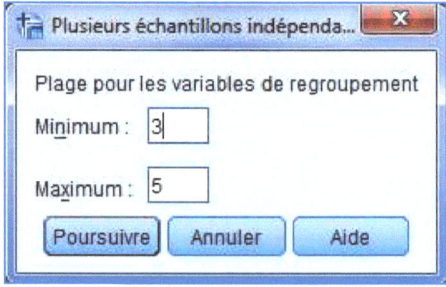

Figure 7- 13 : Définition des modalités pour la variable du critère.

Le tableau 7-20 décrit l'effectif "Nombre d'observation" et les rangs moyens de la variable "Poids" selon les modalités de la variable "Statut pondéral" qui sont "3, 4, et 5".

Tableau 7- 20 : Rangs.

	Statut pondéral	N	Rang moyen
Poids, kg	Poids normal	17	10,41
	Surpoids	19	28,63
	Obésité	8	33,63
	Total	44	

Le tableau 7-21 montre la p-valeur du test de Kruskal-Wallis qui est de 0.000, donc on rejette l'hypothèse nulle et on passe à celle alternative qui dit qu'au moins deux groupes de la variable "Statut pondérale" n'ont pas la même médiane du "Poids".

Tableau 7- 21 : Test[a,b].

	Poids, kg
Khi-deux	25,553
ddl	2
Signification asymptotique	,000

a. Test de Kruskal Wallis
b. Critère de regroupement : Statut pondéral

9. Test de Friedman

Le test de Friedman est un test non paramétrique permettant de comparer k échantillons dépendants "liés ou appariés" pour des variables quantitatives à distribution anormale. Ce test est l'équivalent d'ANOVA à mesures répétées pour échantillons liés dans le cas de normalité de distribution.

Le test de Friedman permet de tester les hypothèses suivantes :

- H_0 : Les k échantillons liés sont les mêmes ;
- H_1 : Les k échantillons liés sont différents.

L'application de cette analyse se fait en choisissant "Analyse/Tests non paramétriques/Boîtes de dialogue ancienne version/k échantillons liés", puis faites entrer les variables quantitatives "Poids 1, Poids 2 et Poids 3" dans la cellule "Variables à tester", cochez le "Type de test" qui est le test de "Friedman", et cliquez sur le bouton "OK" pour que l'analyse soit exécutée.

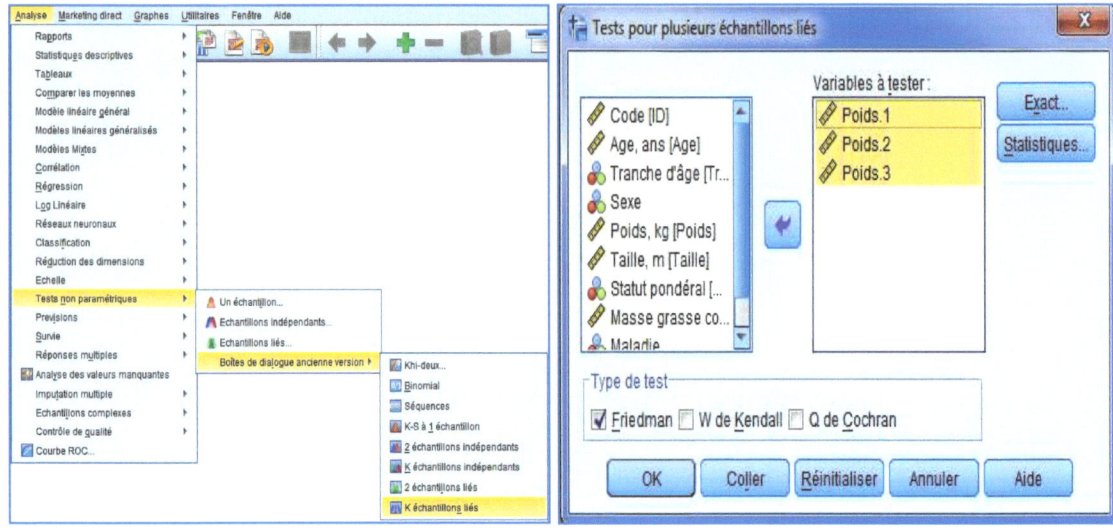

Figure 7- 14 : Comparaison de médianes dans le cas de plusieurs échantillons dépendants.

Le tableau 7-22 montre les rangs moyens des trois variables utilisées dans cette analyse comme trois échantillons liés.

Tableau 7- 22 : Rangs.

	Rang moyen
Poids.1	1,42
Poids.2	1,99
Poids.3	2,59

Le tableau 7-23 montre qu'au moins deux échantillons ou groupes sont significativement différents car la p-valeur de 0.000 est strictement inférieure à la valeur seuil de 0.05. Dans ce cas pour voir exactement la différence, il faut comparer les échantillons (ou groupes) deux à deux, par le test de Friedman ou le test de Wilcoxon, car il n'existe pas de tests de Post Hoc concernant les tests non paramétriques.

Tableau 7- 23 : Test[a].

N	44
Khi-deux	30,671
ddl	2
Signification asymptotique	,000

a. Test de Friedman

Chapitre VIII

Association, analyses de corrélation et de régression

Dans ce chapitre, nous allons apprendre à effectuer des analyses de corrélation, des analyses de régression, et les mesures d'association permettant de tester l'association entre des variables nominales. Les analyses de corrélation permettent de tester le sens de variation et le degré d'association entre des variables quantitatives, tandis que les analyses de régression permettent, en plus que la détermination du sens de variation et du degré d'association, de développer un modèle pour prédire une variable dépendante à partir d'une ou de plusieurs variables quantitatives et/ou qualitatives.

1. Mesures d'association

Les mesures d'association permettent de tester s'il y a une association ou pas entre les variables qualitatives "Nominales ou ordinales".

1.1. Coefficients

Les paramètres utilisés dans la mesure d'association sont le coefficient de contingence, le V de Cramer, et le Phi. Ces paramètres permettent d'étudier la relation entre des variables qualitatives par construction d'une table de contingence.

Dans le cas de deux variables qualitatives (A et B), la table de contingence correspond à un tableau croisé où les lignes correspondent aux p modalités de la variable A, et les colonnes aux q modalités de la variable B. Le n_{ij} représente le nombre de cas pour la modalité i de la variable A et la modalité j de la variable B [Dufour et Royer, 2013].

L'interprétation des tableaux de contingence se fait facilement si on lit uniquement la p-valeur. Dans le cas où la p-valeur serait strictement inférieure à la valeur seuil de 0.05 on dirait que les variables qualitatives étudiées sont dépendantes ou associées. Sinon on dirait que les variables sont indépendantes (p-valeur ≥ 0.05).

1.1.1. Coefficient de contingence

Le coefficient de contingence permet de mesurer l'association entre des variables qualitatives. Ce coefficient est compris entre 0 et 1. La valeur 1 indique une très forte association entre les variables qualitatives étudiées. Le coefficient de contingence est défini selon la formule suivante :

$$C = \sqrt{\frac{\chi^2}{\chi^2 + n}}$$

C, coefficient de contingence ; χ^2, Chi-deux ; n, taille de la population.

1.1.2. V de Cramer

Le V de Cramer, coefficient variant entre 0 et 1, permet d'évaluer le degré de relation entre deux variables qualitatives. Si le coefficient est proche de 0, les variables ne sont pas liées, et si le coefficient est proche de 1, les variables sont liées [Dufour et Royer, 2013]. Le V de Cramer est défini selon la formule suivante :

$$V = \sqrt{\frac{\chi^2}{n(k-1)}}$$

V, V de Cramer ; χ^2, Chi-deux ; n, taille de la population ; k, nombre de ligne ou de colonnes, le moindre des deux.

1.1.3. Phi

Le Phi est une mesure d'association qui varie entre -1 et +1. Il s'utilise fréquemment dans le cas de tableaux de contingence 2*2.

1.2. Applications

L'application des mesures d'association se fait en choisissant "Analyse/Statistiques descriptives/Tableaux croisés", puis faites passer la variable "Maladie" dans la cellule "Ligne(s)", et la variable "Sexe" dans la cellule "Colonne(s)", cliquez sur le bouton "Statistiques", cochez " Coefficient de contingence", "Phi et V de Cramer", et cliquez sur "OK".

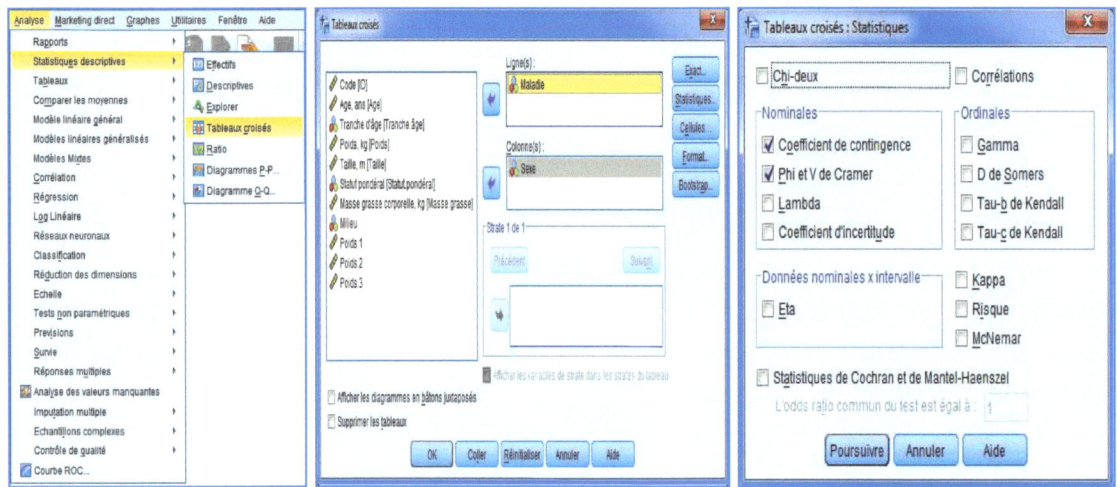

Figure 8- 1 : Création de tableaux croisés pour mesurer l'association.

Une fois l'analyse est exécutée, les résultats seront affichés sur le Viewer.

Le tableau 8-1 montre la mesure d'association faite "Maladie*Sexe". On constate qu'on a 44 observations, et 0 valeurs manquantes.

Tableau 8- 1 : Récapitulatif du traitement des observations.

	Observations					
	Valide		Manquante		Total	
	N	Pourcent	N	Pourcent	N	Pourcent
Maladie * Sexe	44	100,0%	0	0,0%	44	100,0%

Le tableau 8-2 montre les effectifs des sujets malades et ceux non malades chez les garçons et les filles.

Tableau 8- 2 : Croisement Maladie*Sexe.

Effectif

		Sexe		Total
		Garçon	Fille	
Maladie	Sujet non malade	12	10	22
	Sujet malade	9	13	22
Total		21	23	44

D'après le tableau 8-3, nous avons des p-valeurs de 0.365 strictement supérieures au seuil de 0.05, ceci indique qu'il n'y a pas d'association entre les deux variables nominales "Sexe" et "Maladie".

Tableau 8- 3 : Mesures symétriques.

		Valeur	Signification approximée
Nominal par Nominal	Phi	,137	,365
	V de Cramer	,137	,365
	Coefficient de contingence	,135	,365
Nombre d'observations valides		44	

a. L'hypothèse nulle n'est pas considérée.
b. Utilisation de l'erreur standard asymptotique dans l'hypothèse nulle.

2. Analyse de corrélation

La corrélation est une analyse statistique très utilisée, qui permet de déterminer le sens de variation et le degré d'association entre des variables quantitatives. Les analyses de corrélation nécessitent de savoir le type de distribution des variables quantitatives :

- Si les variables sont quantitatives et à distribution normale, on utilise le r de Bravais-Pearson ;
- Si les variables sont quantitatives et à distribution ne suivant pas une loi normale, on utilise le ρ (rho) de Spearman ;
- Si les variables respectent un ordre donné on utilise le τ (tau)-b de Kandall.

Remarque : Dans le cas de la corrélation bivariée, si une variable suit une loi normale, et l'autre ne la suit pas, on utilise soit les analyses de régression, soit la corrélation de Spearman. Par contre si les variables sont nominales, on utilise le test de Chi-deux, le V de Cramer, etc.

Dans le cas de p-valeurs significatives, les degrés d'association sont les suivants :

- Une valeur entre [0.00, 0.25[: Corrélation faible ;
- Une valeur entre [0.25, 0.50[: Corrélation médiocre ;
- Une valeur entre [0.50, 0.75[: Corrélation forte ;
- Une valeur entre [0.75, 1.00] : Corrélation très forte.

2.1. Corrélation bivariée

La corrélation bivariée est une analyse permettant de déterminer le degré de corrélation et le sens de variation de deux variables quantitatives parfois suivant un ordre donné.

L'application des analyses de corrélation se fait en choisissant "Analyse/Corrélation/Bivariée", puis cochez le coefficient de corrélation par exemple le "Coefficient de corrélation de Person" à utiliser selon le type des données, faites passer les variables quantitatives dans la cellule "Variables", et cliquez sur le bouton "OK" pour exécuter l'analyse statistique.

Remarque : Les trois variables étudiées "Poids, Taille, Masse grasse corporelle" suivent une loi normale selon le test de K-S car les p-valeurs sont supérieures à la valeur seuil de 0.05.

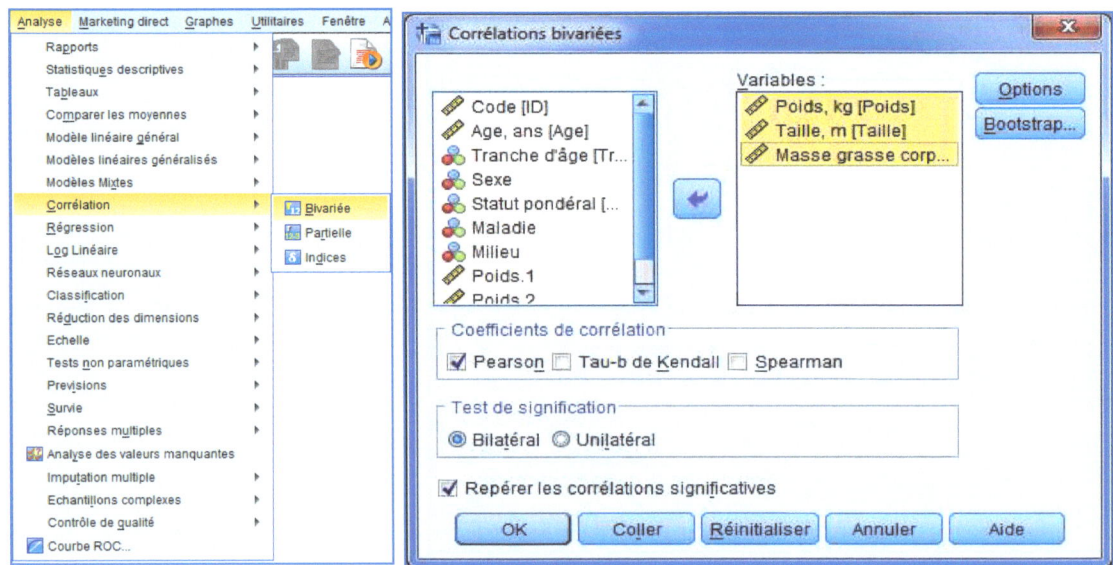

Figure 8-2 : Analyse de corrélation par le coefficient de Pearson.

Une fois l'analyse statistique est exécutée, les résultats seront affichés sur le Viewer.

Le tableau 8-4 montre que la variable "Masse grasse" est fortement corrélée avec la variable "Poids", avec r = 0.722 et p-valeur = 0.000.

Tableau 8- 4 : Corrélation.

		Poids, kg	Taille, m	Masse grasse corporelle, kg
Poids, kg	Corrélation de Pearson	1	,250	,722**
	Sig. (bilatérale)		,101	,000
	N	44	44	44
Taille, m	Corrélation de Pearson	,250	1	-,101
	Sig. (bilatérale)	,101		,516
	N	44	44	44
Masse grasse corporelle, kg	Corrélation de Pearson	,722**	-,101	1
	Sig. (bilatérale)	,000	,516	
	N	44	44	44

**. La corrélation est significative au niveau 0.01 (bilatéral).

2.2. Corrélation partielle

La corrélation partielle permet d'appliquer une analyse de corrélation prenant en considération l'influence d'autres variables ayant un effet sur les variables quantitatives étudiées. C'est la technique d'ajustement par des variables qualitatives. Donc, on détermine le sens de variation des variables testées et aussi le degré d'association entre ces variables avec ajustement.

L'application de la corrélation partielle se fait en choisissant "Analyse/Corrélation/Partielle", puis faites passer les variables quantitatives "Poids, Masse grasse corporelle, Taille" à tester vers la cellule "Variables", faites entrez les deux variables "Sexe, Milieu" dans la cellule "Contrôler par", et cliquez sur le bouton "OK" pour que l'analyse soit exécutée.

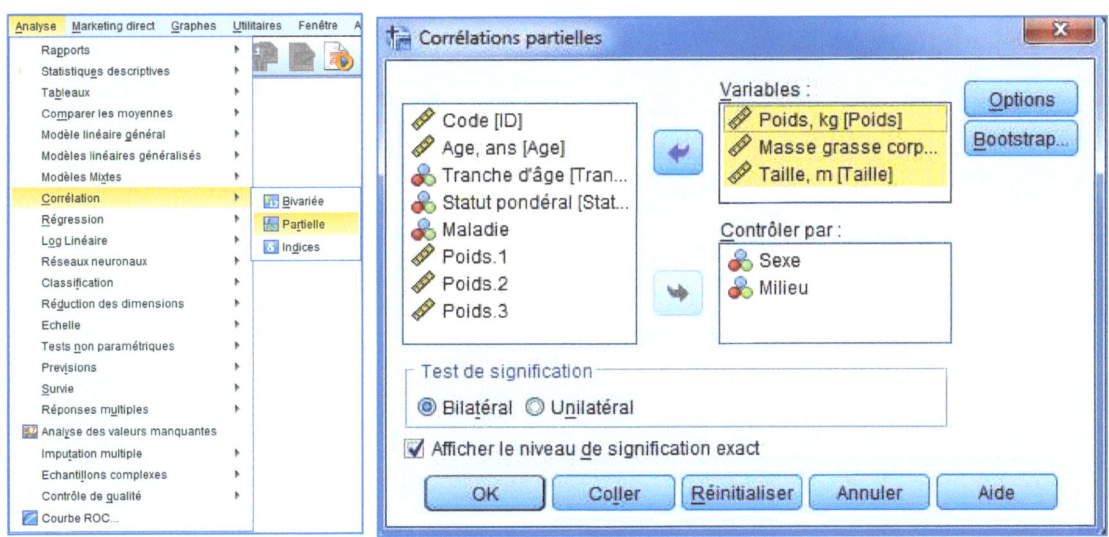

Figure 8- 3 : Analyse de corrélation partielle.

Remarque : Les variables quantitatives étudiées seront contrôlées par deux variables qualitatives "Sexe, Milieu", c'est-à-dire que le r sera ajusté pour sexe et milieu. Le test de signification choisi "bilatéral" signifie que l'hypothèse alternative est exprimée par le symbole de différence "≠".

Une fois l'analyse est exécutée, les résultats seront affichés sur le Viewer.

Le tableau 8-5 montre que :

- Les variables "Poids, Masses grasse corporelle" sont fortement corrélées avec r = 0.698 et p-valeur = 0.000 ;
- Les variables "Poids, Taille" présentent une corrélation médiocre car le r est de 0.429. Cette valeur est comprise entre les deux valeurs de l'intervalle [0.25, 0.50[;
- Le degré de liberté dans ce cas se calcule comme suit : ddl = N (44) - nombre de relations (4) = 40.

Tableau 8- 5 : Corrélations.

Variables de contrôle			Poids, kg	Masse grasse corporelle, kg	Taille, m
Sexe & Milieu	Poids, kg	Corrélation	1,000	,698	,429
		Signification (bilatérale)	.	,000	,005
		ddl	0	40	40
	Masse grasse corporelle, kg	Corrélation	,698	1,000	-,013
		Signification (bilatérale)	,000	.	,934
		ddl	40	0	40
	Taille, m	Corrélation	,429	-,013	1,000
		Signification (bilatérale)	,005	,934	.
		ddl	40	40	0

3. Analyse de régression

La régression permet de modéliser une équation pour prédire une variable "Y" à partir d'une ou de plusieurs variables indépendantes. Elle permet de développer des modèles, et de déterminer le degré d'association et le sens de variation.

La régression est l'une des méthodes les plus utilisées pour établir une liaison entre une variable quantitative et une ou plusieurs autres variables quantitatives, sous la forme d'un modèle [Chouquet, 2009-2010].

Si on s'intéresse à la relation entre deux variables, on parlera de régression simple en exprimant une variable en fonction de l'autre. Si la relation porte entre une variable et plusieurs autres variables, on parlera de régression multiple [Chouquet, 2009-2010].

Généralement, un modèle de régression peut se constituer d'une ou de plusieurs variables quantitatives et/ou qualitatives selon l'objectif de l'analyse effectuée.

Dans le cas de développement de modèles, et si on suppose que la variance de la variable à expliquer "notée Y" est constante, cette supposition est appelée l'hypothèse d'homoscédasticité [Chouquet, 2009-2010].

Le tableau 8-6 présente les deux modèles de régression simple et multiple.

Tableau 8- 6 : Modèles de régression simple et multiple [Philippe et Viano, 2013].

Modèle de régression simple	Modèle de régression multiple
$y_j = a + bx_j + \varepsilon_j \quad j = 1, \cdots, n$	$y_j = \sum_{l=1}^{k} b_l x_{j,l} + \varepsilon_j \quad j = 1, \cdots,$

y_j, variables dépendantes ; x_j, variables explicatives ou régresseurs ; ε_j (j≥1), bruit ; a et b, paramètres inconnus à estimer.

Remarque : L'ajustement se fait en introduisant les variables quantitatives et/ou qualitatives dans le modèle développé pour prendre en compte leurs influences.

3.1. Tests de nullité

Les tests de nullité dans le cas de développement des modèles de régression considèrent que les coefficients β_j des variables explicatives sont nuls. Les hypothèses nulles varient selon le type et le nombre de paramètres dans le modèle :

- Si la variable dépendante est expliquée par une seule variable indépendante X_j, l'hypothèse nulle s'écrit comme suit :

$$H_0 : \beta_j = 0$$

Où β_j est le paramètre associé à la variable explicative X_j.

- Si un modèle à p variables explicatives, l'hypothèse de nullité est la suivante [Chouquet, 2009-2010] :

$$H_0 : \beta_1 = \beta_2 = ... = \beta_q = 0 \text{ avec } q \leqslant p$$

Remarque :

- *Si tous les β_j des variables explicatives sont nuls, on conclue qu'aucune variable explicative présente dans le modèle ne permet d'expliquer la variable dépendante Y [Chouquet, 2009-2010] ;*
- *Les hypothèses alternatives sont le contraire des hypothèses nulles. Les hypothèses alternatives considèrent en général qu'au moins un des paramètres β_i est non-nul.*

3.2. Méthodes de sélection

Les méthodes de sélection permettent de chercher le groupe de k variables indépendantes qui explique le mieux la variable dépendante "Y". Ces méthodes permettent de développer des modèles ayant un maximum du R^2. On utilise souvent des méthodes pas-à-pas ascendantes, et descendantes [Chouquet, 2009-2010] :

- Les méthodes ascendantes permettent de chercher la variable qui explique le mieux Y au sens du R^2 maximum, puis cherchent celle qui, ajoutée à la première, augmente le plus le R^2, etc. Un critère d'arrêt de la procédure peut être obtenu en utilisant des critères du type R^2 ajusté, Cp de Mallows ou critère AIC. Généralement, le processus s'arrête lorsque le R^2 ajusté commence à décroître ;
- Les méthodes descendantes partent du modèle utilisant les p variables explicatives et cherchent, parmi les p variables, celle qui peut être supprimée en occasionnant la plus forte croissance du critère. Cette variable étant supprimée, on itère le processus tant que le R^2 ajusté ne décroît pas ;
- …

En pratique, la quasi-totalité des travaux [Colletaz, 2007] utilisant un critère de sélection font appel soit au critère d'Akaike [Akaike, 1974] qui est le plus populaire, au critère de Schwarz [Schwarz, 1978] ou, dans une moindre mesure, au critère proposé par Hannan et Quinn [Hannan et Quinn, 1979]. Le critère d'information d'Akaike (AIC) est initialement proposé par Akaike [Akaike, 1973] et a été appliqué avec succès pour déterminer la longueur de décalage d'un modèle AR. Cette méthode peut également être utilisée pour sélectionner l'ordre d'un modèle ARMA.

Le critère d'information bayésien (BIC) est proposé par Schwarz [Schwarz, 1978]. Il se rapproche de façon asymptotique de la probabilité intégré "integrated likelihood" du modèle.

Le critère d'erreur de prédiction finale (FPE) a été proposé par Akaike [Akaike, 1969] pour sélectionner les décalages qui minimisent l'erreur moyenne au carré en une seule étape en avant de prédiction pour le meilleur ordre d'un modèle AR.

Les premiers critères [Roblès et *al.*, 2013], pour la sélection d'un modèle, qui apparaissent dans la littérature sont :

- L'AIC (Akaike Information Criterion) [Shang et Cavanaugh, 2008] ; les versions corrigées du critère AIC d'Hurvish [Burnham, 2004] avec l'AICc, et de Sugiura [Sugiura, 1978] avec le C-AIC pour les petites tailles d'échantillon par rapport au nombre de paramètres à estimer ;
- Le BIC (Bayesian Information Criterion) : le modèle à retenir est celui qui montre le BIC le plus faible. Le BIC utilise le principe du maximum de

vraisemblance. Il pénalise les modèles comportant trop de variables, et évite le sur-apprentissage [Kapetanios, 2000] ;
- Le MDL (Minimum Description Length) [Rissanen, 1978] ;
- Le Cp de Mallows [Mallows, 1973].

D'autres critères désormais classiques, BIC et HQC (Hannan-Quinn information Criterion) [Cavanaugh, 1999], assurent une meilleure estimation en pénalisant justement le surdimensionnement du modèle [Roblès et *al.*, 2013].

Le test du rapport des vraisemblances (likelihood ratio test) est souvent utilisé pour comparer des modèles deux à deux. Il ne s'applique qu'à des modèles emboîtés dérivant l'un de l'autre par ajout ou suppression de termes [McCullagh et Nelder, 1989]. Une autre solution possible qui consiste à comparer les modèles en utilisant le critère d'information d'Akaike [Akaike, 1974].

$$AIC = -2 \times \log(L) + 2 \times k$$

L, vraisemblance maximisée ; k, nombre de paramètres dans le modèle ; -2×log(L), déviance du modèle.

La déviance du modèle (-2×log(L)) est pénalisée par 2 fois le nombre de paramètres. Le meilleur modèle est celui possédant l'AIC le plus faible. Il est nécessaire de vérifier que le modèle complet ajuste correctement les données : test de la qualité de l'ajustement de Pearson, examen des résidus, comparaison des valeurs observées et prédites, etc. Quand le nombre de paramètres k est grand par rapport au nombre d'observations n [Lancelot et Lesnoff, 2005], il est recommandé d'utiliser l'AIC corrigé [Hurvich et Tsai, 1995].

$$AICc = AIC + \frac{2 \times k \times (k+1)}{n - k - 1}$$

L, vraisemblance maximisée ; k, nombre de paramètres dans le modèle.

Le BIC a été initialement proposé [Schwarz, 1978] pour sélectionner les modèles dans le cas de grands échantillons (milliers d'observations) pour lesquels l'AIC et l'AICc ont tendance à sélectionner des modèles comportant de nombreuses variables explicatives. Cependant, les bases théoriques sous-tendant les deux approches (AIC *vs.* BIC) sont différentes, l'utilisation de l'AIC étant en premier lieu dans un objectif de prédiction, et non de décision vis-à-vis de la signification statistique des paramètres retenus dans le modèle [Ripley, 2003].

$$BIC = -2 \times LL + k \times \log(n)$$

k, nombre de paramètres dans le modèle.

3.3. Méthodes d'estimation

Les méthodes d'estimation les plus utilisées sont les méthodes de moindres carrés et du maximum de vraisemblance.

3.3.1. Moindres carrés

La méthode des moindres carrés consiste à estimer θ en minimisant la somme des carrés des résidus (SSR). Cette méthode d'estimation ne nécessite pas que l'on pose l'hypothèse de normalité des résidus. D'après le critère des moindres carrés utilisé pour estimer les paramètres, on cherche à minimiser la SSR, et donc à maximiser la somme des carrés expliquée par le modèle (SSL). La qualité d'ajustement d'un modèle aux données peut être jugée en définissant le critère R^2 qui représente la part de variance de Y expliquée par le modèle [Chouquet, 2009-2010].

Le coefficient R^2 défini comme le carré du coefficient de corrélation de X et Y est une mesure de qualité de l'ajustement, égale au rapport de la variance effectivement expliquée sur la variance à expliquer. Le R^2 est donc la proportion de variance expliquée par la régression [Chouquet, 2009-2010].

Autrement dit, le R^2 est la SSR après régression (ou SSL) divisée par la SSR totale (ou SST). Le R^2 est appelé coefficient de détermination multiple [Hutcheson, 2011].

$$R^2 = {SSL}/{SST}$$

3.3.2. Maximum de vraisemblance

L'estimation par la méthode du maximum de vraisemblance est basée sur la vraisemblance du modèle linéaire gaussien. Pour obtenir l'estimateur du maximum de vraisemblance, on maximise sa log-vraisemblance en résolvant le système d'équations du maximum de vraisemblance [Chouquet, 2009-2010].

3.4. Applications

Les analyses de régression peuvent être appliquées en utilisant le SPSS pour développer des modèles et faire des ajustements. Parmi ces analyses on trouve :

- Modélisation linéaire automatique ;
- Régression linéaire simple ;
- Ajustement des fonctions ;
- Régression linéaire multiple ;
- Régression logistique binaire ;
- Régression logistique multinomiale ;
- …

3.4.1. Modélisation linéaire automatique

La modélisation linéaire automatique est une technique nouvelle qui permet de faciliter l'application de toutes les analyses de régression. Cette technique détermine elle-même les conditions d'application, et le type d'analyse de régression selon les données étudiées.

L'application de cette analyse se fait en choisissant "Analyse/Régression/Modélisation linéaire automatique", une boîte de dialogue apparaîtra sur laquelle vous trouverez trois boutons principaux : "Champs", "Options de création", "Options de modèle". Puisque cette analyse est automatique, utilisez uniquement le bouton "Champs", et faites passer les variables "Cible" et "Prédicteurs". Dans notre exemple, la variable "Cible" est la "Masse grasse corporelle", tandis que les trois variables indépendantes "Prédicteurs" sont : "Age, Sexe, et Poids".

Juste en bas de la première cellule affichée sur la boîte de dialogue "Modélisation linéaire automatique" on trouve trois icônes " Tous 🔶 ✏️ " qui facilitent la sélection des variables selon le type des données. Si vous cliquez sur le bouton " 🔶 ", seules les variables dont la mesure est "Nominale" seront sélectionnées et colorées en orange.

L'exécution de cette analyse exige de cliquer sur le bouton " ▶ Exécuter " pour que les résultats soient affichés sur le Viewer.

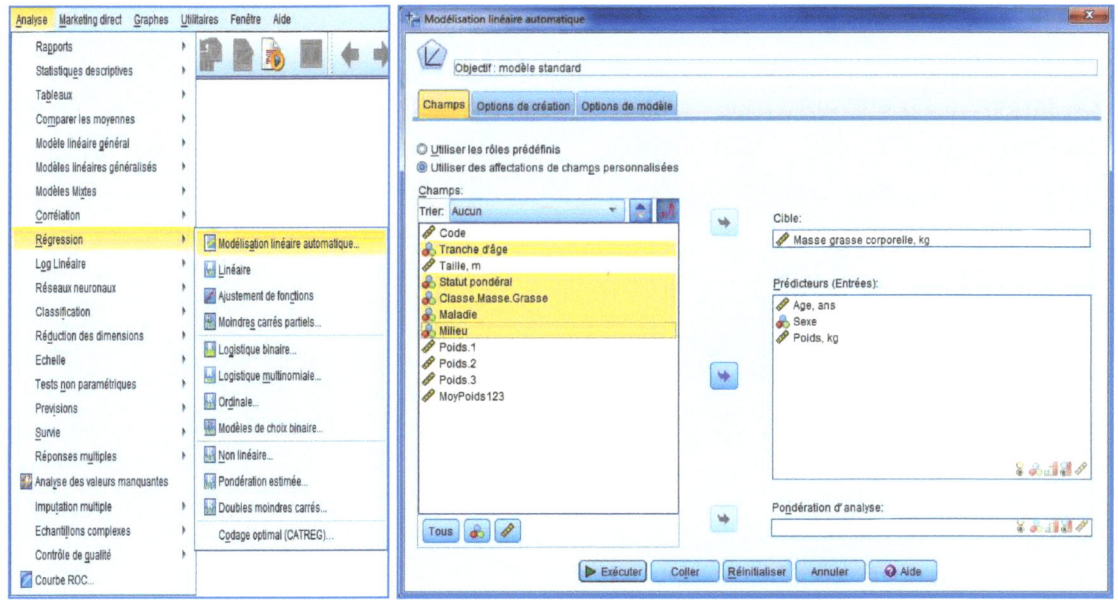

Figure 8- 4 : Analyses de régression automatique.

Une fois l'analyse est automatiquement exécutée, les résultats d'analyses seront affichés sur le Viewer.

Le tableau 8-7 montre le pourcentage des observations incluses dans le modèle développé par la modélisation linéaire automatique.

Tableau 8- 7 : Récapitulatif de traitement des observations.

	N	Pourcentage
Inclus	44	100,0%
Exclus	0	0,0%
Total	44	100,0%

Le tableau 8-8 montre que la variable "Cible" ou dépendante est la "Masse grasse corporelle", la méthode de choix du modèle est "Pas à pas ascendante", le critère d'information est le critère d'information corrigé d'akaike (AICC). Les modèles avec la plus petite valeur de critère d'information sont mieux ajustés.

Tableau 8- 8 : Récapitulatif du modèle.

Cible	Masse grasse corporelle, kg
Préparation automatique des données	Activé
Méthode de choix du modèle	Pas à pas ascendante
Critère d'information	106,305

Le critère d'information est utilisé pour la comparaison aux modèles. Les modèles avec la plus petite valeur de critère d'information sont mieux ajustés.

La présentation suivante montre la précision du modèle, c'est le R-deux "R^2" ajusté qui est égale à 63.3%. Ce pourcentage signifie que 63.3% de la variabilité de la réponse "Y" est expliquée par le modèle développé.

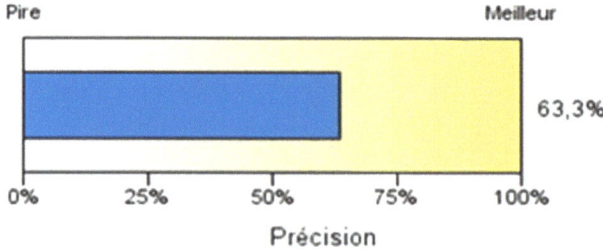

Figure 8- 5 : Précision du modèle.

Remarque : La visualisation des autres analyses, comme les coefficients du modèle développé, nécessite de double-cliquer sur les résultats qui s'affichent sur le Viewer.

Le tableau 8-9 montre les différents coefficients inclus dans le modèle développé par la modélisation linéaire automatique. Les deux modèles selon la variable "Sexe" sont les suivants :

- Si la modalité est de "1" ou "Garçon", le modèle est le suivant : Masse grasse corporelle en kg $= 0.602 * \text{Poids\_transformé} - 2.722 * \text{Age\_transformé} - 2.019 + 25.098$
- Si la modalité est de "2" ou "Fille", le modèle sera écrit comme suit : Masse grasse corporelle en kg $= 0.602 * \text{Poids\_transformé} - 2.722 * \text{Age\_transformé} + 25.098$

Les variables incluses dans le modèle sont toutes non nulles sauf la variable "Sexe" qui est nulle car sa p-valeur est de 0.085. Le coefficient correspondant à la deuxième modalité de la variable "Sexe=2" est défini par 0.000 car il est redondant.

Tableau 8- 9 : Coefficients.

Cible : Masse grasse corporelle, kg

Caractéristiques du modèle	Coefficient ▼	Erreur std.	t	Sig.	Intervalle de confiance 95%		Importance
					Inférieur	Supérieur	
Constante	25,098	11,252	2,231	,031	2,357	47,840	
Poids_transformed	0,602	0,084	7,145	,000	0,432	0,772	0,726
Age_transformed	-2,722	0,678	-4,015	,000	-4,092	-1,352	0,229
Sexe=1	-2,019	1,142	-1,768	,085	-4,327	0,289	0,044
Sexe=2	0,000ª						0,044

ªCe coefficient est défini sur zéro car il est redondant.

3.4.2. Régression linéaire simple

La régression linéaire simple permet d'expliquer une variable quantitative continue en fonction d'une seule variable explicative quantitative.

Remarque : Si la variable "Réponse ou Y" ne suit pas une loi normale, on utilise la régression non paramétrique.

L'application de la régression linéaire simple se fait en choisissant "Analyse/Régression/Linéaire", puis faites passer le paramètre dépendant "Masse grasse corporelle" dans la cellule "Dépendant", et la variable indépendante "Poids" dans la cellule "Variables dépendantes", et cliquez sur le bouton "OK" pour que l'analyse soit exécutée.

Remarque : La méthode utilisée dans cet exemple est la méthode "Entrée" car nous n'avons qu'une seule variable indépendante.

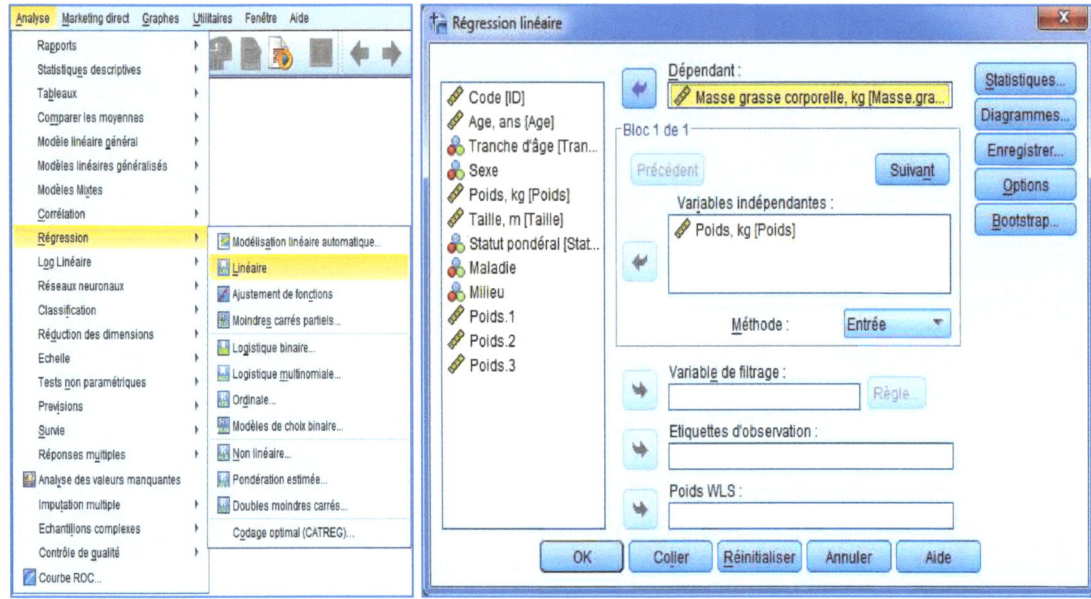

Figure 8- 6 : Analyse de régression linéaire simple.

Une fois l'analyse est exécutée, les résultats seront affichés sur le Viewer.

Le tableau 8-10 montre que la méthode utilisée est "Entrée" donc un seul modèle sera développé dans lequel on trouvera une variable indépendante "Poids", et une variable dépendante ou réponse "Masse grasse corporelle".

Tableau 8- 10 : Variables introduites/supprimées[a].

Modèle	Variables introduites	Variables supprimées	Méthode
1	Poids, kg[b]	.	Entrée

a. Variable dépendante : Masse grasse corporelle, kg

b. Toutes variables requises saisies.

Le tableau 8-11 montre les résultats du modèle développé qui sont les suivants : R^2 de 0.521, R^2 ajusté de 0.510, et une erreur standard de l'estimation (SEE) de 3.662. Le modèle développé peut expliquer 51.0% de la variabilité de la réponse recherchée dans notre analyse statistique. Notez que le bon modèle doit avoir un R^2 plus proche de "1" et une SEE plus proche de "0".

Tableau 8-11 : Récapitulatif des modèles.

Modèle	R	R-deux	R-deux ajusté	Erreur standard de l'estimation
1	,722[a]	,521	,510	3,66220

a. Valeurs prédites : (constantes), Poids, kg

Le tableau 8-12 montre la somme et la moyenne des carrés de régression qui sont supérieures à celles résiduelles avec une p-valeur de 0.000. Le bon modèle présente également une p-valeur hautement significative par ANOVA.

Tableau 8-12 : ANOVA[a].

Modèle		Somme des carrés	ddl	Moyenne des carrés	D	Sig.
1	Régression	612,791	1	612,791	45,691	,000[b]
	Résidu	563,293	42	13,412		
	Total	1176,084	43			

a. Variable dépendante : Masse grasse corporelle, kg
b. Valeurs prédites : (constantes), Poids, kg

Le tableau 8-13 présente les paramètres du modèle développé (Masse grasse corporelle = 0.608 * Poids – 15.225). Les paramètres du modèle sur le tableau se trouvent sur la colonne des coefficients non standardisés "A". La variable indépendante inclue dans le modèle ne doit pas être nulle quand on teste l'hypothèse nulle suivante : "La variable indépendante étudiée est nulle". Dans ce cas pour le "Poids", la p-valeur de 0.000 est strictement inférieure à la valeur seuil de 0.05, et par conséquent l'hypothèse nulle sera rejetée, et on passera à l'hypothèse alternative qui dit que la variable "Poids" n'est pas nulle dans le modèle, c'est-à-dire qu'elle a un effet dans le modèle quand on change ses valeurs.

Tableau 8-13 : Coefficients[a].

Modèle		Coefficients non standardisés		Coefficients standardisés	t	Sig.
		A	Erreur standard	Bêta		
1	(Constante)	-15,225	5,534		-2,751	,009
	Poids, kg	,608	,090	,722	6,759	,000

a. Variable dépendante : Masse grasse corporelle, kg

3.4.3. Ajustement des fonctions

L'ajustement des fonctions permet de représenter graphiquement une courbe X-Y de régression linéaire pour des variables quantitatives.

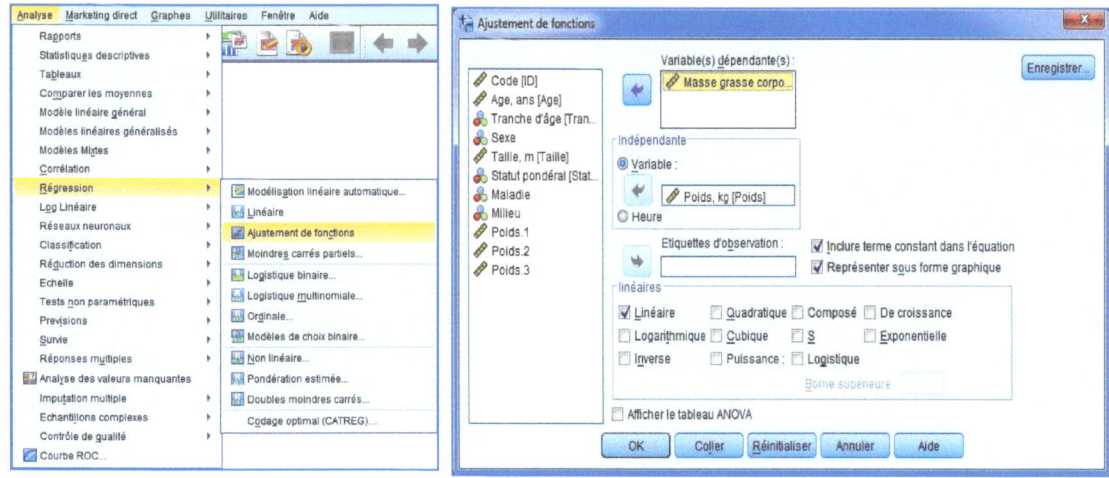

Figure 8- 7 : Analyse d'ajustement des fonctions.

L'application de cette analyse se fait en choisissant "Analyse/Régression/Ajustement des fonctions", puis faites passer la variable "Masse grasse corporelle" vers la cellule "Variable(s) dépendante(s)", la variable indépendante "Poids" vers la cellule "Variable", choisissez le type d'équation par exemple "Linéaire", et cliquez sur le bouton "OK".

Une fois l'analyse est exécutée, les résultats seront affichés sur le Viewer.

Le tableau 8-14 affiche le nom du modèle, la variable dépendante "Masse grasse corporelle", le type d'équation, la variable indépendante "Poids", et précise qu'une "Constante" sera incluse dans le modèle.

Tableau 8- 14 : Description du modèle.

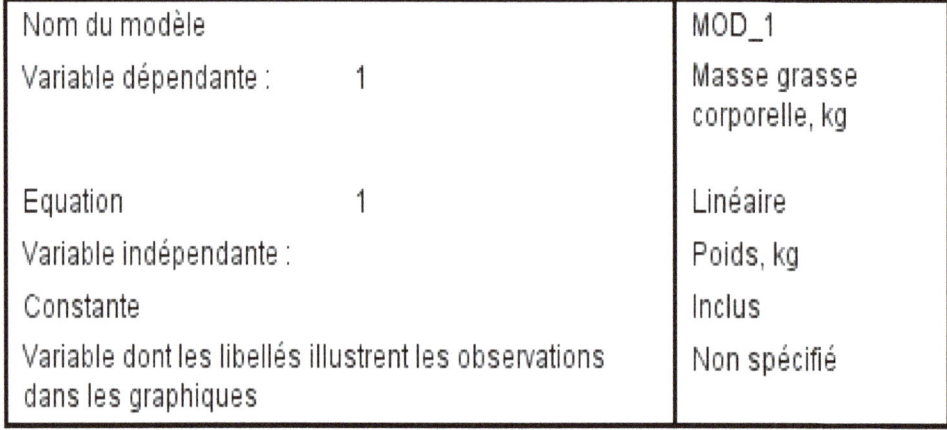

Le tableau 8-15 montre le nombre total des observations étudiées et aussi celles exclues et prévues. Les observations correspondant aux valeurs manquantes d'une variable donnée seront exclues de l'analyse.

Tableau 8-15 : Récapitulatif de traitement des observations.

	N :
Total des observations	44
Observations exclues[a]	0
Observations prévues	0
Observations nouvellement créées	0

a. Les observations ayant une valeur manquante dans une variable sont exclues de l'analyse.

Le tableau 8-16 montre une petite comparaison du nombre de valeurs positives, négatives, nulles et manquantes pour la variable dépendante "Masse grasse corporelle" et la variable indépendante "Poids".

Tableau 8-16 : Récapitulatif du traitement des variables.

		Variables	
		Dépendant	Indépendant
		Masse grasse corporelle, kg	Poids, kg
Nombre de valeurs positives		44	44
Nombre de zéros		0	0
Nombre de valeurs négatives		0	0
Nombre de valeurs manquantes	Valeurs manquantes spécifiées par l'utilisateur	0	0
	Manquante par défaut :	0	0

Le tableau 8-17 montre qu'il y a une forte corrélation entre la variable dépendante et la variable indépendante car le R^2 est de 0.521. Le R^2 peut être représenté en pourcentage et équivaut 52.1% avec une p-valeur de 0.000. Seul le R^2 peut être converti en pourcentage par contre le petit r ou le grand R (R=0.722) de corrélation ne peuvent pas être représentés en pourcentage. L'équation linéaire s'écrit comme suit :

$$\text{Masse grasse corporelle} = 0.608 * \text{Poids} - 15.225$$

Tableau 8-17 : Récapitulatif du modèle et estimations des paramètres.

Variable dépendante :: Masse grasse corporelle, kg

Equation	Récapitulatif des modèles					Estimations de paramètres	
	R-deux	F	df1	df2	Sig.	Constante	b1
Linéaire	,521	45,691	1	42	,000	-15,225	,608

La variable indépendante est Poids, kg.

La représentation graphique de la variable dépendante "Masse grasse corporelle" en fonction de la variable indépendante "Poids", présente un nuage de points qui détermine le degré d'association. Un point éloigné de la droite théorique a un grand leverage "Force de levier". Alors, plus les points du nuage s'approchent de la ligne ou de la droite théorique, plus l'association entre les paramètres du modèle devient forte, et plus les valeurs prédites par le modèle représentent la réalité. Dans notre cas, le R^2 est de 52.1% "ou R=0.722" qui veut dire que l'association est forte entre la variable dépendante et la variable indépendante car la valeur du R est comprise entre les deux valeurs de l'intervalle [0.50 et 0.75[.

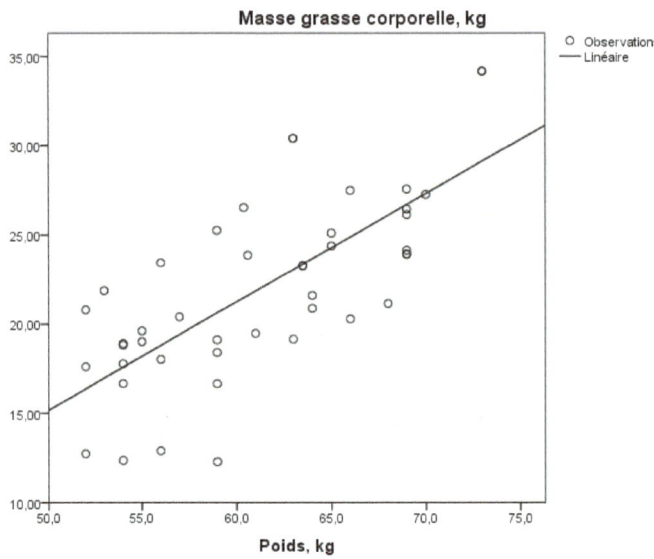

Figure 8- 8 : Association entre la masse grasse corporelle et le poids.

3.4.4. Régression linéaire multiple

La régression linéaire multiple permet d'expliquer une variable quantitative continue en fonction de deux ou plusieurs variables explicatives qualitatives et/ou quantitatives.

Remarque : Si la variable "Réponse ou Y" ne suit pas une loi normale, on utilise la régression non paramétrique.

L'application de la régression linéaire multiple se fait en choisissant "Analyse/Régression/Linéaire", puis faites passer le paramètre dépendant "Masse grasse corporelle" dans la cellule "Dépendant", et les variables indépendantes "Age, Poids, Taille" vers la cellule "Variables indépendantes".

Dans cet exemple, nous avons choisi la méthode "Pas à pas" ou "Stepwise" en anglais, qui permet de développer des modèles numérotés de 1 à n selon le nombre, et le degré de corrélation entre les variables indépendantes et la variable dépendante "Masse grasse corporelle". Par exemple le modèle n contiendra plus de variables indépendantes par rapport au premier modèle. Le dernier modèle ou le modèle n sera représenté avec des variables indépendantes plus associées à la variable dépendante, avec un R² plus grand ou plus proche de la valeur "1", une très petite SEE "Standard Error of the Estimation". Par contre la méthode "Descendante" ou "Backward" en anglais, consiste à prendre en compte l'ensemble des variables indépendantes puis d'enlever au fur et à mesure les variables dont la contribution est la plus faible, jusqu'à l'élaboration d'un modèle adéquat. Tandis que la méthode "Entrée" ou "Enter" en anglais, permet d'inclure toutes les variables indépendantes dans un seul modèle.

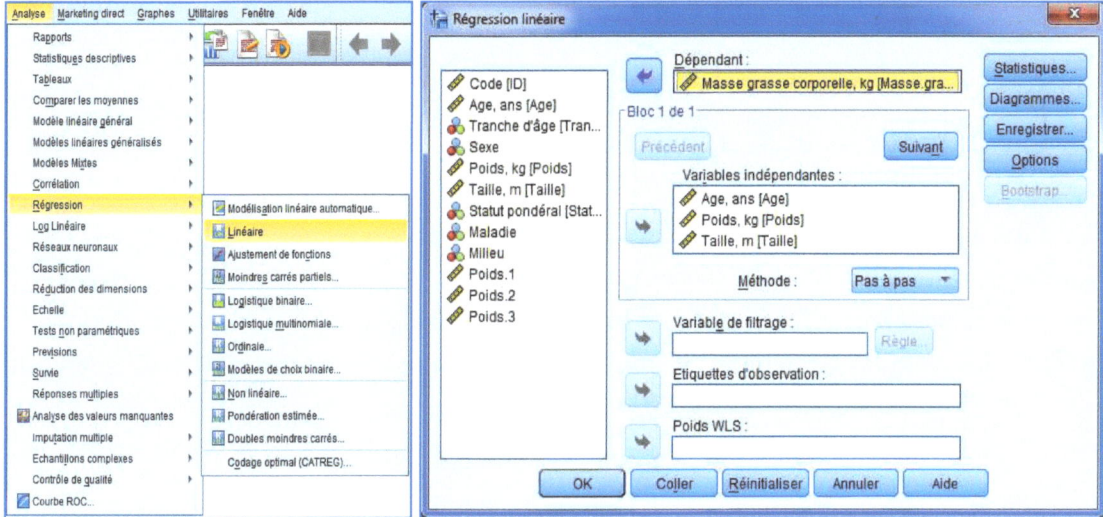

Figure 8- 9 : Analyse de régression multiple.

Sur la boîte de dialogue principale, cliquez sur le bouton "Statistique", cochez les choix suivants : "Estimations", "Intervalles de confiance", "Qualité de l'ajustement" et "Tests de colinéarité", et cliquez sur le bouton "Poursuivre".

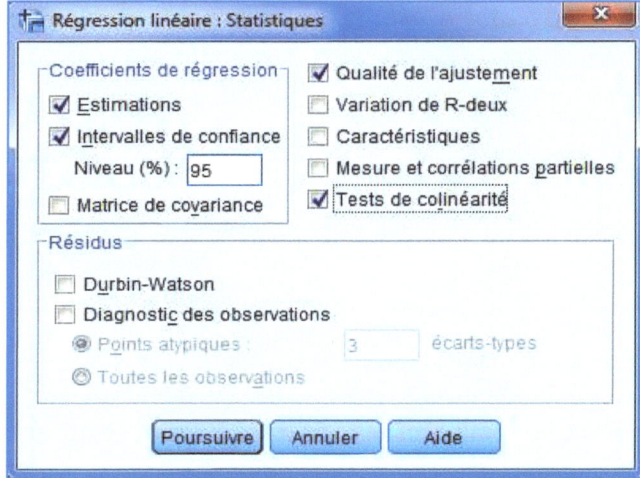

Figure 8- 10 : Choix des options de la régression linéaire.

L'exécution de l'analyse statistique nécessite de cliquer sur le bouton "OK" de la boîte de dialogue principale "Régression linéaire" pour que les résultats soient affichés sur le Viewer.

Le tableau 8-18 montre que la méthode utilisée est "Pas à pas" avec les critères d'introduction "Probabilité de F ≤ 0.050", ou d'élimination "Probabilité de F ≥ 0.100".

Tableau 8- 18 : Variables introduites/supprimées[a].

Modèle	Variables introduites	Variables supprimées	Méthode
1	Poids, kg	.	Pas à pas (critère : Probabilité de F pour introduire <= ,050, Probabilité de F pour éliminer >= ,100).
2	Age, ans	.	Pas à pas (critère : Probabilité de F pour introduire <= ,050, Probabilité de F pour éliminer >= ,100).

a. Variable dépendante : Masse grasse corporelle, kg

Le tableau 8-19 montre que l'utilisation de la régression linéaire multiple selon la méthode "Pas à pas" a permis de développer deux modèles "1 et 2". Le modèle "2" possède le plus grand R² "0.795" et la plus petite SEE "3.250". Selon la méthode "Pas à Pas", on prendra le deuxième modèle qui explique mieux la réalité de prédiction avec un R² ajusté de 61.4% ou "0.614".

Le R² ajusté est défini selon la formule suivante [Hutcheson, 2011] :

$$R_a^2 = R^2 - \frac{k(1-R^2)}{n-k-1}$$

Avec, k = Nombre de paramètres indépendants dans le modèle (2 dans ce cas) ; n= 44.

*Remarque : Seul le R² peut être représenté en pourcentage, et non pas le r ou R. Le R² = R*R, et le R = Racine carrée de R².*

Tableau 8- 19 : Récapitulatif des modèles.

Modèle	R	R-deux	R-deux ajusté	Erreur standard de l'estimation
1	,722[a]	,521	,510	3,66220
2	,795[b]	,632	,614	3,25046

a. Valeurs prédites : (constantes), Poids, kg
b. Valeurs prédites : (constantes), Poids, kg, Age, ans

Le tableau 8-20 montre la somme et la moyenne des carrés de régression, et du résidu pour les deux modèles développés. Le modèle très adéquat doit avoir une p-valeur

Chapitre VIII : Analyses de corrélation, de régression, et mesures d'association

hautement significative par ANOVA. Dans ce cas, les deux p-valeurs (0.000) sont hautement significatives.

Tableau 8- 20 : ANOVA[a].

Modèle		Somme des carrés	ddl	Moyenne des carrés	D	Sig.
1	Régression	612,791	1	612,791	45,691	,000[b]
	Résidu	563,293	42	13,412		
	Total	1176,084	43			
2	Régression	742,899	2	371,450	35,157	,000[c]
	Résidu	433,185	41	10,565		
	Total	1176,084	43			

a. Variable dépendante : Masse grasse corporelle, kg

b. Valeurs prédites : (constantes), Poids, kg

c. Valeurs prédites : (constantes), Poids, kg, Age, ans

Le tableau 8-21 montre les différents paramètres des deux modèles développés avec des p-valeurs à hypothèse nulle "le paramètre étudié est nul". C'est-à-dire si le paramètre existe ou non dans l'équation, les résultats de prédiction ne seront pas influencés.

Selon la méthode "Pas à pas" que nous avons utilisée, on prendra le deuxième modèle qui sera écrit comme suit :

$$\text{Masse grasse corporelle} = 0.554 * \text{Poids} - 2.192 * \text{Age} + 19.505$$

La deuxième ligne du tableau présente les résultats pour le deuxième modèle. Les erreurs standards des coefficients non standardisés pour les variables indépendantes doivent être plus proches de zéro. Le modèle développé ne doit inclure que des variables indépendantes ayant des p-valeurs strictement inférieures à 0.05 pour qu'elles ne soient pas nulles. La constante incluse dans le modèle présente une p-valeur supérieure à 0.05 ce qui signifie que l'hypothèse nulle sera retenue en disant que la constante est nulle même si que la valeur est de 19.505 (tableau 8-21).

Remarque : La constante incluse dans le modèle n'est pas une variable indépendante.

Le bon modèle présente un facteur d'inflation de la variance (VIF) compris entre les valeurs 1 et 10 "1 < VIF < 10". D'où, on trouve que la tolérance est égale à 1 / VIF.

Dans le cas de régression linéaire, l'intervalle de confiance à 95% pour le coefficient "B" donne une idée sur les valeurs qui représentent réellement la population étudiée ou les valeurs observées. Si l'intervalle de confiance à 95% n'inclut pas la valeur "0", la p-valeur sera strictement inférieure à la valeur seuil de 0.05 en disant qu'il y a effet de la variable indépendante étudiée.

Tableau 8- 21 : Coefficients[a].

Modèle		Coefficients non standardisés		Coefficients standardisés	t	Sig.	95,0% % intervalles de confiance pour B		Statistiques de colinéarité	
		A	Erreur standard	Bêta			Borne inférieure	Limite supérieure	Tolérance	VIF
1	(Constante)	-15,225	5,534		-2,751	,009	-26,394	-4,056		
	Poids, kg	,608	,090	,722	6,759	,000	,426	,789	1,000	1,000
2	(Constante)	19,505	11,049		1,765	,085	-2,809	41,818		
	Poids, kg	,554	,081	,658	6,811	,000	,389	,718	,964	1,037
	Age, ans	-2,192	,625	-,339	-3,509	,001	-3,454	-,931	,964	1,037

a. Variable dépendante : Masse grasse corporelle, kg

Le tableau 8-22 présente les paramètres des différentes variables exclues de la modélisation. Sur le premier modèle, deux variables indépendantes "Age et Taille" ont été exclues. Tandis qu'une seule variable indépendante "Taille" a été exclue du deuxième modèle, donc les variable "Poids" et "Age" sont incluses dans ce modèle.

Le premier modèle inclut une seule variable indépendante "Poids", tandis que le deuxième modèle inclut deux variables indépendantes "Poids et Age".

Remarque : La variable dépendante représente la variable qui se trouve sur l'axe des ordonnées ou sur l'axe des valeurs de la variable "Réponse, ou Y".

Tableau 8- 22 : Variables exclues[a].

Modèle		Bêta dans	t	Sig.	Corrélation partielle	Statistiques de colinéarité		
						Tolérance	VIF	Tolérance minimale
1	Age, ans	-,339[b]	-3,509	,001	-,481	,964	1,037	,964
	Taille, m	-,300[b]	-2,964	,005	-,420	,937	1,067	,937
2	Taille, m	-,180[c]	-1,668	,103	-,255	,738	1,355	,738

a. Variable dépendante : Masse grasse corporelle, kg
b. Valeurs prédites dans le modèle : (constantes), Poids, kg
c. Valeurs prédites dans le modèle : (constantes), Poids, kg, Age, ans

Le tableau 8-23 montre l'index de conditionnement qui augmente, et la valeur propre qui diminue quand on passe d'une dimension à une autre au niveau de chaque modèle. Les proportions de la variance varient selon les paramètres introduits dans le modèle.

Tableau 8-23 : Diagnostique de colinéarité[a].

Modèle	Dimension	Valeur propre	Index de conditionnement	Proportions de la variance		
				(Constante)	Poids, kg	Age, ans
1	1	1,995	1,000	,00	,00	
	2	,005	19,998	1,00	1,00	
2	1	2,991	1,000	,00	,00	,00
	2	,008	19,095	,01	,74	,11
	3	,001	49,675	,99	,26	,89

a. Variable dépendante : Masse grasse corporelle, kg

3.4.5. Régression logistique binaire

La régression logistique est une technique permettant d'ajuster une surface de régression à des données lorsque la variable dépendante est dichotomique. Il s'agit d'élaborer un modèle de prédiction pour connaître les facteurs associés à un phénomène donné. La régression logistique n'exige pas que les prédicteurs soient distribués normalement, linéaires ou qu'ils possèdent une variance égale entre chaque groupe [Tabachnick et Fidell, 2000].

La régression logistique binaire permet de modéliser une réponse Y dichotomique "Variable dépendante" en fonction d'une variable explicative qualitative. Cette analyse de régression modélise la probabilité pour que l'évènement survienne P (Y=1) = π, avec π une probabilité comprise entre "0 et 1". L'intervalle [0, 1] ou "$0 \leq \pi \leq 1$" se transforme pour que π prenne des valeurs dans l'intervalle [-∞, +∞].

Le modèle de régression logistique binaire est appelé "logit" et s'écrit sous la forme suivante :

$$Logit = \ln \frac{\pi}{1-\pi} = \ln(Odds) = \beta_0 + \beta_1 X_1 + \varepsilon$$

π, probabilité pour que l'évènement étudié survienne.

Les valeurs des différents "β" du modèle développé s'estiment par la "Méthode du maximum de vraisemblance". Cette méthode recherche les valeurs des constantes qui maximisent la vraisemblance.

L'interprétation facile des résultats de la modélisation par régression logistique exige de mettre la valeur "1" pour le cas normal, et la valeur "0" pour le cas anormal pour toutes les variables incluses dans le modèle. Dans notre cas, les modalités des deux variables étudiées ont été codées comme suit :

− La variable dépendante "Maladie" : Malade = 0, et Non malade =1 ;

- La covariable "Milieu" : Urbain = 0, et Rural = 1. Le milieu rural a été codé par la valeur "1" car il est le moins pollué que celui urbain.

Voilà d'autres exemples sur le codage de modalités des variables étudiées dans la modélisation par régression logistique :

- Le chiffre "1" pour "Réussite, Bonne qualité, Test négatif, …" ;
- Le chiffre "0" pour "Echec, Mauvaise qualité, Test positif, …".

Dans le cas de régression logistique, plusieurs statistiques de R^2 ont été proposées dans les trois dernières décennies [McFadden, 1973 ; McKelvey et Zavoina, 1975 ; Maddala, 1983 ; Agresti, 1986 ; Nagelkerke, 1991 ; Cox et Wermuch, 1992 ; Ash et Shwartz, 1999 ; Zheng et Agresti, 2000]. Ces statistiques sont d'habitude identiques au R^2 standard dans l'application au modèle linéaire, et appelées des Pseudo-R^2s. Ces paramètres ont gagnés certaines particularités en sciences sociales [Maddala, 1983 ; Laitila, 1993 ; Long, 1997] en permettant de mesurer la force d'association.

L'application de la régression logistique binaire se fait en choisissant "Analyse/Régression/Logistique binaire", définissez la variable dépendante "Maladie", et la covariable "Milieu" qui représente la variable indépendante. La méthode de choix du modèle est la méthode "Entrée" car on n'a qu'une seule variable indépendante.

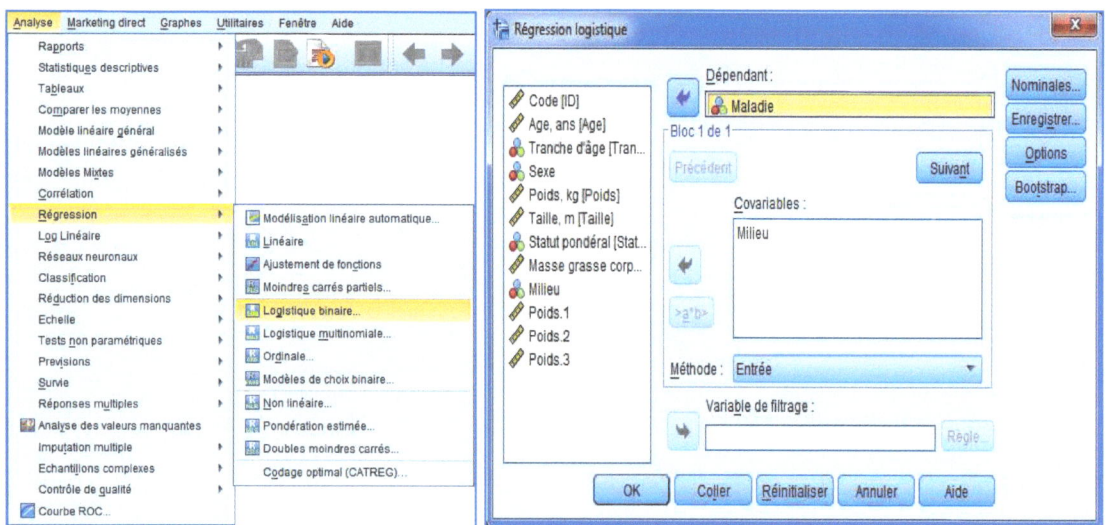

Figure 8- 11 : Analyse de régression logistique binaire.

Sur la boîte de dialogue "Régression logistique", cliquez sur le bouton "Options", choisissez l'intervalle de confiance "CI pour exp (B)", et cliquez sur le bouton "Poursuivre".

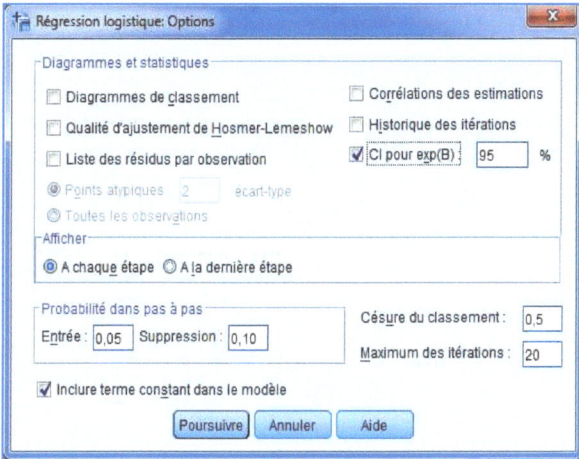

Figure 8- 12 : Définition des paramètres.

Une fois les paramètres sont bien définis, cliquez sur le bouton "OK" pour que les résultats soient affichés sur le Viewer.

Le tableau 8-24 montre le nombre des observations non pondérées incluses dans l'analyse "44", ainsi que celles manquantes "0".

Tableau 8- 24 : Récapitulatif de traitement des observations.

Observations non pondérées[a]		N	Pourcentage
Observations sélectionnées	Inclus dans l'analyse	44	100,0
	Observations manquantes	0	,0
	Total	44	100,0
Observations exclues		0	,0
Total		44	100,0

a. Si la pondération est activée, reportez-vous au tableau de classement pour connaître le nombre total d'observations.

Le tableau 8-25 montre la façon du codage des deux modalités de la variable dichotomique "Maladie". Le chiffre "0" a été mis pour le cas anormal, tandis que le cas normal a été défini par le chiffre "1". Les modalités "Malade et Non malade" représentent les valeurs d'origine. Les chiffres "0 et 1" représentent les valeurs internes qui se trouvent sur la base de données.

Tableau 8- 25 : Codage de variables dépendantes.

Valeur d'origine	Valeur interne
Malade	0
Non Malade	1

Remarque : L'interprétation des résultats de régression logistique concerne tout d'abord le bloc de départ "Bloc 0", puis le "Bloc 1" :

- *Le bloc 0 représente l'étape "0" du bloc de départ ;*
- *Le bloc 1 représente l'étape "1" et la méthode de choix du modèle, par exemple la méthode "Entrée".*

➔ Bloc 0 : Bloc de départ

Le tableau 8-26 montre le nombre des observations des deux modalités de la variable dépendante "Maladie". La modalité "Malade" de la variable "Maladie" sera prédite par le modèle du "Bloc 0" qui inclut uniquement la constante, en 0 modalité "Malade" et 22 modalités "Non malades". Le pourcentage correct pour la modalité "Non malade" est de 100% dans le cas de prévision par le modèle du bloc de départ.

Le pourcentage global permet de vérifier la force d'association du modèle [Desjardins, 2005]. Dans ce cas, ce pourcentage est de 50.0% ce qui indique que le modèle est vrai dans 50.0% des cas. C'est-à-dire, le modèle incomplet classe correctement les sujets dans 50.0% des cas.

Tableau 8- 26 : Tableau de classement[a,b].

Observations			Prévisions		
			Maladie		Pourcentage correct
			Malade	Non Malade	
Etape 0	Maladie	Malade	0	22	,0
		Non Malade	0	22	100,0
	Pourcentage global				50,0

a. La constante est incluse dans le modèle.
b. La valeur de césure est ,500

Le tableau 8-27 montre que dans l'étape "0", le modèle est développé seulement en utilisant la variable dépendante "Maladie", et la "Constante" avec un coefficient de 0.000 et un odds ratio "Exp (B)" de 1.000. La variable indépendante "Milieu" est exclue de l'étape "0".

Tableau 8- 27 : Variables dans l'équation.

		A	E.S.	Wald	ddl	Sig.	Exp(B)
Etape 0	Constante	,000	,302	,000	1	1,000	1,000

Le tableau 8-28 montre la variable exclue "Milieu" de la modélisation par la régression logistique binaire avec un score de 0.096, avec une p-valeur de 0.757.

Tableau 8- 28 : Variables hors de l'équation.

			Score	ddl	Sig.
Etape 0	Variables	Milieu	,096	1	,757
	Statistiques globales		,096	1	,757

→ **Bloc 1 : Méthode utilisée**

Le tableau 8-29 montre la valeur du test du Chi-deux "0.096", et la p-valeur de signification de 0.757.

Tableau 8- 29 : Tests de spécification du modèle.

		Khi-Chi-deux	ddl	Sig.
Etape 1	Etape	,096	1	,757
	Bloc	,096	1	,757
	Modèle	,096	1	,757

Le tableau 8-30 montre les paramètres du modèle développé dans l'étape "1" : - 2 log-vraisemblance (Plus sa valeur est proche de zéro, plus le modèle est meilleur), R-deux de Cox & Snell, et R-deux de Nagelkerke.

La force d'association du modèle peut également être vérifiée par le R^2 de Nagelkerke qui représente la variance expliquée par le modèle [Desjardins, 2005]. Dans ce cas, le R^2 est de 0.003, ce qui indique que le modèle explique seulement 0.3% de la variance de la variable dépendante (tableau 8-30).

Tableau 8- 30 : Récapitulatif des modèles.

Etape	-2log-vraisemblance	R-deux de Cox & Snell	R-deux de Nagelkerke
1	60,901[a]	,002	,003

a. L'estimation a été interrompue au numéro d'itération 2 parce que les estimations de paramètres ont changé de moins de ,001.

Le tableau 8-31 montre le nombre des observations des deux modalités de la variable dépendante "Maladie". La modalité "Malade" de la variable "Maladie" sera prédite par le modèle du "Bloc 1" qui inclut la variable indépendante et la constante en 14 modalités "Malades" et 8 modalités "Non malades" avec un "Pourcentage correct" de 63.6%, tandis que la modalité "Non malade" sera prédite en 13 modalités "Malade" et 9 modalités "Non malade" avec un "Pourcentage correct de 40.9%.

Le pourcentage global de 52,3% indique que le modèle est vrai dans 52,3% des cas. C'est-à-dire, le modèle complet classe correctement les sujets à environ 52,3% des cas.

Tableau 8- 31 : Tableau de classement[a].

			Prévisions		
			Maladie		Pourcentage correct
	Observations		Malade	Non Malade	
Etape 1	Maladie	Malade	14	8	63,6
		Non Malade	13	9	40,9
	Pourcentage global				52,3

a. La valeur de césure est ,500

Le tableau 8-32 montre que les paramètres et les coefficients du modèle développé dans l'étape "1". Le test de "Wald" teste l'hypothèse de nullité "tous les β_i sont nuls (H$_0$: β_i = 0)", contre une hypothèse alternative qui dit que les β_i diffèrent de zéro "H$_1$: $\beta_i \neq$ 0". La décision d'acceptation ou de rejet de l'hypothèse nulle se fait en se basant sur les p-valeurs.

Le coefficient de la variable "Milieu" est nul car la p-valeur de Wald est de 0.757 qui est strictement supérieure à la valeur seuil de 0.05, on accepte alors l'hypothèse nulle (tableau 8-32). S'il n'y a pas de signification, l'intervalle de confiance inclura la valeur "1" et on dira qu'il n'y a pas d'effet de la variable indépendante sur la variable dépendante dans le modèle, c'est-à-dire la présence ou l'absence de la variable en question dans le modèle n'influencera pas les résultats.

Le modèle développé est le suivant :

$$logit = ln(odds) = ln\frac{\pi}{1-\pi} = -0.074 + 0.192 * Milieu$$

$$\pi = Odds = \frac{exp(-0.074 + 0.192 * Milieu)}{1 + exp(-0.074 + 0.192 * Milieu)}$$

$$Odds\ Ratio = OR = Exp(B) = \frac{Odds_1}{Odds_2}$$

Exp (B), odds ratio sur SPSS ; π, probabilité pour que l'évènement survienne ; $Odds_1$, odds pour que l'événement 1 survienne ; $Odds_2$, odds pour que l'événement 2 survienne.

L'odds ratio "OR : Rapport de cote" permet de mesurer l'effet entre les variables incluses dans le modèle développé par la régression logistique. L'OR peut être vu comme un indice de la force de la relation [Morgan et *al.*, 2003]. On procède à l'interprétation des OR, uniquement si les coefficients de Wald sont significatifs, [Desjardins, 2005].

Dans le cas où la p-valeur serait significative, les OR pourraient être expliqués comme suit :

- Les personnes qui habitent au milieu "Urbain" contractent la maladie "Malade" 1.212 fois que celles qui habitent au milieu "Rural" ;
- L'impact d'habiter au milieu "Urbain" en recevant la maladie "Malade" est de 1.212 ;
- Le risque de recevoir la maladie "Malade" est 1.212 fois supérieur chez les personnes dans le milieu "Urbain" que celles dans le milieu "Rural" ;
- L'odds de la maladie "Malade" pour les personnes dans le milieu "Urbain" est de 21.2% (1.212 − 1.00 = 0.212) supérieur que l'odds de la maladie "Malade" pour les personnes dans le milieu "Rural" ;
- L'odds prédit dans le milieu "Urbain" est de 1.212 fois que l'odds dans le milieu "Rural" ;
- Si la variable indépendante est changée du milieu "Rural" au milieu "Urbain", les odds de recevoir la "Maladie" augmentent par un facteur de 1.212.

La soustraction des OR de la valeur de 1.00, donne deux types de liaisons :

- Valeur de soustraction positive indique une relation positive entre la variable dépendante et celle indépendante, c'est le cas de notre analyse "1.212 − 1.00 = 0.212". La valeur de 0.212 sera multipliée par "100" pour l'exprimer en pourcentage "21.2%" ;
- Valeur de soustraction négative indique une relation négative entre la variable dépendante et celle indépendante, dans ce cas on prend la valeur absolue mais on mentionne que la relation est inverse entre les deux variables (dépendante et indépendante).

La p-valeur "0.757" pour la variable "Milieu" est strictement supérieure à la valeur seuil de 0.05 (pas de signification), ceci veut dire qu'il n'y a pas d'effet de la variable "Milieu" sur la variable "Maladie". Cette conclusion est également confirmée par l'intervalle de confiance à 95% qui inclut la valeur "1".

L'interprétation des résultats de la régression logistique dépend du codage des modalités des variables qualitatives. Par exemple, dans notre analyse, on trouvera les mêmes OR pour les deux possibilités suivantes :

- Première possibilité "Malade*Urbain" ou "0*0" : l'OR est de 1.212, donc les personnes dans le milieu "Urbain" contractent la modalité "Malade" 1.212 fois que celles dans le milieu "Rural" si la p-valeur est significative ;

− Deuxième possibilité "Non malade*Rural" ou "1*1" : l'OR est de 1.212, donc les personnes dans le milieu "Rural" contractent la modalité "Non malade" 1.212 fois que celles dans le milieu "Urbain". Cette interprétation est correcte seulement s'il y a une signification (p-valeur < 0.05).

Remarque : Les modalités "Malade, et Non malade" représentent les deux groupes de la variable "Maladie".

Tableau 8- 32 : Variables dans l'équation.

		A	E.S.	Wald	ddl	Sig.	Exp(B)	IC pour Exp(B) 95%	
								Inférieur	Supérieur
Etape 1[a]	Milieu	,192	,620	,096	1	,757	1,212	,359	4,084
	Constante	-,074	,385	,037	1	,847	,929		

a. Variable(s) entrées à l'étape 1 : Milieu.

3.4.6. Régression logistique multinomiale

La régression logistique est une technique permettant d'ajuster une surface de régression à des données lorsque la variable dépendante est dichotomique. Il s'agit d'élaborer un modèle de prédiction pour connaître les facteurs associés à un phénomène donné [Tabachnick et Fidell, 2000].

La régression logistique multinomiale permet de modéliser une réponse Y dichotomique "Variable dépendante" en fonction de deux ou plusieurs variables explicatives. Les variables explicatives peuvent être qualitatives et/ou quantitatives. Cette régression modélise la probabilité pour que l'évènement survienne P (Y=1) = π, avec π est une probabilité comprise entre "0 et 1". L'intervalle (0, 1) ou "$0 \leq \pi \leq 1$" se transforme pour que π prenne des valeurs dans l'intervalle [-∞, +∞].

Ce type de régression n'exige pas que les prédicteurs soient distribués normalement, linéaires ou qu'ils possèdent une variance égale entre chaque groupe. Les prédicteurs "variables indépendantes" peuvent être des variables dichotomiques ou continues [Tabachnick et Fidell, 2000].

Le modèle de régression logistique multinomiale est appelé "logit" et s'écrit sous la forme suivante :

$$Logit = \ln \frac{\pi}{1-\pi} = \ln(Odds) = \beta_0 + \beta_1 X_1 + \beta_2 X_2 + \ldots + \varepsilon$$

π, probabilité pour que l'évènement étudiée survienne.

Les valeurs des différents "β" du modèle développé s'estiment par la "Méthode du maximum de vraisemblance". Donc cette méthode recherche les valeurs des constantes qui maximisent la vraisemblance.

L'interprétation facile des résultats de la modélisation par régression logistique nécessite de mettre la valeur "1" pour le cas normal, et la valeur "0" pour le cas anormal pour toutes les variables qualitatives incluses dans le modèle. Dans notre cas, les modalités des deux variables étudiées ont été codées comme suit :

- La variable dépendante "Maladie" : Malade = 0, et Non malade =1 ;
- Le facteur "Milieu" : Urbain = 0, et Rural = 1. Le milieu rural a été codé par la valeur "1" car il est moins pollué que celui urbain.

Un autre exemple sur le codage des modalités des variables qualitatives :

- Le chiffre "1" pour "Réussite, Bonne qualité, Test négatif, …" ;
- Le chiffre "0" pour "Echec, Mauvaise qualité, Test positif, …".

Remarque : Les modalités "Bonne qualité, et mauvaise qualité" représentent la variable "Qualité".

Les variables indépendantes quantitatives ne doivent pas être codées si vous voulez étudier l'effet de l'évolution, par exemple la variable "Masse grasse corporelle" n'est pas codée car elle contient des valeurs brutes et non pas des modalités, on parlera donc de l'évolution de la variable "Masse grasse corporelle" pour expliquer la variable dépendante "Maladie".

L'application de la régression logistique multinomiale se fait en choisissant "Analyse/Régression/Logistique multinomiale", puis définissez la variable dépendante "Maladie", le facteur "Milieu", et la covariable représentée par la variable quantitative "Masse grasse corporelle".

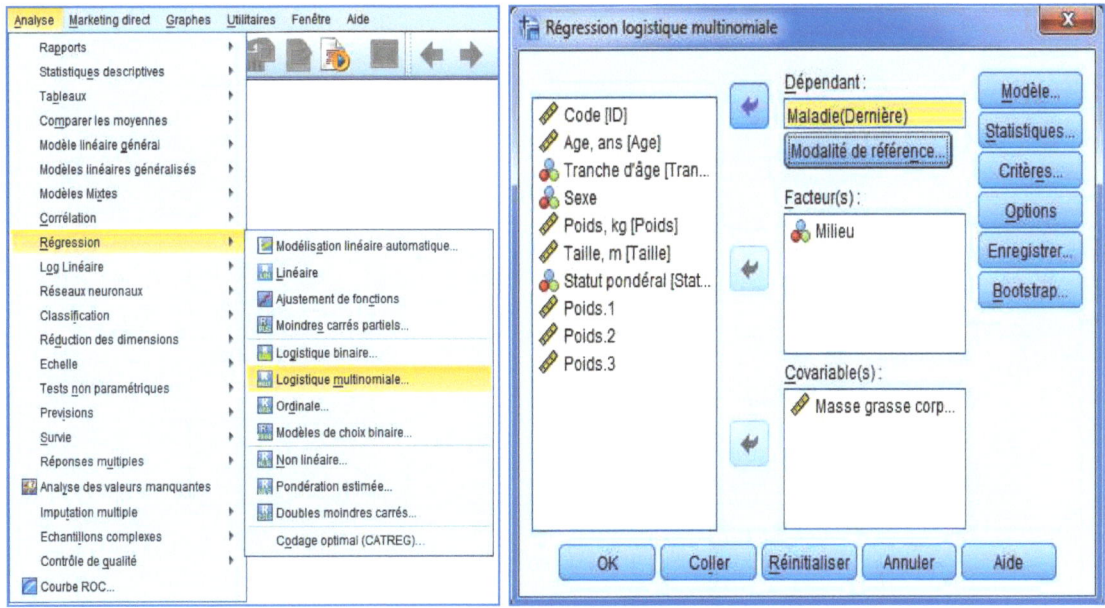

Figure 8- 13 : Analyse de régression multinomiale.

Sur la boîte de dialogue principale, cliquez sur le bouton "Modalité de référence", choisissez la "Dernière modalité" représentée par la modalité "Non malade : 1" de la variable dépendante "Maladie", et cliquez sur le bouton "Poursuivre".

Remarque : La modalité qui sera incluse dans le tableau d'analyse de la régression logistique multinomiale est la modalité "Malade" de la variable "Maladie".

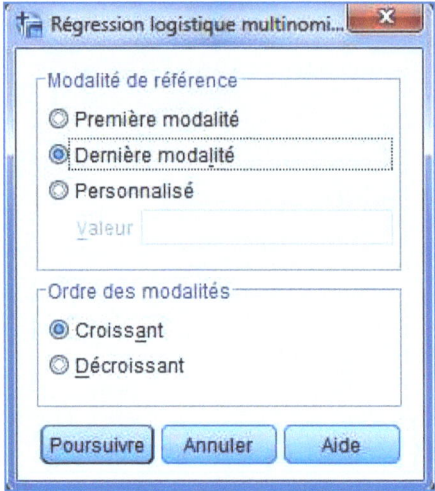

Figure 8- 14 : Définition de la modalité de référence.

Une fois les analyses sont exécutées, cliquez sur "OK" pour que les tableaux d'analyse soient affichés sur le Viewer.

Le tableau 8-33 montre le nombre des observations incluses dans l'analyse pour chaque modalité des variables qualitatives.

Tableau 8- 33 : Récapitulatif du traitement des observations.

		N	Pourcentage marginal
Maladie	Malade	22	50,0%
	Non Malade	22	50,0%
Milieu	Urbain	27	61,4%
	Rural	17	38,6%
Valide		44	100,0%
Manquant		0	
Total		44	
Sous-population		41[a]	

a. La variable dépendante possède uniquement une valeur observée dans 41 (100,0%) sous-populations.

Chapitre VIII : Analyses de corrélation, de régression, et mesures d'association

Le tableau 8-34 montre les paramètres d'ajustement du modèle initial "avec la constante uniquement" et final "avec toutes les variables et la constante". Le "Critère d'ajustement", présenté par la valeur "- 2 log vraisemblance", du modèle final est inférieur à celui du modèle incomplet contenant uniquement la "Constante". Plus la valeur de "- 2 log-vraisemblance" est proche de zéro, plus le modèle est meilleur.

Les tests des rations de vraisemblance montrent une p-valeur de 0.640 strictement supérieure à la valeur seuil de 0.05, ceci signifie qu'il n'y a pas de différence entre le modèle complet "Final" et celui incomplet ou initial "avec la constante uniquement". Ces tests sont des "Tests Omnibus" qui testent si le modèle incluant les prédicteurs "Modèle complet ou final" est significativement meilleur que le modèle n'incluant que l'intercepte "Constante".

Tableau 8- 34 : Informations sur l'ajustement du modèle.

Modèle	Critères d'ajustement du modèle	Tests des ratios de vraisemblance		
	-2 log vraisemblance	Khi-deux	degrés de liberté	Signif.
Constante uniquement	60,997			
Final	60,105	,892	2	,640

Le tableau 8-35 montre les paramètres des R² du modèle développé : "Cox & Snell", "Nagelkerke", et "McFadden".

La force d'association du modèle peut être vérifiée par le R² de Nagelkerke qui représente la variance expliquée par le modèle [Desjardins, 2005]. Dans ce cas, le R² est de 0.027, ce qui indique que le modèle explique seulement 2.7% de la variance de la variable dépendante.

Tableau 8- 35 : Pseudo R-deux.

Cox et Snell	,020
Nagelkerke	,027
McFadden	,015

Le tableau 8-36 montre les paramètres d'ajustement des variables indépendantes "Facteur, et Covariable" du modèle développé. Le "Critère d'ajustement", présenté par la valeur de "- 2 log vraisemblance", est de 60.901 pour la variable "Masse grasse corporelle", et 60.209 pour la variable "Milieu".

La statistique du Chi-deux est la différence dans les "- 2 log-vraisemblances", entre le modèle final et le modèle réduit. Le modèle réduit développé dans cet exemple est équivalent au modèle final car l'omission de l'effet n'augmente pas les degrés de liberté.

Les "Tests Omnibus" testent si le modèle incluant les prédicteurs "Modèle complet ou final" est significativement meilleur que le modèle n'incluant que l'intercepte "Constante". Plus la valeur de "- 2 log-vraisemblance" est proche de zéro, plus le modèle est meilleur.

Tableau 8- 36 : Tests des ratios de vraisemblance.

Effet	Critères d'ajustement du modèle	Tests des ratios de vraisemblance		
	-2 log-vraisemblance du modèle réduit	Khi-deux	degrés de liberté	Signif.
Constante	60,105[a]	,000	0	.
Masse.grasse	60,901	,796	1	,372
Milieu	60,209	,104	1	,747

La statistique Khi-deux est la différence dans les -2 log-vraisemblances entre le modèle final et un modèle réduit. Le modèle réduit est formé en omettant un effet du modèle final. L'hypothèse est nulle si tous les paramètres de cet effet sont égaux à zéro.

a. Ce modèle réduit est équivalent au modèle final car l'omission de l'effet n'augmente pas les degrés de liberté.

Le tableau 8-37 montre les paramètres du modèle développé. Le test de "Wald" teste l'hypothèse nulle suivante : les β_i sont nuls dans le modèle développé "$H_0: \beta_i=0$", contre l'hypothèse alternative qui dit que les β_i diffèrent de zéro "$H_1: \beta_i \neq 0$".

Les coefficients des variables "Masse grasse et Milieu" sont nuls car les p-valeurs de Wald sont strictement supérieures à la valeur seuil de 0.05, on accepte alors l'hypothèse nulle. S'il n'y a pas de signification, l'intervalle de confiance inclura la valeur "1" et on dira qu'il n'y a pas d'effet de la variable indépendante sur la variable dépendante.

Les OR peuvent être vus comme un indice de la force de la relation [Morgan et al., 2003], qui s'interprète uniquement si les coefficients de Wald sont significatifs [Desjardins, 2005].

Le modèle développé sera présenté en deux possibilités :

- Si les personnes habitent dans le milieu "Urbain : 0", le modèle sera : $\ln \frac{\pi}{1-\pi} = 1.038 - 0.053 *$ Masse grasse $+ 0.202$;

- Si les personnes habitent dans le milieu "Rural : 1", le modèle sera : $\ln \frac{\pi}{1-\pi} =$ 1.038 – 0.053 * Masse grasse.

Les deux intervalles de confiance à 95% pour les deux variables "Masse grasse, et Milieu : Urbain" incluent la valeur "1", ce qui indique qu'il n'y a pas d'effet de ces deux variables sur la variable dépendante "Maladie". Donc, l'évolution de la variable "Masse grasse" n'influence pas l'existence ou l'absence de la maladie, et aussi le milieu n'a aucun effet.

Si la p-valeur est significative, les résultats seront interprétés comme suit :

- Les personnes qui habitent dans le milieu "Urbain" seront "Malades" avec un risque de 1.223 fois plus que celles dans le milieu "Rural".

La "Masse grasse" et la variable dépendante "Maladie" ont une relation inverse ou négative car Exp (B) – 1.000 = 0.949 - 1.000 = - 0.051, on prendra donc la valeur absolue, puis on précise que la relation est négative, c'est-à-dire plus la masse grasse évolue, plus les personnes seront moins touchées par la maladie. Cette conclusion ne sera faite que si la p-valeur est inférieure à 0.05.

Tableau 8- 37 : Estimations des paramètres.

Maladie[a]		B	Erreur std.	Wald	degrés de liberté	Signif.	Exp(B)	Intervalle de confiance 95% pour Exp(B)	
								Borne inférieure	Borne supérieure
Malade	Constante	1,038	1,399	,551	1	,458			
	Masse.grasse	-,053	,060	,774	1	,379	,949	,843	1,067
	[Milieu=0]	,202	,625	,104	1	,747	1,223	,359	4,167
	[Milieu=1]	0[b]	.	.	0	.	.	.	.

a. La modalité de référence est : Non Malade.
b. Ce paramètre est remis à zéro parce qu'il est superflu.

Remarque : Les résultats de cette régression ne reflètent pas la réalité car la base de données utilisée ne représente aucune population.

4. Modèles linéaires généralisés

Les modèles linéaires généralisés permettent d'expliquer une variable quantitative continue en fonction de variables explicatives qualitatives et/ou quantitatives. Ce type d'analyse permet de faire plusieurs types de régression avec ou sans transformation des variables :

- Si les valeurs x_i ne sont pas transformées, les coefficients des variables indépendantes dans le modèle seront exprimés en moyennes arithmétiques ;
- Si les valeurs x_i sont transformées en log (x_i), les coefficients des variables indépendantes dans le modèle seront exprimés en moyennes géométriques ;

− Si les valeurs x_i sont transformées en $\frac{1}{x_i}$ les coefficients des variables indépendantes dans le modèle seront exprimés en moyennes harmoniques.

Remarque :

− *La transformation permet soit de rendre la distribution normale, soit de diminuer l'influence de la distribution des valeurs d'une variable donnée ;*
− *L'ajustement des modèles par des variables quantitatives et/ou qualitatives permet de prendre en compte l'influence de telles variables sur la variable dépendante.*

L'application de cette analyse se fait en choisissant "Analyse/Modèles linéaires généralisés/Modèles linéaires généralisés", puis cliquez sur le bouton "Type de modèle", choisissez le type du modèle, la distribution et la fonction du lien. Dans ce cas nous avons choisi une "Réponse d'échelle linéaire".

Remarque : La bonne compréhension de la modélisation se fait par personnaliser les analyses, cocher le choix "Personnalisé", et choisissez le type de distribution et la fonction du lien qui représente le type de transformation.

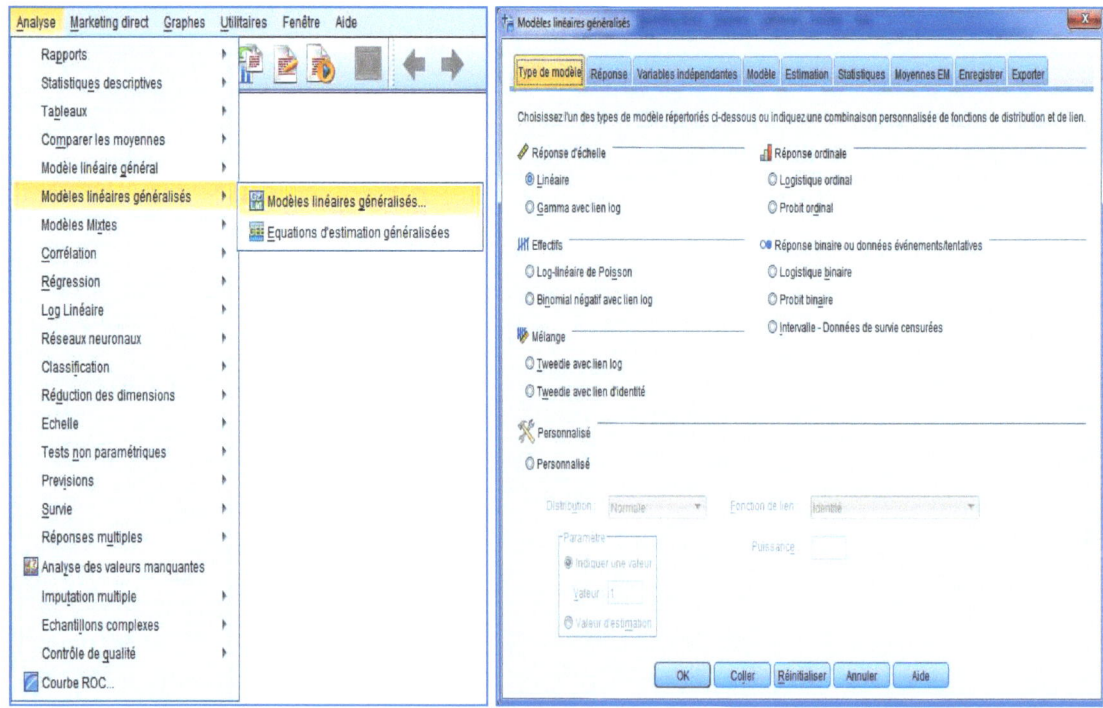

Figure 8- 15 : Analyse par modèles linéaires généralisés.

Cliquez sur le bouton "Réponse", puis faites passer la variable dépendante "Masse grasse corporelle" dont la mesure est échelle, et passez au bouton "Variables indépendantes".

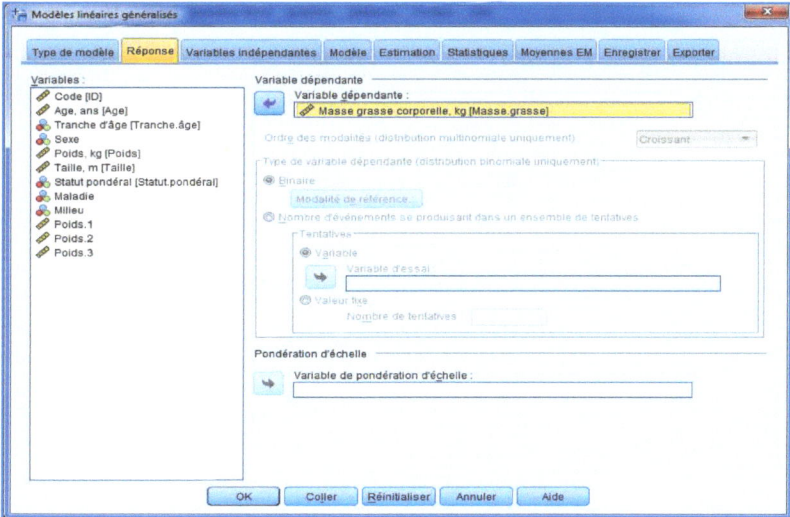

Figure 8- 16 : Définition de la variable dépendante ou réponse.

A partir du bouton "Variables indépendantes", faites passer la variable qualitative qui sera prise dans la modélisation pour créer deux modèles (un pour les sujets malades et l'autre pour les sujets non malades) vers la cellule "Facteurs", et la variable quantitative "Poids" vers la cellule "Covariables", et passer au bouton "Modèle".

Remarque : Toutes les variables qualitatives sont des facteurs, et toutes les variables quantitatives sont des covariables. Les facteurs et les covariables sont des variables indépendantes.

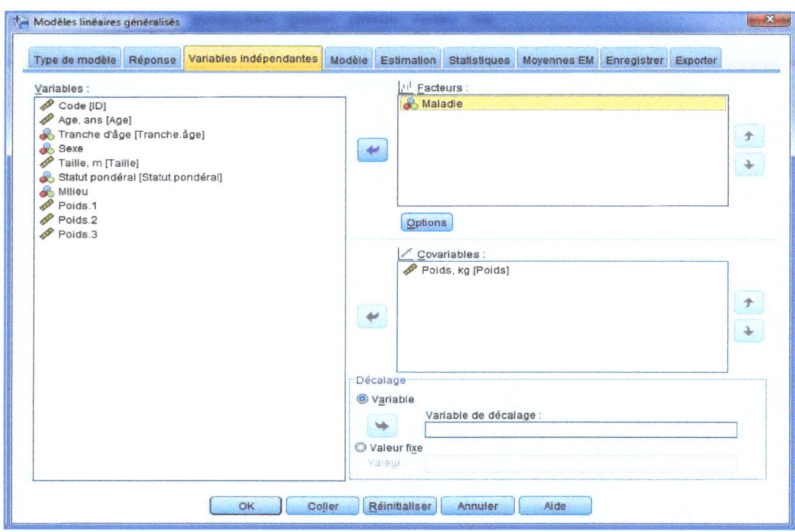

Figure 8- 17 : Définition des variables facteurs et covariables.

Cliquez sur le bouton "Modèle", puis faites passer les deux variables indépendantes "Poids et Maladie" dont les deux termes construits dans le modèle sont de type "Effets principaux". Donc, le modèle sera ajusté par les variables "Poids et Maladie".

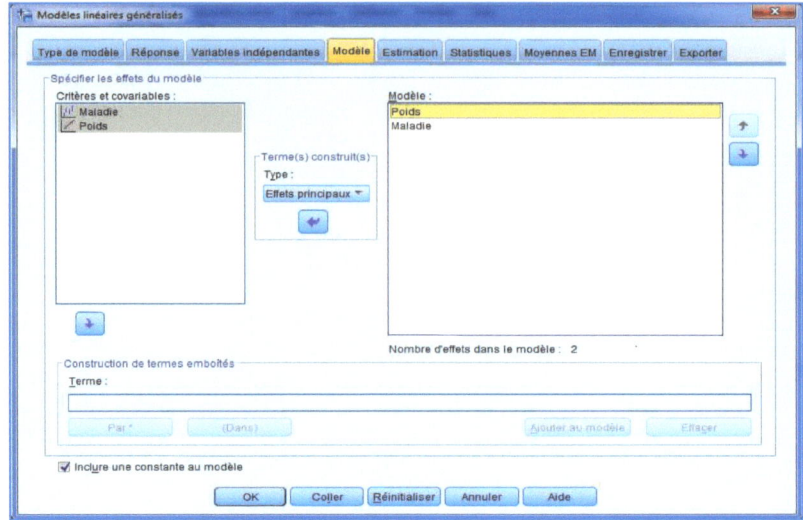

Figure 8- 18 : Ajustement du modèle par introduction de variables.

Cliquez sur le bouton "OK" de la boîte de dialogue principale "Modèles linéaires généralisés" pour que l'analyse soit exécutée, et les résultats soient affichés sur le Viewer.

Le tableau 8-38 montre la variable dépendante "Masse grasse corporelle", le type de la distribution de probabilité "Normale", et la fonction du lien "Identité" qui signifie qu'aucune transformation n'est faite.

Tableau 8- 38 : Informations sur le modèle.

Variable dépendante	Masse grasse corporelle, kg
Distribution de probabilité	Normale
Fonction de lien	Identité

Le tableau 8-39 montre le nombre des observations incluses dans le traitement statistique. Donc, on n'a aucune observation exclue.

Tableau 8- 39 : Récapitulatif du traitement des observations.

	N	Pourcentage
Inclus	44	100,0%
Exclus	0	0,0%
Total	44	100,0%

Le tableau 8-40 montre les effectifs des modalités de la variable indépendante "Maladie" qui représente le "Facteur" ou la variable indépendante qualitative dans le modèle. Le nombre des sujets malades est égale au nombre des sujets non malades.

Tableau 8-40 : Informations sur les variables catégorielles.

			N	Pourcentage
Facteur	Maladie	Malade	22	50,0%
		Non Malade	22	50,0%
		Total	44	100,0%

Le tableau 8-41 nous informe sur la variable dépendante "Masse grasse corporelle" et la variable indépendante ou covariable "Poids". Il montre l'effectif, les valeurs minimales et maximales, la moyenne et l'écart-type des deux variables quantitatives étudiées "Masse grasse corporelle, et Poids".

Tableau 8-41 : Informations sur les variables continues.

		N	Minimum	Maximum	Moyenne	Ecart-type
Variable dépendante	Masse grasse corporelle, kg	44	12,28	34,18	21,9973	5,22980
Covariable	Poids, kg	44	52,0	73,0	61,250	6,2119

Le tableau 8-42 montre les paramètres suivants : Déviance, Déviance mise à l'échelle, Chi-deux de Pearson, Chi-deux de Pearson mis à l'échelle, Log-vraisemblance, Critère d'information d'Akaike (AIC), AIC corrigé d'échantillon fini (AICC), Critère d'information Bayésien (BIC), et AIC cohérent (CAIC). Plus les valeurs de ces paramètres sont proches de "0", plus le modèle développé est adéquat et les valeurs prédites reflètent la réalité.

Tableau 8-42 : Qualité d'ajustement[a].

	Valeur	ddl	Valeur/ddl
Déviance	530,051	41	12,928
Déviance mise à l'échelle	44,000	41	
Khi-deux de Pearson	530,051	41	12,928
Khi-deux de Pearson mis à l'échelle	44,000	41	
Log-vraisemblance[b]	-117,187		
Critère d'information d'Akaike (AIC)	242,373		
AIC corrigé d'échantillon fini (AICC)	243,399		
Critère d'information Bayésien (BIC)	249,510		
AIC cohérent (CAIC)	253,510		

Variable dépendante : Masse grasse corporelle, kg
Modèle : (Ordonnée à l'origine), Maladie, Poids

  a. Les critères d'information sont de type "valeur faible préférée".
  b. La fonction de log-vraisemblance complète est affichée et utilisée dans le calcul des critères d'information.

Le tableau 8-43 montre une valeur du Chi-deux du rapport de vraisemblance de 35.067, un degré de liberté de 2, et une p-valeur de 0.000. Plus la valeur du Chi-deux du rapport de vraisemblance est significative, plus le modèle complet est beaucoup plus ajusté que le modèle incomplet avec constante uniquement.

Tableau 8- 43 : Test composite[a].

Khi-deux du rapport de vraisemblance	ddl	Sig.
35,067	2	,000

Variable dépendante : Masse grasse corporelle, kg
Modèle : (Ordonnée à l'origine), Poids, Maladie

   a. Compare le modèle ajusté au modèle avec constante seulement.

Le tableau 8-44 montre les différents paramètres du modèle représenté par l'Ordonnée à l'origine, et les variables "Poids et Maladie". La p-valeur pour la variable "Poids" est de 0.000, tandis que celle pour la variable "Maladie" est de 0.097. La variable "Maladie" n'a pas d'effet sur la variable réponse "Masse grasse corporelle" contrairement à la variable "Poids".

Tableau 8- 44 : Tests des effets de modèle.

Source	Type III		
	Khi-deux de Wald	ddl	Sig.
(Ordonnée à l'origine)	8,874	1	,003
Maladie	2,759	1	,097
Poids	51,896	1	,000

Variable dépendante : Masse grasse corporelle, kg
Modèle : (Ordonnée à l'origine), Maladie, Poids

Le tableau 8-45 montre les paramètres des deux modèles développés :

- Le premier modèle conçu dans le cas d'une personne malade est le suivant :

$$Masse\ grasse\ corporelle = -14.772 - 1.740 + 0.615 * Poids$$

- Le deuxième modèle conçu dans le cas d'une personne non malade est le suivant :

$$Masse\ grasse\ corporelle = -14.772 + 0.615 * Poids$$

D'après ce tableau, il n'y a pas d'effet de la variable "Maladie" (Maladie=0) sur la variable "Masse grasse" car la p-valeur de 0.097 est strictement supérieure à 0.05. Par contre la variable "Poids" influence significativement la prédiction.

Tableau 8- 45 : Estimations de paramètre.

Paramètre	B	Erreur standard	Intervalle de confiance de Wald à 95 %		Test d'hypothèse		
			Inférieur	Supérieur	Khi-deux de Wald	ddl	Sig.
(Ordonnée à l'origine)	-14,772	5,2521	-25,066	-4,478	7,911	1	,005
[Maladie=0]	-1,740	1,0477	-3,794	,313	2,759	1	,097
[Maladie=1]	0[a]	.	.	.	.	.	.
Poids	,615	,0853	,447	,782	51,896	1	,000
(Échelle)	12,047[b]	2,5683	7,932	18,295			

Variable dépendante : Masse grasse corporelle, kg
Modèle : (Ordonnée à l'origine), Maladie, Poids

a. Défini sur zéro car ce paramètre est redondant.

b. Estimation du maximum de vraisemblance.

Chapitre IX

Analyses factorielles et de correspondance

Dans ce chapitre, nous allons apprendre à faire des analyses sur la réduction des dimensions en réduisant l'information des variables étudiées.

Il existe trois méthodes d'analyse des données [Benoît, 2013] :

- L'analyse en composantes principales (ACP) destinée aux variables quantitatives ;
- L'analyse factorielle des correspondances (AFC) ou bien analyse de correspondances factorielles (ACF) s'applique à deux variables qualitatives "Nominales" ;
- L'analyse des correspondances multiples (ACM) généralise l'AFC à un nombre quelconque de variables.

1. Analyse factorielle

L'analyse factorielle ou l'ACP, est une analyse utilisée pour réduire les dimensions pour des variables quantitatives. L'analyse factorielle est une méthode exploratoire d'analyse des tableaux de contingence développée essentiellement par Benzecri durant la période 1970-1990. Elle désigne un ensemble de méthodes statistiques multivariées dont l'objectif est de définir la structure des corrélations entre un grand nombre de variables en déterminant un ensemble de dimensions communes appelées facteurs [Carricano et *al.*, 2008]. L'ACP permet principalement de résumer le maximum d'informations possibles [LeMoal, 2002].

L'ACP consiste à chercher une solution à l'ensemble de la variance des variables mesurées. De plus, elle cherche une solution où les composantes sont orthogonales (indépendantes) et elle maximise également la variance expliquée [Durand, 2005].

L'AFC consiste à chercher une solution à la covariance entre les variables mesurées. Elle tente d'expliquer seulement la variance qui est commune à au moins deux variables et présume que chaque variable possède aussi une variance unique représentant son apport propre. Les divers modes d'extraction maximisent une bonne reproduction de la matrice de corrélations originale [Durand, 2005].

1.1. Factorisation des données

La factorisation des données requiert d'observer la matrice de corrélation, l'indice de Kaiser-Meyer-Olkin (KMO), et la significativité du test de Bartlett. L'application d'ACP sera donc acceptable si au moins deux de ces trois conditions ci-dessous sont vérifiées [LeMoal, 2002] :

- La matrice des corrélations "Correlation Matrix" : Si plusieurs variables sont corrélées "coefficient > 0.5" la factorisation est possible [LeMoal, 2002] ;

- La valeur de l'indice de KMO : Selon Kaiser, la factorisation est excellente si la valeur de l'indice est supérieure à 0.9 [Kaiser, 1974]. Le KMO est une mesure d'adéquation de l'échantillonnage qui indique dans quelle proportion les variables retenues forment un ensemble cohérent et mesurent de manière adéquate un concept [Carricano et *al.*, 2008]. Il indique jusqu'à quel point l'ensemble de variables retenu est un ensemble cohérent et permet de constituer une ou des mesures adéquates de concepts. Un KMO élevé signifie qu'il existe une solution factorielle statistiquement acceptable [Durand, 2005]. Cependant, des valeurs de KMO comprises entre 0.3 et 0.7 représentent des solutions factorielles acceptables [Carricano et *al.*, 2008] ;
- Le test de sphéricité de Bartlett : Ce test examine la matrice des corrélations dans son intégralité et fournit la probabilité de l'hypothèse nulle selon laquelle toutes les corrélations sont de zéro [Durand, 2005 ; Carricano et *al.*, 2008]. Si le test est significatif (p-valeur < 0.05) on rejette l'hypothèse nulle [Durand, 2005].

Remarque :

- *Le test de sphéricité de Bartlett doit être significatif pour rejeter l'hypothèse nulle d'identité indiquant l'absence de corrélation entre les variables [Baillargeon, 2003].*

1.2. Nombre de facteurs

Il n'existe pas de base quantitative exacte pour déterminer le nombre de facteurs à extraire. Les critères sont souvent choisis sur la part de variance de chaque item qu'un facteur permet d'expliquer [Carricano et *al.*, 2008] :

- Eigenvalue ou règle des valeurs propres > 1 ou règle de Kaiser [Kaiser, 1960] : une valeur propre représente la quantité d'informations capturée par un facteur. Un facteur qui aurait une valeur propre inférieure à 1 représenterait moins d'informations [Carricano et *al.*, 2008]. Donc, la règle de Kaiser veut qu'on ne retienne que les facteurs aux valeurs propres supérieures à 1 [LeMoal, 2002] ;
- Test du coude ou de l'éboulis "Scree Test" : étant donné que chaque facteur est extrait d'une matrice qui est le résidu de l'extraction précédente, la quantité d'informations contenue dans les facteurs successifs décroît. Lorsque, entre deux facteurs, la décroissance d'informations devient faible ou nulle, on peut estimer que le dernier facteur ne contient pas suffisamment d'informations pour être retenu [Carricano et *al.*, 2008]. Le test du coude se base sur l'observation du graphique des valeurs propres et on ne retient que les valeurs qui se trouvent à gauche du point d'inflexion. Graphiquement, on

part des composants qui apportent le moins d'information, on relie par une droite les points presque alignés et on ne retient que les axes qui sont au-dessus de cette droite [LeMoal, 2002]. Cette méthode graphique a été proposée par Cattell en 1966 pour décider du nombre de composantes à extraire [Cattell, 1966]. Notez que les valeurs propres représentent la variance expliquée par chaque facteur. Elles sont constituées de la somme des poids factoriels au carré de toutes les variables pour un facteur déterminé [Durand, 2005].

- Critère du pourcentage de variance : il s'agit d'une approche par laquelle on observe les pourcentages cumulés de la variance extraite par les facteurs successifs. L'objectif est de s'assurer qu'un facteur explique une quantité significative de variance [Carricano et *al.*, 2008]. On choisit le nombre d'axe en fonction de la restitution minimale d'information que l'on souhaite. Par exemple, si on veut que le modèle restitue au moins 80% de l'information [LeMoal, 2002].

1.3. Rotation des facteurs

La rotation représente un repositionnement des axes permettant de faciliter l'interprétation des facteurs en maximisant les saturations les plus fortes et en minimisant les plus faibles de sorte que chaque facteur apparaisse déterminé par un ensemble restreint et unique de variables [Durand, 2005].

L'interprétation des facteurs nécessite de réaliser une rotation qui permet d'identifier des groupes de variables fortement liés les uns aux autres [Carricano et *al.*, 2008]. On emploie le terme "rotation" parce que la détermination des nouvelles pondérations se fait en faisant pivoter les axes de référence ou les composantes de manière à simplifier la structure obtenue [Baillargeon, 2003]. Lorsque les axes sont maintenus à 90 degrés, on parle de rotation orthogonale, par contre lorsque les axes ne sont pas contraints à être indépendants, on parle de rotation oblique [Carricano et *al.*, 2008].

Dans le cas d'une rotation orthogonale, les axes de références (les composantes) seront déplacés en maintenant l'angle de 90 degrés qui les sépare, préservant ainsi l'indépendance des composantes. À l'opposé, une rotation oblique pourra déplacer les axes de références en augmentant ou en diminuant l'angle qu'ils forment entre eux [Baillargeon, 2003].

Notez qu'il est indéfendable sur un plan théorique d'imposer une structure d'indépendance à des dimensions qui sont effectivement corrélées. Et si un chercheur ne sait pas clairement comment des dimensions sont reliées entre elles, il n'est pas légitime d'assumer qu'elles sont indépendantes [Preacher et MacCallum, 2002]. Il est toujours préférable d'examiner la solution oblique et de vérifier s'il y a une corrélation entre les dimensions extraites, quitte à revenir ensuite à une solution orthogonale s'il n'y a vraiment pas de corrélation entre les dimensions [Baillargeon, 2003].

L'élimination des variables requiert d'observer leur qualité de représentation : plus la valeur associée à la ligne "Extraction" est faible, moins la variable explique la variance [LeMoal, 2002].

Deux types de rotations :
- Rotation orthogonale : rotation qui s'utilise avec l'ACP et l'AFC lorsque l'on croit qu'il est possible de déterminer des facteurs qui soient indépendants les uns des autres. Cette rotation est toujours préférable parce qu'elle indique que chaque facteur apporte une information unique, non partagée par un autre facteur. Il existe trois méthodes pour produire une rotation orthogonale ; la plus fréquemment utilisée est "Varimax" [Durand, 2005].
    - Varimax : méthode qui minimise le nombre de variables ayant de fortes corrélations sur chaque facteur, et simplifie l'interprétation des facteurs [Carricano et *al.*, 2008] ;
    - Quartimax : méthode qui minimise le nombre de facteurs requis pour expliquer chaque variable, et simplifie l'interprétation des variables [Carricano et *al.*, 2008] ;
    - Equamax : méthode de rotation qui minimise à la fois le nombre de variables qui pèsent fortement sur un facteur, et le nombre de facteurs requis pour expliquer une variable "combinaison de Varimax et Quartimax" [Carricano et *al.*, 2008].
- Rotation oblique : La rotation oblique, utilisée surtout avec l'AFC. puisqu'elle est conceptuellement plus appropriée dans ce cas, permet qu'il y ait corrélation entre les facteurs. Comme elle correspond habituellement mieux à la réalité, elle est fréquemment utilisée en sciences sociales. La méthode utilisée est "Oblimin" [Durand, 2005]. La méthode "Oblimin direct" représente donc une rotation oblique dans laquelle les axes se positionnent en fonction des items et ne sont pas orthogonaux [Carricano et *al.*, 2008].

1.4. Applications

Les analyses factorielles s'appliquent en choisissant "Analyse/Réduction des dimensions/Analyse factorielle", puis faites passer les variables quantitatives continues "Age", "Poids", "Taille", et " Masse grasse corporelle" vers la cellule "Variables".

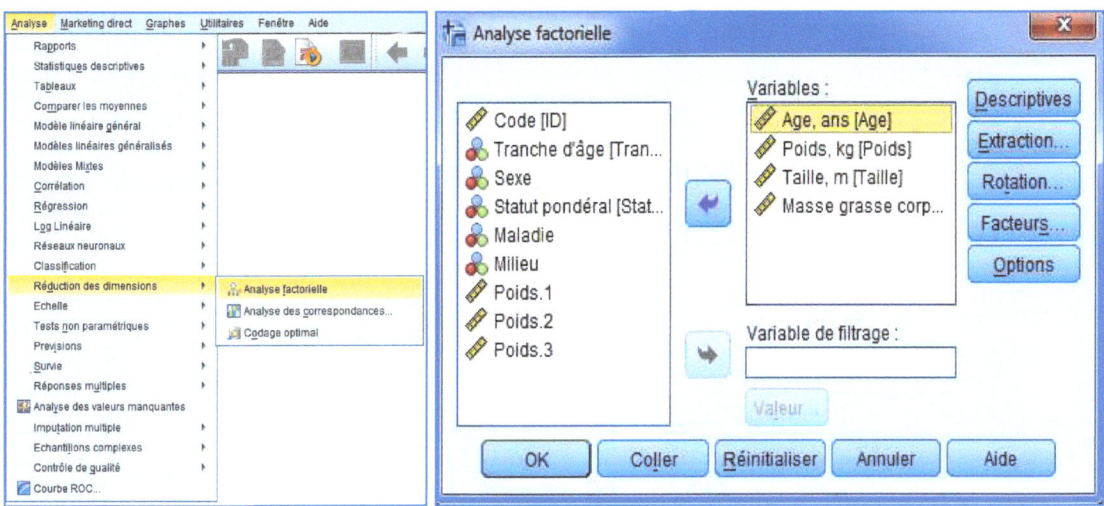

Figure 9- 1 : **Analyse en composantes principales.**

Sur la boîte de dialogue principale "Analyse factorielle" :

- Cliquez sur le bouton "Descriptives", puis cochez "Structure initiale", "Coefficients", et "Indice KMO et test de sphéricité de Bartlett", et cliquez sur le bouton "Poursuivre" ;
- Cliquez sur le bouton "Extraction", puis cochez "Matrice de corrélation", "Structure factorielle sans rotation", "Diagramme des valeurs propres", "Basé sur la valeur propre", et cliquez sur le bouton "Poursuivre".

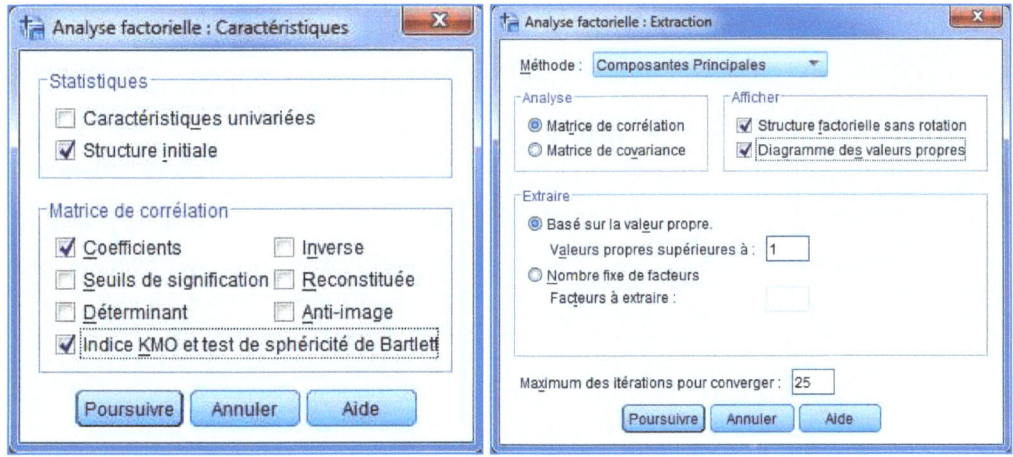

Figure 9- 2 : **Définition des caractéristiques et d'extraction.**

Sur la boîte de dialogue principale "Analyse factorielle" :

- Cliquez sur le bouton "Rotation", puis cochez "La méthode : Aucun", "Carte(s) factorielle(s), et cliquez sur le bouton "Poursuivre" ;

- Cliquez sur le bouton "Options", puis cochez "Exclure toute observation incomplète", "Classement des variables par taille", et cliquez sur le bouton "Poursuivre".

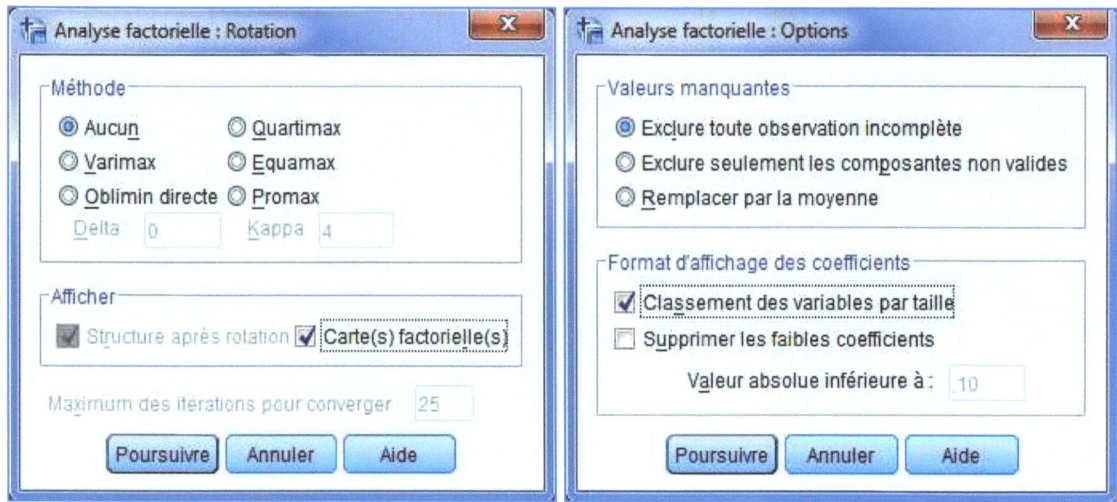

Figure 9- 3 : Définition de rotation et des options.

Une fois les choix sont bien cochés, cliquez sur le bouton "OK" sur la boîte de dialogue principale "Analyse factorielle" pour que les analyses soient affichées sur le Viewer.

Le tableau 9-1 montre le coefficient de la matrice de corrélation bivariée pour toutes les variables. On constate que :

- Les variables "Age" et "Taille" ont un coefficient de 0.391 ;
- Les variables "Age" et "Masse grasse corporelle" ont un coefficient de -0.464 ;
- Les variables "Poids" et "Masse grasse corporelle" ont un coefficient de 0.722.

Notez que le nombre maximum de composantes principales qu'il est possible d'extraire d'une matrice de corrélation est égal au nombre de variables dans la matrice [Baillargeon, 2003].

Tableau 9- 1 : Matrice de corrélation.

		Age, ans	Poids, kg	Taille, m	Masse grasse corporelle, kg
Corrélation	Age, ans	1,000	-,190	,391	-,464
	Poids, kg	-,190	1,000	,250	,722
	Taille, m	,391	,250	1,000	-,101
	Masse grasse corporelle, kg	-,464	,722	-,101	1,000

Le tableau 9-2 montre la valeur de la mesure de précision de l'échantillonnage de KMO "0.490". On constate que la factorisation est acceptable car la valeur de l'indice de KMO est comprise entre 0.3 et 0.7. L'hypothèse de sphéricité est à rejeter car la signification du test de sphéricité de Bartlett est de 0.000.

Tableau 9- 2 : Indice KMO et test de Bartlett.

Mesure de précision de l'échantillonnage de Kaiser-Meyer-Olkin.		,490
Test de sphéricité de Bartlett	Khi-deux approximé	57,442
	ddl	6
	Signification de Bartlett	,000

Le tableau 9-3 montre les valeurs initiales et les valeurs par la méthode d'extraction pour l'ACP. Les variables "Poids" et "Masse grasse corporelle" ont respectivement les valeurs d'extraction 0.895 et 0.877. Tandis que les deux petites valeurs d'extraction sont pour les variables "Age" et "Taille". Ceci peut indiquer qu'il y a deux composantes construites par la factorisation.

Tableau 9- 3 : Qualité de représentation.

	Initial	Extraction
Age, ans	1,000	,741
Poids, kg	1,000	,895
Taille, m	1,000	,822
Masse grasse corporelle, kg	1,000	,877

Méthode d'extraction : Analyse en composantes principales.

Le tableau 9-4 montre les paramètres suivants : Total, % de la variance, et % cumulés des Valeurs propres initiales et des Sommes des carrés des facteurs retenus de l'extraction. La détermination du nombre de facteurs ou composantes exige d'utiliser la "Règle de Kaiser" qui permet de retenir les facteurs aux valeurs strictement supérieures à "1". On constate donc qu'il y a deux composantes ayant deux valeurs supérieures à "1" :

- La valeur "1.962" pour la première composante ;
- La valeur "1.372" pour la deuxième composante.

Tableau 9- 4 : Variance totale expliquée.

Composante	Valeurs propres initiales			Extraction Sommes des carrés des facteurs retenus		
	Total	% de la variance	% cumulés	Total	% de la variance	% cumulés
1	1,962	49,062	49,062	1,962	49,062	49,062
2	1,372	34,311	83,373	1,372	34,311	83,373
3	,473	11,818	95,190			
4	,192	4,810	100,000			

Méthode d'extraction : Analyse en composantes principales.

La représentation suivante présente les valeurs propres en fonction des numéros de composantes. La détermination du nombre de facteurs ou composantes exige d'utiliser le test du coude ou "Scree-test" qui permet d'observer le graphique et retenir les valeurs qui se trouvent à gauche du point d'inflexion. Partant des composantes qui apportent le moins d'information, et reliant par une droite les points presque alignés et retenant les axes qui sont au-dessus de cette droite. Deux composantes seront donc retenues.

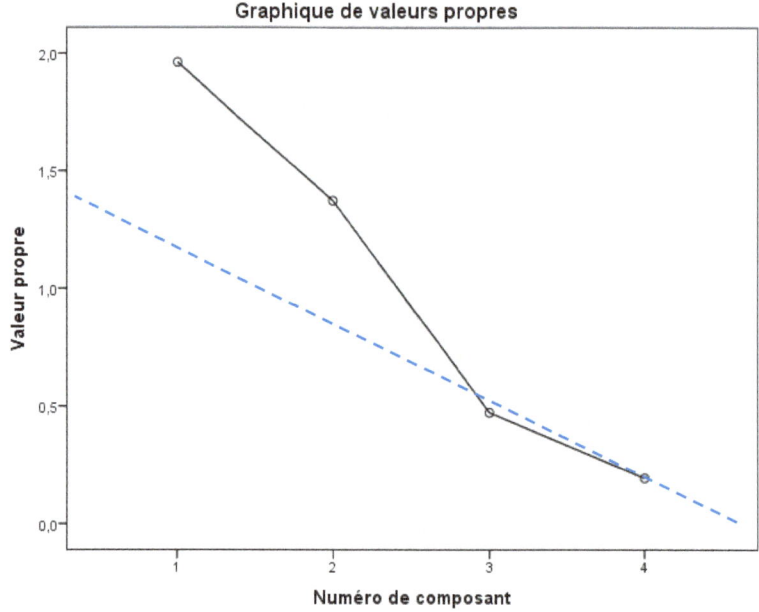

Figure 9- 4 : Graphique de valeurs propres et des composantes.

Le tableau 9-5 montre le nombre de composantes retenues pour l'analyse effectuée et aussi les variables qui les définissent. La composante "1" est définie par les variables "Masse grasse corporelle" et "Poids", tandis que la composante "2" est définie par les variables "Age" et "Taille". Dans ce cas nous avons retenu uniquement deux variables représentant des valeurs élevées pour chaque composante extraite.

Tableau 9- 5 : Matrice des composantes.

	Composante 1	Composante 2
Masse grasse corporelle, kg	,931	,103
Poids, kg	,787	,524
Age, ans	-,670	,540
Taille, m	-,165	,892

Méthode d'extraction : Analyse en composantes principales.
a. 2 composantes extraites.

Le diagramme "Mapping" de composantes suivant montre les variables qui définissent chaque axe. Dans notre exemple, ce sont les variables "Masse grasse corporelle" et "Poids" qui concourent le plus à la construction de l'axe "1" parce que les variances totales expliquées sont élevées.

On constate que :

- La variable "Taille" a une affinité pour la variable "Age" ;
- La variable "Poids" a une affinité pour la variable "Masse grasse corporelle".

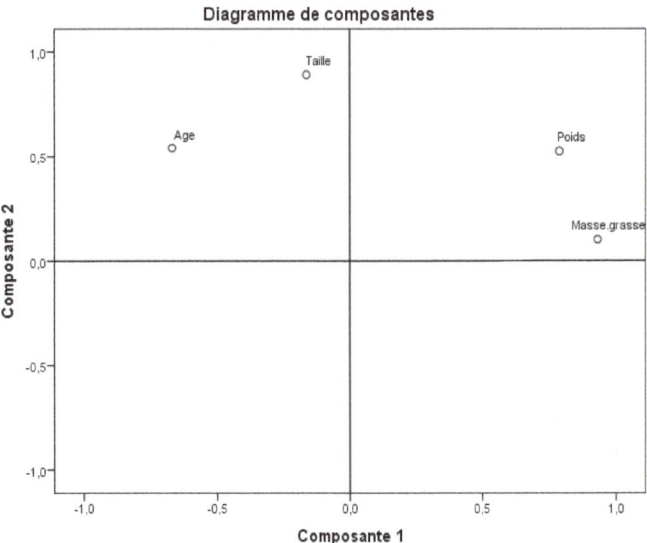

Figure 9- 5 : Diagramme de composantes.

2. Analyse de correspondance

L'analyse de correspondance ou l'AFC s'applique à deux variables qualitatives "Nominales", ou quantitatives groupées en classes. La différence entre l'AFC et l'analyse de corrélation est la suivante :

- Dans le cas de variables numériques "mesurables" on utilise la "Corrélation" ;

— Dans le cas de variables nominales on utilise la "Correspondance".

L'application de cette analyse se fait en choisissant "Analyse/Réduction des dimensions/Analyse des correspondances", puis faites passer les variables qualitatives de ligne "Statut pondérale" et de colonne "Milieu".

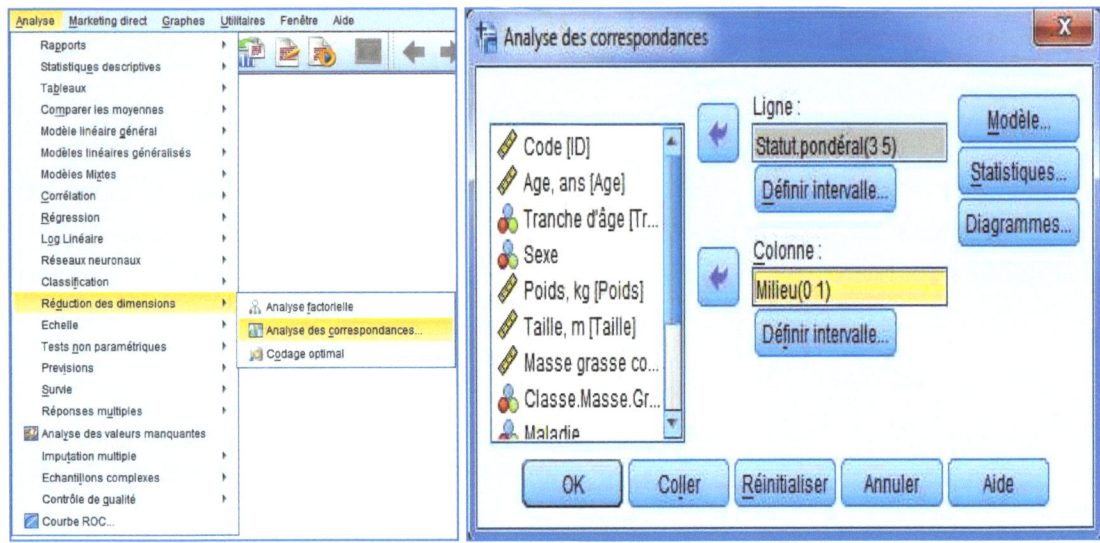

Figure 9- 6 : Définition des variables de ligne et colonne.

Sur la boîte de dialogue principale, cliquez sur les boutons "Définir intervalle" et saisissez les codes utilisés pour les modalités de chaque variable. La variable "Statut pondérale" a trois codes "3 : Poids normal", "4 : Surpoids", et "5 : Obésité", on saisit alors la valeur minimale "3" et la valeur maximale "5". La variable "Milieu" a deux modalités dont les codes sont "0 : Urbain" et "1 : Rural". Cliquez sur les boutons "Mettre à jour" et "Poursuivre".

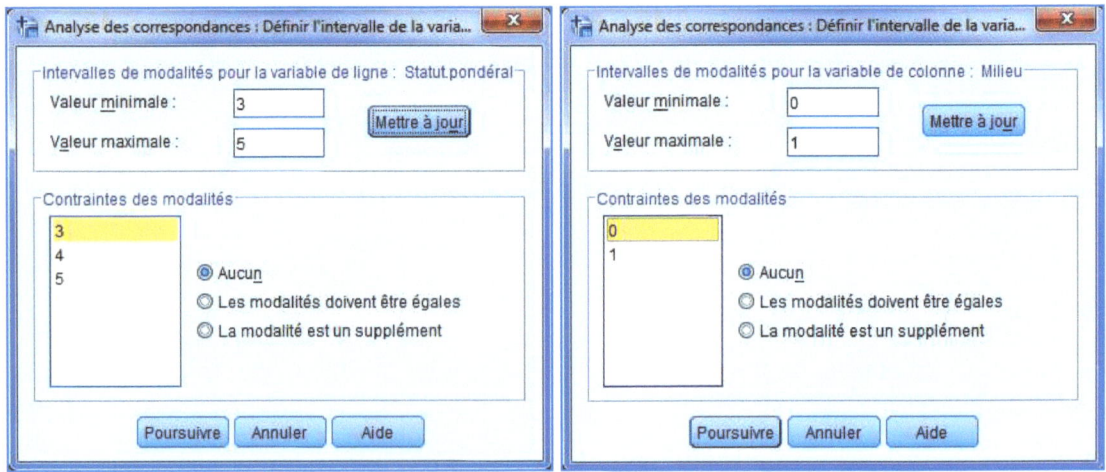

Figure 9- 7 : Définition des modalités des variables.

Sur la boîte de dialogue principale, cliquez sur le bouton "Statistique", puis cochez les choix suivants :

- Tableau des correspondances ;
- Caractéristiques des points de ligne ;
- Caractéristiques des points de colonne ;
- Permutations du tableau des correspondances.

Une fois les paramètres sont bien cochés, cliquez sur le bouton "Poursuivre".

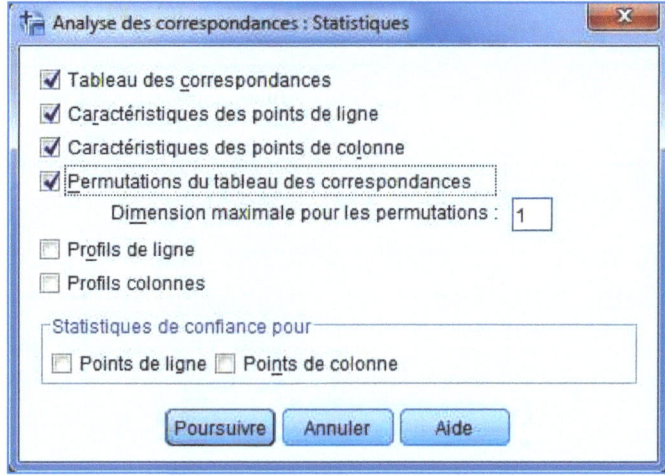

Figure 9- 8 : Définition des paramètres.

L'affichage des analyses statistiques sur le Viewer nécessite de cliquer sur le bouton "OK" au niveau de la boîte de dialogue principale "Analyse des correspondances".

Remarque : Le nombre de dimensions requis dans cette analyse est supérieur au nombre maximum de dimensions, et il est ajusté sur 1. Les diagrammes ne seront pas tracés, car il n'existe qu'une seule dimension valide.

Le tableau 9-6 montre le nombre des observations des différents groupes de la variable de ligne "Statut pondéral" selon les modalités de la variable "Milieu". La marge active est la somme des effectifs.

Tableau 9- 6 : Tableau des correspondances.

Statut pondéral	Milieu		
	Urbain	Rural	Marge active
Poids normal	10	7	17
Surpoids	12	7	19
Obésité	5	3	8
Marge active	27	17	44

Le tableau 9-7 montre les paramètres de la dimension valide. La valeur singulière de 0.042 avec une p-valeur de 0.963 (supérieure à la valeur seuil de 0.05) signifie que la variable "Statut pondéral" ne correspond pas à la variable "Milieu", c'est-à-dire il n'y a pas de relation significative entre les deux variables qualitatives étudiées.

Tableau 9- 7 : Récapitulatif.

Dimension	Valeur singulière	Inertie	Khi-deux	Sig.	Proportion d'inertie		Valeur singulière de confiance
					Expliqué	Cumulé	Ecart-type
1	,042	,002			1,000	1,000	,151
Total		,002	,076	,963[a]	1,000	1,000	

a. 2 degrés de liberté

Le tableau 9-8 montre les paramètres des trois modalités de la variable "Statut pondéral". Les valeurs de "Masse" de chaque modalité représentent des proportions qui se transforment en pourcentages en multipliant les valeurs par 100. Les groupes "Poids normal" et "Surpoids" représentent respectivement les pourcentages de 38.6% et 43.2%, et la même valeur de l'inertie "0.001". Le groupe "Obésité" est moins représentatif et avec une valeur d'inertie très faible "0.000".

Tableau 9- 8 : Caractéristiques des points lignes[a].

Statut pondéral	Masse	Score dans la dimension	Inertie	Contribution		
		1		De point à inertie de dimension	De dimension à inertie de point	
				1	1	Total
Poids normal	,386	,256	,001	,605	1,000	1,000
Surpoids	,432	-,181	,001	,338	1,000	1,000
Obésité	,182	-,114	,000	,057	1,000	1,000
Total actif	1,000		,002	1,000		

a. Normalisation principale symétrique

Le tableau 9-9 montre les paramètres des deux modalités de la variable "Milieu". Les valeurs de "Masse" de chaque modalité représentent des proportions qui se transforment en pourcentages en multipliant les valeurs par 100. Le groupe "Urbain" représente un pourcentage de 61.4%. Les deux groupes de la variable "Milieu" représentent la même valeur d'inertie.

Tableau 9- 9 : Caractéristiques des points colonnes[a].

Milieu	Masse	Score dans la dimension 1	Inertie	Contribution De point à inertie de dimension 1	Contribution De dimension à inertie de point 1	Total
Urbain	,614	-,162	,001	,386	1,000	1,000
Rural	,386	,257	,001	,614	1,000	1,000
Total actif	1,000		,002	1,000		

a. Normalisation principale symétrique

Le tableau 9-10 montre le nombre des observations des différents groupes de la variable de ligne "Statut pondéral" selon les deux modalités de la variable de colonne "Milieu". Les groupes "Surpoids" et "Poids normal" représentent des effectifs élevés au milieu "Urbain". La marge active est la somme des effectifs.

Tableau 9- 10 : Tableau des correspondances permuté selon la dimension 1.

Statut pondéral	Milieu Urbain	Milieu Rural	Marge active
Surpoids	12	7	19
Obésité	5	3	8
Poids normal	10	7	17
Marge active	27	17	44

3. Analyse des correspondances multiples

L'ACM ou l'analyse factorielle des correspondances multiples (AFCM) est une généralisation de l'analyse des correspondances simples permettant d'étudier plus de deux variables qualitatives. Elle permet d'étudier les liaisons qui existent entre plusieurs variables qualitatives sur une même population. Lorsque les variables étudiées ne sont pas qualitatives, il est toujours possible d'utiliser l'AFCM en transformant les variables quantitatives en variables qualitatives par le regroupement des valeurs des variables initiales en classes [Jalby, 2009-2010].

Un exemple d'un tableau statistique qui regroupe les données d'une population avec p variables qualitatives "$X_1, …, X_p$" sur n individus (tableau 9-11). La valeur x_{ij} est le numéro de la modalité de la variable X_j sur l'individu i [Jalby, 2009-2010] :

Tableau 9- 11 : Données d'une population à p variables et n individus [Jalby, 2009-2010].

	X_1	...	X_j	...	X_p
1			⋮		
⋮			⋮		
i	...	...	x_{ij}	...	...
⋮			⋮		
n			⋮		

L'interprétation d'une AFCM repose sur l'interprétation des axes puis des proximités entre les différentes modalités des variables. L'interprétation des axes est faite comme en AFC, en se basant sur les contributions [Jalby, 2009-2010].

L'AFCM est souvent utilisée pour interpréter un ensemble de variables quantitatives dont les valeurs ont été regroupées en classes. Dans ce cas, il est utile de joindre les différentes modalités d'une même variable par une ligne brisée. Deux lignes parallèles signifieront que les variables quantitatives sont corrélées. Inversement, deux lignes orthogonales marqueront la non corrélation [Jalby, 2009-2010].

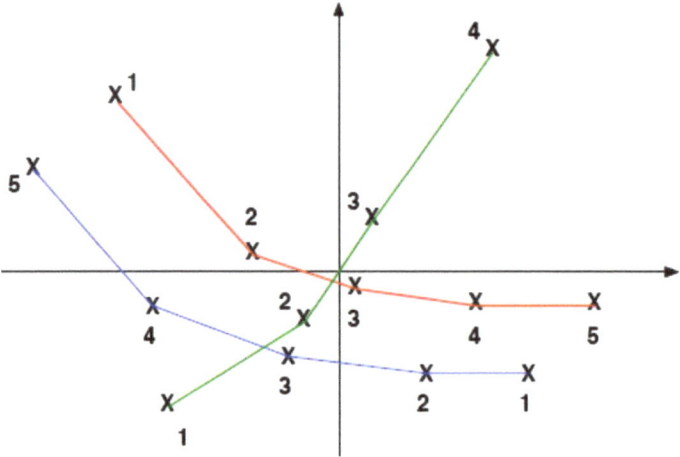

Figure 9- 9 : Représentation graphique de toutes les modalités des variables étudiées [Jalby, 2009-2010].

L'interprétation d'une AFCM est souvent délicate et peut être faussée par des variables trop hétérogènes. Il est donc souvent nécessaire de suivre les démarches suivantes [Jalby, 2009-2010] :

— Procéder à plusieurs analyses pour obtenir des résultats plus facilement interprétables ;

- Limiter le nombre de modalités à faible effectif (redéfinir les modalités). Les modalités à faible effectif peuvent déséquilibrer une AFCM ;
- Travailler avec des variables ayant des modalités en nombre comparable.

Il existe 3 méthodes pour faire une AFCM sur SPSS [Jalby, 2009-2010] :
- L'ACM ;
- L'AFC du tableau de contingence ;
- L'ACP catégorielle.

L'application des analyses de correspondances multiples se fait en choisissant "Réduction des dimensions/Codage Optimal/ACM", puis définir les variables qualitatives, ou quantitatives groupées en classes, et les paramètres, et cliquez sur le bouton "OK" pour que les résultats soient affichés sur le Viewer.

L'ACP catégorielle ou nominale est adaptée pour effectuer une analyse de type AFCM sur des variables quantitatives qui seront discrétisées. On peut aussi l'utiliser sur des variables qualitatives, en particulier ordinales [Jalby, 2009-2010].

Remarque : L'ACM sera traitée dans les prochaines éditions.

Conclusion

Cet ouvrage traite la majorité des analyses statistiques qu'un chercheur ait besoin pour traiter les données collectées, et faire des décisions définitives. La définition de la problématique ainsi que les objectifs de l'étude de recherche effectuée rend l'analyse statistique simple et facile à appliquer.

En suivant les démonstrations et en faisant plus d'efforts personnels, l'étudiant pourra maîtriser plus la statistique appliquée, ceci lui facilite la rédaction de ses papiers scientifiques et aussi d'exposer ses résultats dans des rencontres nationales et/ou internationale.

Références

Agresti A. Applying R² type measures to ordered categorical data. Technometrics, 1986; 28: 133-138.

Akaike H. New look at the statistical model identification. IEEE Tansactions on Automatic Control AC, 1974; 19: 716-723.

Akaike H. Information theory and an extension of the maximum likelihood principle. In B.N. Petrov and F. Csake (eds.). Second International Symposium on Information Theory. Budapest: Akademiai Kiado, 1973; 267-281.

Akaike H. Power spectrum estimation through autoregressive model fitting. Annals of Institute of Statistics Mathematics, 1969; 21: 407-419.

Ash A, and Shwartz M. R^2: a useful measure of model performance when predicting a dichotomous outcome. Statist. Medicine, 1999; 18: 375-384.

Baillargeon J. L'analyse en composantes principales, 2003.

Bartlett HP, Simonite V, Westcott E, and Taylor HR. Defining and assessing competence: issues and debates. A comparison of nursing competence. Important points: Crichton N. Blackwell Science Ltd. Journal of Clinical Nursing, 2000; 9: 369-381.

Benoît LM. L'analyse de données. Statistiques, logiciels et enquête. Analyser les variables et leurs relations, 2013.

Blanchard A, et Bernadette DJ. La fonction quadratique. Didactique de la variable et des fonctions. MAT-3225. Université du Québec à Montréal, 2013.

Box GEP, and Cox DR. An analysis of transformations. Journal of the Royal Statistical Society, 1964; Series B, 26: 211-252.

Brachet P. Statistique : Résumé de cours et méthodes. 1S – Statistique, 2013.

Burnham KP. Multimodel inference: Understanding AIC and BIC in model selection. Sociological Methods Research, 2004; 33(2): 261-304.

Carricano M, Poujol F, Gillet R, et Bertrandias L. Analyse de données avec SPSS. Synthèse de cours et exercices corrigés. Sciences de gestion, 2008.

Cattell RB. The scree test for the number of factors. Multivariate Behavioral Research, 1966; 1: 245-276.

Cavanaugh JE. A large-sample model selection criterion based on kullback's symmetric divergence. Statistics & Probability Letters, 1999; 42(4): 333-343.

Chouquet C. Modèles linéaires. Laboratoire de Statistique et Probabilités. Université Paul Sabatier, Toulouse. M1 IMAT, 2009-2010.

Cohen J. Statistical power analysis for the behavioral sciences. 2nd edition, Lawrence Erlbaum. Assoc Publ Hillsdale, New Jersey, 1988.

Colletaz G. Les Critères de sélection. Notes de Cours. Master 1 ESA, 2007.

Concordet D. Introduction à la statistique inférentielle. Unité de Biométrie. Ecole Vétérinaire de Toulouse, 2013.

Cox DR, and Wermuch N. A comment on the coefficient of determination for binary responses. Amer Statist, 1992; 46: 1-4.

Desjardins J. L'analyse de régression logistique. Tutorial in Quantitative Methods for Psychology 2005; 1(1): 35-41.

Doornik JA, and Hansen H. An Omnibus Test for Univariate and Multivariate Normality. Nuffield College, Oxford - University of Copenhagen, Denmark, 1994.

Dufour AB, et Royer M. Croisement de deux variables qualitatives, 2013.

Duran E. Les fonctions polynomiales, 2013.

Durand C. Université de Montréal, département de sociologie. L'analyse factorielle et l'analyse de fidélité, 2005.

Fisher RA. Statistical methods for research workers. Oliver and Boyd. Edinburgh, 1925.

Gregory Carey. MANOVA: I Multivariate Analysis of Variance (MANOVA), 1998.

Guillet A. École doctorale PPP, 2011.

Hannan EJ, and Quinn BG. The determination of the order of an autoregression. J Roy Statist Soc Ser B, 1979; 41, 190-195.

Hurvich CM, and Tsai CL. Model selection for extended quasi-likelihood models in small samples. Biometrics, 1995; 51: 1077-1084.

Hutcheson GD. Ordinary Least-Squares Regression. In L. Moutinho and GD Hutcheson. The SAGE Dictionary of Quantitative Management Research, 2011; 224-228.

Jalby V. Cours d'analyse des données. Chapitre VI, Analyse factorielle des correspondances multiples (AFCM), M1 MSM, 2009-2010.

Kaiser HF. An index of factorial simplicity. Psychometrika, 1974; 39, 31-36.

Kaiser HF. The application of electronic computers to factor analysis. Educational and Psychological Measurement, 1960; 20, 141-151.

Kapetanios G. Information criteria, model selection uncertainty and the determination of cointegration rank. NIESR Discussion Papers 166, National Institute of Economic and Social Research, 2000.

Laitila T. A pseudo-R2 measure for limited and qualitative dependent variable models. J. Econometrics, 1993; 56: 341-356.

Lalanne C. Biostatistiques et statistiques appliquées aux sciences expérimentales Comparaisons multiples. Cogmaster, 2006-2007.

Lancelot R et Lesnoff M. Sélection de modèles avec l'AIC et critères d'information dérivés. Version 3, 2005.

Legendre P. L'inférence statistique : les tests d'hypothèse. Département de sciences biologiques. Université de Montréal, 1991.

LeMoal L. Analyse en Composantes Principales, 2002 ; 7 pages.

Long JS. Regression Models for Categorical and Limited Dependent Variables. Sage Publications, 1997.

Maddala GS. Limited-Dependent and Qualitative Variables in Econometrics. Cambridge University Press, Cambridge, 1983.

Mallows J. Some comments on cp. Echnometrics, 1973; 15: 661-675.

McCullagh P, and Nelder JA. Generalized linear models, 2nd ed. Chapman & Hall, London, 1989.

McFadden D. Conditional logit analysis of qualitative choice behavior. In Frontiers in Econometrics (Edited by P. Zarembka), 105-42. Academic Press, New York, 1973.

McKelvey RD, and Zavoina W. A statistical model for the analysis of ordinal level dependent variables. J Math Soc, 1975; 4: 103-120.

Morgan GA, Vaske JJ, Gliner JA, and Harmon R. Logistic Regression and Discriminant Analysis: Use and Interpretation. Journal of the American of Child and Adolescent Psychiatry, 2003: 42 (8), 994-997.

Motulsky H. Intuitive Biostatistics: Choosing a statistical test. Oxford University Press Inc, 1995.

Nagelkerke NJD. A note on a general definition of the coefficient of determination. Biometrika, 1991; 78: 691-693.

Philippe A, et Viano MC. Cours de Statistique de Base. Université de Nantes et Lille 1, France. Département de Mathématiques, 2013.

Preacher KJ, and MacCallum RC. Repairing Tom Swift's electric factor analysis machine, 2003.

Raufaste E. Comparaisons non planifiées : tests post-hoc. UOH - Psychométrie et Statistique en L2, 2013.

Ripley BD. Model selection in complex classes of modelsn, 2003.

Rissanen J. Modelling by the shortest data description. Automatica, 1978; 14: 465-471.

Roblès B, Avila M, Duculty F, Vrignat P, et Kratz F. Mesures de pertinence par les critères du maximum de vraisemblance et de BIC "Bayesian Information Criterion" appliqués à l'évaluation des paramètres stochastiques de modèles de Markov cachés, 2013.

Schwarz G. Estimating the dimension of a model. Annals of Statistics, 1978; 6: 461-464.

Shang J, and Cavanaugh JE. Bootstrap variants of the akaike information criterion for mixed model selection. Comput Stat Data Anal, 2008; 52: 2004–2021.

Soulaymani A. Cours de Statistique. Département de Biologie. Université Ibn Tofaïl, Kénitra, 2006.

Stevens JP. Post Hoc Tests in ANOVA, 1999.

Sugiura N. Further analysts of the data by akaike's information criterion and the finite corrections – further analysts of the data by akaike's. Communications in Statistics - Theory and Methods, 1978; 7(1): 13-26.

Tabachnick BG, and Fidell LS. Using Multivariate Statistics, Fourth Edition. United States of America: Allyn and Bacon, 2000.

Tabachnik BG, et Fidell LS. Transformations selon le type de données, 1996.

Yanyuan Ma, and Jeffrey D. Hart, Ryan Janicki, and Raymond J. Carroll. Local and omnibus goodness-of-fit tests in classical measurement error models. J. R. Statist. Soc. B, 2011; 73(Part 1): 81-98.

Zheng BY, and Agresti A. Summarizing the predictive power of a generalized liner model. Statist. Medicine, 2000; 19: 1771-1781.

Démarches statistiques

Ci-dessous un diagramme montrant les démarches statistiques [Chouquet, 2009-2010] à suivre dans le cas de difficultés :

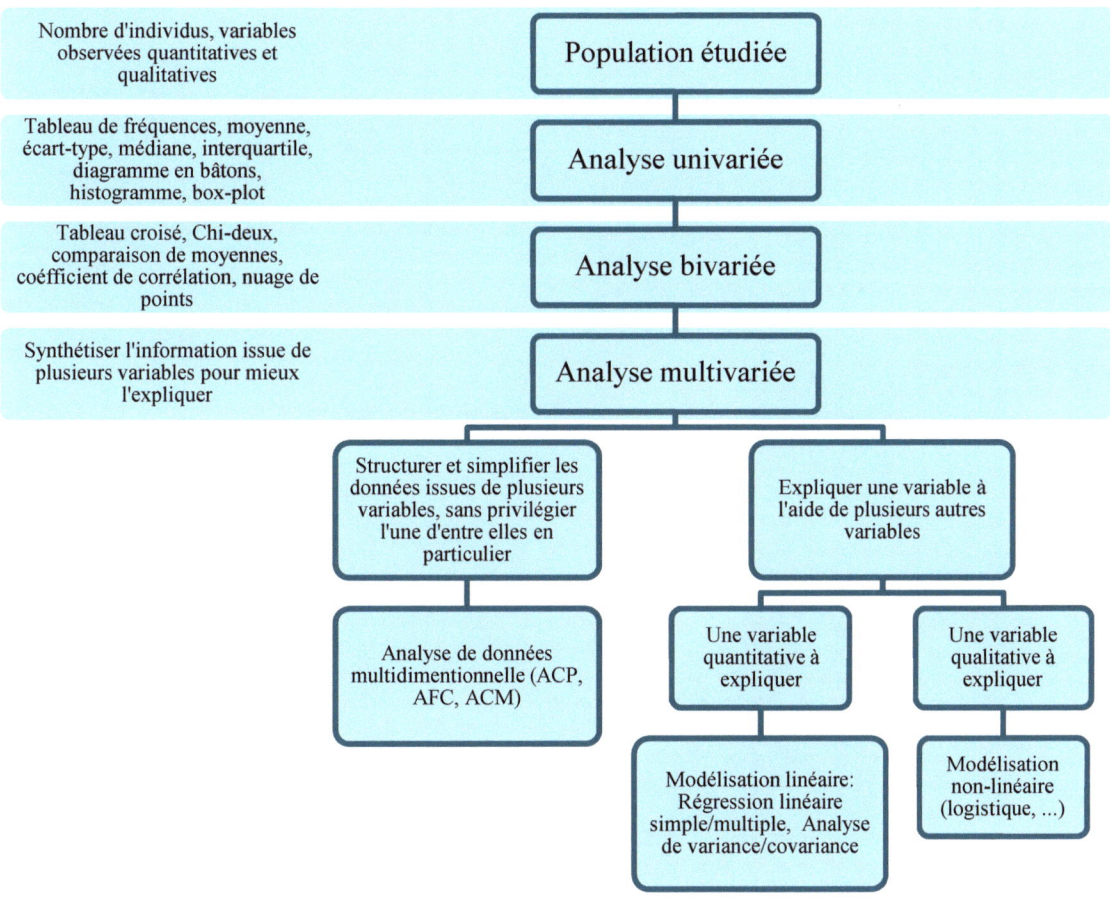

Base de données

Ci-dessous la base de données sur laquelle nous avons réalisé les analyses de cet ouvrage. Essayez de saisir sur l'Editeur de données et appliquez toutes les analyses.

	ID	Age	Tranche.âge	Sexe	Poids	Taille	Statut.pondéral	Masse.grasse	Maladie	Milieu	Poids.1	Poids.2	Poids.3
1	1	13,40	1	1	53,0	1,500	3	21,87	1	0	53,0	73,0	55,0
2	2	15,10	2	1	59,0	1,600	3	19,12	1	0	59,0	63,0	61,0
3	3	14,99	2	1	56,0	1,610	3	12,89	0	0	56,0	69,0	58,0
4	4	14,42	2	1	70,0	1,630	4	27,27	0	1	70,0	63,5	72,0
5	5	15,07	2	1	69,0	1,610	4	26,45	1	0	69,0	56,0	71,0
6	6	13,68	1	1	64,0	1,590	4	21,60	1	1	64,0	57,0	66,0
7	7	14,26	2	1	68,0	1,660	4	21,15	0	0	68,0	55,0	70,0
8	8	13,40	1	1	64,0	1,640	4	20,88	1	0	62,0	65,0	66,0
9	9	12,16	1	1	52,0	1,525	4	20,80	1	0	64,0	53,0	54,0
10	10	14,07	2	1	66,0	1,645	4	20,29	0	1	57,0	67,0	68,0
11	11	14,89	2	1	61,0	1,550	4	19,48	0	1	74,0	62,0	63,0
12	12	14,63	2	1	63,0	1,610	4	19,16	0	0	64,0	64,0	65,0
13	13	14,13	2	1	56,0	1,530	4	18,03	0	0	56,0	57,0	58,0
14	14	13,46	1	1	73,0	1,610	5	34,18	1	0	73,0	74,0	75,0
15	15	13,22	1	1	63,0	1,520	5	30,41	1	0	63,0	64,0	65,0
16	16	13,59	1	1	69,0	1,575	5	23,93	1	1	69,0	70,0	71,0
17	17	14,07	2	1	63,5	1,495	5	23,28	0	0	63,5	64,5	65,5
18	18	14,42	2	2	56,0	1,580	3	23,44	0	1	56,0	66,0	58,0
19	19	13,99	1	2	57,0	1,594	3	20,41	1	1	57,0	54,0	59,0
20	20	15,40	2	2	55,0	1,644	3	19,62	1	1	55,0	68,0	57,0
21	21	14,42	2	2	55,0	1,590	3	19,02	0	1	55,0	63,0	57,0
22	22	14,18	2	2	54,0	1,613	3	18,91	0	0	54,0	65,0	56,0
23	23	15,00	2	2	54,0	1,560	3	18,83	0	0	54,0	58,0	56,0
24	24	16,31	2	2	59,0	1,640	3	18,41	1	0	59,0	60,0	61,0
25	25	15,53	2	2	54,0	1,570	3	17,79	1	1	54,0	55,0	56,0
26	26	15,07	2	2	52,0	1,638	3	17,62	1	0	52,0	53,0	54,0
27	27	13,95	1	2	54,0	1,620	3	16,68	1	1	54,0	55,0	56,0
28	28	15,10	2	2	59,0	1,610	3	16,67	1	0	59,0	60,0	61,0
29	29	15,40	2	2	52,0	1,560	3	12,73	1	1	52,0	61,0	54,0
30	30	14,67	2	2	54,0	1,580	3	12,36	0	0	54,0	56,0	56,0
31	31	14,92	2	2	59,0	1,640	3	12,28	0	0	59,0	54,0	61,0
32	32	14,16	2	2	69,0	1,623	4	27,57	0	0	69,0	56,0	71,0
33	33	14,53	2	2	66,0	1,600	4	27,49	0	0	66,0	61,0	68,0
34	34	14,21	2	2	60,4	1,587	4	26,54	0	0	60,4	54,0	62,4
35	35	15,23	2	2	69,0	1,610	4	26,14	1	0	69,0	56,0	71,0
36	36	12,74	1	2	59,0	1,574	4	25,26	1	0	59,0	61,0	61,0
37	37	14,62	2	2	65,0	1,635	4	25,11	0	0	61,0	71,0	66,0
38	38	14,96	2	2	65,0	1,600	4	24,39	0	1	67,0	66,0	60,4
39	39	14,40	2	2	69,0	1,640	4	24,15	0	1	67,0	70,0	69,0
40	40	14,36	2	2	60,6	1,610	4	23,87	0	1	71,0	61,6	59,0
41	41	13,22	1	1	63,0	1,520	5	30,41	1	0	62,6	64,0	65,0
42	42	13,46	1	1	73,0	1,610	5	34,18	1	1	73,0	74,0	75,0
43	43	13,59	1	1	69,0	1,575	5	23,93	1	1	69,0	70,0	71,0
44	44	14,07	2	1	63,5	1,495	5	23,28	0	0	63,5	64,5	65,5

Différents types de fonctions polynomiales

Equations et représentations graphiques des fonctions polynomiales : fonction constante, linéaire, quadratique et cubique [Duran, 2013].

Degré	Fonction de base	Fonction transformée	Représentation	Appellation
0	$y = 1$	$y = a$ Avec $a \neq 1$		Fonction constante
1	$y = x$	$y = ax$		Fonction linéaire directe
1	$y = x$	$y = ax + b$		Fonction linéaire partielle
2	$y = x^2$	$y = ax^2$ $y = ax^2 + bx$ $y = ax^2 + c$ $y = ax^2 + bx + c$		Fonction quadratique
3	$y = x^3$	-		Fonction cubique

Liste des tableaux

Tableau 1- 1 : Variable qualitative et variable quantitative [Soulaymani, 2006].   17
Tableau 1- 2 : Types de saisie sur Excel.   20

Tableau 2- 1 : Résultat du remplacement des valeurs manquantes.   44
Tableau 2- 2 : Valeurs des variables.   45
Tableau 2- 3 : Informations de la variable.   46

Tableau 3- 1 : Récapitulatif du traitement des observations.   52
Tableau 3- 2 : Descriptives.   52
Tableau 3- 3 : Type d'analyse statistique selon les données étudiées [Motulsky, 1995].   57
Tableau 3- 4 : Types de risques d'erreur pour un test statistique [Carricano et *al.*, 2008 ; Legendre, 1991].   60
Tableau 3- 5 : Test de Kolmogorov-Smirnov à un échantillon.   65
Tableau 3- 6 : Description du modèle.   66
Tableau 3- 7 : Récapitulatif de traitement des observations, et paramètres de distribution estimée.   67
Tableau 3- 8 : Description du modèle.   68
Tableau 3- 9 : Récapitulatif de traitement des observations, et paramètres de distribution estimée.   69
Tableau 3- 10 : Facteurs de pondération selon le sexe.   72

Tableau 4- 1 : Récapitulatif du traitement des observations.   91

Tableau 5- 1 : Statistiques univariées.   98
Tableau 5- 2 : Statistiques.   99
Tableau 5- 3 : Tranche d'âge.   99
Tableau 5- 4 : Sexe.   99
Tableau 5- 5 : Statut pondéral.   99
Tableau 5- 6 : Maladie.   100
Tableau 5- 7 : Milieu.   100
Tableau 5- 8 : Statistiques.   102
Tableau 5- 9 : Statistiques descriptives.   104
Tableau 5- 10 : Statistiques descriptives.   106

Tableau 6- 1 : Statistiques sur échantillon unique.   111
Tableau 6- 2 : Test sur échantillon unique.   111
Tableau 6- 3 : Statistiques de groupe.   112
Tableau 6- 4 : Test d'échantillons indépendants.   113
Tableau 6- 5 : Statistiques pour échantillons appariés.   114
Tableau 6- 6 : Corrélation pour échantillons appariés.   115
Tableau 6- 7 : Test d'échantillons appariés.   115
Tableau 6- 8 : Descriptives.   120

Tableau 6- 9 : Test d'homogénéité des variances.	120
Tableau 6- 10 : ANOVA à 1 facteur.	121
Tableau 6- 11 : Tests d'égalité des moyennes.	121
Tableau 6- 12 : Comparaisons multiples.	122
Tableau 6- 13 : Test d'égalité des variances des erreurs de Levene[a].	125
Tableau 6- 14 : Facteurs inter-sujets.	125
Tableau 6- 15 : Tests des effets inter-sujets.	125
Tableau 6- 16 : Facteurs inter-sujets.	128
Tableau 6- 17 : Test d'égalité des matrices de covariance de Box[a].	129
Tableau 6- 18 : Tests multivariés[a].	129
Tableau 6- 19 : Test d'égalité des variances des erreurs de Levene[a].	130
Tableau 6- 20 : Test des effets inter-sujets.	130
Tableau 6- 21 : Facteurs intra-sujets.	133
Tableau 6- 22 : Facteurs inter-sujets.	133
Tableau 6- 23 : Test d'égalité des matrices de covariance de Box[a].	134
Tableau 6- 24 : Tests multivariés[a].	134
Tableau 6- 25 : Test de sphéricité de Mauchly[a].	135
Tableau 6- 26 : Tests des effets intra-sujets.	136
Tableau 6- 27 : Tests des contrastes intra-sujets.	137
Tableau 6- 28 : Test d'égalité des variances des erreurs de Levene[a].	137
Tableau 6- 29 : Tests des effets inter-sujets.	138
Tableau 6- 30 : Comparaison multiple.	138
Tableau 7- 1 : Récapitulatif du test d'hypothèse.	144
Tableau 7- 2 : Récapitulatif du test d'hypothèse.	146
Tableau 7- 3 : Récapitulatif du test d'hypothèse.	147
Tableau 7- 4 : Test d'hypothèse nulle sur l'identité des distributions de l'échantillon 1 et de l'échantillon 2.	148
Tableau 7- 5 : Maladie.	149
Tableau 7- 6 : Statut pondéral.	150
Tableau 7- 7 : Test.	150
Tableau 7- 8 : Récapitulatif du traitement des observations.	152
Tableau 7- 9 : Croisement Maladie*Sexe	152
Tableau 7- 10 : Tests du Chi-deux.	152
Tableau 7- 11 : Test binomial.	154
Tableau 7- 12 : Test de suite.	156
Tableau 7- 13 : Test de suite 2.	156
Tableau 7- 14 : Test de suite 3.	157
Tableau 7- 15 : Test de suite 4.	157
Tableau 7- 16 : Rang.	159
Tableau 7- 17 : Test.	159
Tableau 7- 18 : Rangs.	161
Tableau 7- 19 : Test[a].	161
Tableau 7- 20 : Rangs.	163
Tableau 7- 21 : Test[a,b].	163
Tableau 7- 22 : Rangs.	164
Tableau 7- 23 : Test[a].	164
Tableau 8- 1 : Récapitulatif du traitement des observations.	169
Tableau 8- 2 : Croisement Maladie*Sexe.	169
Tableau 8- 3 : Mesures symétriques.	169
Tableau 8- 4 : Corrélation.	171
Tableau 8- 5 : Corrélations.	172
Tableau 8- 6 : Modèles de régression simple et multiple [Philippe et Viano, 2013].	173

Tableau 8- 7 : Récapitulatif de traitement des observations. 178
Tableau 8- 8 : Récapitulatif du modèle. 178
Tableau 8- 9 : Coefficients. 179
Tableau 8- 10 : Variables introduites/supprimées[a]. 180
Tableau 8- 11 : Récapitulatif des modèles. 181
Tableau 8- 12 : ANOVA[a]. 181
Tableau 8- 13 : Coefficients[a]. 181
Tableau 8- 14 : Description du modèle. 182
Tableau 8- 15 : Récapitulatif de traitement des observations. 183
Tableau 8- 16 : Récapitulatif du traitement des variables. 183
Tableau 8- 17 : Récapitulatif du modèle et estimations des paramètres. 183
Tableau 8- 18 : Variables introduites/supprimées[a]. 186
Tableau 8- 19 : Récapitulatif des modèles. 186
Tableau 8- 20 : ANOVA[a]. 187
Tableau 8- 21 : Coefficients[a]. 188
Tableau 8- 22 : Variables exclues[a]. 188
Tableau 8- 23 : Diagnostique de colinéarité[a]. 189
Tableau 8- 24 : Récapitulatif de traitement des observations. 191
Tableau 8- 25 : Codage de variables dépendantes. 191
Tableau 8- 26 : Tableau de classement[a,b]. 192
Tableau 8- 27 : Variables dans l'équation. 192
Tableau 8- 28 : Variables hors de l'équation. 193
Tableau 8- 29 : Tests de spécification du modèle. 193
Tableau 8- 30 : Récapitulatif des modèles. 193
Tableau 8- 31 : Tableau de classement[a]. 194
Tableau 8- 32 : Variables dans l'équation. 196
Tableau 8- 33 : Récapitulatif du traitement des observations. 198
Tableau 8- 34 : Informations sur l'ajustement du modèle. 199
Tableau 8- 35 : Pseudo R-deux. 199
Tableau 8- 36 : Tests des ratios de vraisemblance. 200
Tableau 8- 37 : Estimations des paramètres. 201
Tableau 8- 38 : Informations sur le modèle. 204
Tableau 8- 39 : Récapitulatif du traitement des observations. 204
Tableau 8- 40 : Informations sur les variables catégorielles. 205
Tableau 8- 41 : Informations sur les variables continues. 205
Tableau 8- 42 : Qualité d'ajustement[a]. 205
Tableau 8- 43 : Test composite[a]. 206
Tableau 8- 44 : Tests des effets de modèle. 206
Tableau 8- 45 : Estimations de paramètre. 207

Tableau 9- 1 : Matrice de corrélation. 216
Tableau 9- 2 : Indice KMO et test de Bartlett. 217
Tableau 9- 3 : Qualité de représentation. 217
Tableau 9- 4 : Variance totale expliquée. 218
Tableau 9- 5 : Matrice des composantes. 219
Tableau 9- 6 : Tableau des correspondances. 221
Tableau 9- 7 : Récapitulatif. 222
Tableau 9- 8 : Caractéristiques des points lignes[a]. 222
Tableau 9- 9 : Caractéristiques des points colonnes[a]. 223
Tableau 9- 10 : Tableau des correspondances permuté selon la dimension 1. 223
Tableau 9- 11 : Données d'une population à p variables et n individus [Jalby, 2009-2010]. 224

Liste des figures

Figure 1- 1 : Formulaire du masque de saisie.   15
Figure 1- 2 : Boîtes de dialogue apparues après l'exécution du SPSS.   16
Figure 1- 3 : Editeur de données du SPSS : Affichage de données / variables.   17
Figure 1- 4 : Affichage des variables avant modification des propriétés.   18
Figure 1- 5 : Affichage des variables après modification des propriétés.   19

Figure 2- 1 : Création d'un fichier de données.   25
Figure 2- 2 : Création d'un fichier de syntaxe.   26
Figure 2- 3 : Calcul d'une nouvelle variable et collage sur l'Editeur de syntaxe.   26
Figure 2- 4 : Fichier de syntaxe.   27
Figure 2- 5 : Création d'un fichier de résultats.   27
Figure 2- 6 : Ouverture d'un fichier de type SPSS.   28
Figure 2- 7 : Données collectées ouvertes avec l'Editeur de données.   28
Figure 2- 8 : Ouverture d'un fichier Excel avec SPSS.   29
Figure 2- 9 : Lecture des noms de variables et affichage des données sur l'Editeur de données.   29
Figure 2- 10 : Ouverture d'un fichier de type texte.   30
Figure 2- 11 : Assistant d'importation de texte, étapes 3 et 4.   30
Figure 2- 12 : Assistant d'importation de texte, étapes 5 et 6.   31
Figure 2- 13 : Editeur de données, cas d'affichage de données / variables.   31
Figure 2- 14 : Exportation des résultats.   32
Figure 2- 15 : Insertion d'une variable, cas d'affichage de données.   33
Figure 2- 16 : Insertion d'une variable, cas d'affichage de variables.   33
Figure 2- 17 : Insertion d'une observation, cas d'affichage de données.   34
Figure 2- 18 : Triage par ordre croissant de la variable "Code ou ID".   34
Figure 2- 19 : Choix d'une base de données à fusionner.   35
Figure 2- 20 : Affichage des variables avant fusion.   35
Figure 2- 21 : Copiage de l'ensemble de données 1.   36
Figure 2- 22 : Séparation des résultats par une variable qualitative.   37
Figure 2- 23 : Sélection des observations.   38
Figure 2- 24 : Saisie d'une condition logique de la sélection des observations.   38
Figure 2- 25 : Sélection des observations par échantillonnage aléatoire.   39
Figure 2- 26 : Calcul d'une variable.   40
Figure 2- 27 : Mise de la variable IMC sur l'Editeur de données, cas d'affichage de variables.   40
Figure 2- 28 : Recodage des modalités de la variable "Sexe".   41
Figure 2- 29 : Définition des anciennes et nouvelles valeurs.   41
Figure 2- 30 : Affichage des nouvelles valeurs de modalités de la variable "Sexe".   41
Figure 2- 31 : Création d'une nouvelle variable pour la variable "Age".   42
Figure 2- 32 : Définition des codes pour la nouvelle variable.   42
Figure 2- 33 : Remplacement des valeurs manquantes.   43
Figure 2- 34 : Choix de la variable et la méthode de remplacement.   44
Figure 2- 35 : Affichage de la nouvelle variable du remplacement sur l'Editeur de données.   44
Figure 2- 36 : Affichage des informations sur le fichier de travail.   45

Figure 3-1 :	Quatre parties de la population.	51
Figure 3-2 :	Détermination des paramètres de forme.	51
Figure 3-3 :	Diagramme Stem-and-Leaf de la variable "Age".	53
Figure 3-4 :	Boîte à moustache de la variable "Age".	53
Figure 3-5 :	Test bilatéral [Legendre, 1991].	59
Figure 3-6 :	Test unilatéral à droite [Legendre, 1991].	59
Figure 3-7 :	Test unilatéral à gauche [Legendre, 1991].	59
Figure 3-8 :	Tests paramétriques et non paramétriques [Malhotra et *al.*, 2007].	62
Figure 3-9 :	Représentation d'une distribution normale. *(Mo, moyenne ; Me, médiane)*	63
Figure 3-10 :	Test de la normalité de distribution.	65
Figure 3-11 :	Analyse du diagramme P-P.	66
Figure 3-12 :	Représentations du diagramme P-P.	67
Figure 3-13 :	Analyse du diagramme Q-Q.	68
Figure 3-14 :	Représentations du diagramme Q-Q.	69
Figure 3-15 :	Transformations selon le type de distribution des données [Tabachnik and Fidell, 1996].	70
Figure 3-16 :	Log-transformation de la variable "Age".	71
Figure 3-17 :	Affichage de la variable transformée sur l'Editeur de données.	71
Figure 3-18 :	Calcul du facteur de pondération pour les garçons.	73
Figure 3-19 :	Calcul du facteur de pondération pour les filles.	73
Figure 3-20 :	Proposition de modification de la variable existante.	74
Figure 3-21 :	Pondération de l'échantillon.	74
Figure 4-1 :	Analyse d'imputation multiple.	77
Figure 4-2 :	Récapitulatif global des valeurs manquantes.	77
Figure 4-3 :	Modèles des valeurs manquantes.	78
Figure 4-4 :	Somme de pourcentage en fonction du modèle de valeur manquante.	78
Figure 4-5 :	Analyse du diagramme de Pareto.	79
Figure 4-6 :	Définition des paramètres du diagramme de Pareto.	79
Figure 4-7 :	Diagramme de Pareto.	80
Figure 4-8 :	Génération de diagramme sur SPSS.	80
Figure 4-9 :	Galerie des représentations graphiques.	81
Figure 4-10 :	Représentation du poids en fonction du statut pondéral et selon le sexe.	82
Figure 4-11 :	Affichage des cellules des "Groupes/ID de point".	82
Figure 4-12 :	Définition des variables d'empilement et de panel.	83
Figure 4-13 :	Représentation graphique du poids en fonction de quatre variables qualitatives.	84
Figure 4-14 :	Exécution du sélecteur de modèles de représentations graphiques.	84
Figure 4-15 :	Modèles de représentations graphiques pour une variable quantitative unique.	85
Figure 4-16 :	Représentation graphique pour la variable "Age".	85
Figure 4-17 :	Modèles de représentations graphiques pour deux variables quantitatives.	86
Figure 4-18 :	Représentation d'un diagramme en bâtons à trois dimensions.	87
Figure 4-19 :	Définition des variables pour les deux axes.	87
Figure 4-20 :	Représentation graphique à trois dimensions.	87
Figure 4-21 :	Représentation d'un diagramme en secteurs.	88
Figure 4-22 :	Définition des variables de la représentation en secteurs.	88
Figure 4-23 :	Diagramme en secteurs.	89
Figure 4-24 :	Choix du type des boîtes à moustaches.	90
Figure 4-25 :	Définition des variables.	90
Figure 4-26 :	Représentation des boîtes à moustaches.	91
Figure 4-27 :	Choix du type de diagramme en dispersion/points.	92
Figure 4-28 :	Définition des variables.	92
Figure 4-29 :	Représentation du diagramme de dispersion.	93
Figure 4-30 :	Affichage des courbes d'ajustement.	93

Figure 5- 1 : Analyse des valeurs manquantes.	97
Figure 5- 2 : Analyse des variables qualitatives.	98
Figure 5- 3 : Analyse des variables quantitatives à distribution anormale.	101
Figure 5- 4 : Choix des paramètres à analyser.	102
Figure 5- 5 : Analyse des variables quantitatives à distribution normale.	104
Figure 5- 6 : Définition de la variable de comparaison des groupes.	105
Figure 5- 7 : Répétition de l'analyse des variables quantitatives à distribution normale.	105
Figure 5- 8 : Désactivation de séparation ou comparaison des groupes.	106
Figure 6- 1 : Tests paramétriques [Malhotra et *al.*, 2007].	109
Figure 6- 2 : Test t pour échantillon unique.	110
Figure 6- 3 : Test t pour échantillons indépendants.	112
Figure 6- 4 : Définition des groupes.	112
Figure 6- 5 : Test t pour échantillons dépendants.	114
Figure 6- 6 : Analyse de variances à un facteur.	119
Figure 6- 7 : Définition des choix d'analyse.	119
Figure 6- 8 : Analyse de variances univariée.	124
Figure 6- 9 : Définition de paramètres d'analyse.	124
Figure 6- 10 : Analyse de variances multivariée.	127
Figure 6- 11 : Définition de paramètres d'analyse.	128
Figure 6- 12 : Analyse de variances à mesures répétées.	131
Figure 6- 13 : Définition des facteurs intra- et inter-sujets.	132
Figure 6- 14 : Définition des paramètres d'analyse.	133
Figure 7- 1 : Tests non paramétriques [Malhotra et *al.*, 2007].	141
Figure 7- 2 : Tests non paramétriques pour échantillon unique.	143
Figure 7- 3 : Tests non paramétriques pour échantillons indépendants.	145
Figure 7- 4 : Tests non paramétriques pour échantillons appariés.	146
Figure 7- 5 : Comparaison des proportions d'intra-modalités.	149
Figure 7- 6 : Création de tableaux croisés.	151
Figure 7- 7 : Choix des paramètres d'analyse.	151
Figure 7- 8 : Comparaison des intra-modalités par le test Binomial.	154
Figure 7- 9 : Comparaison des variables à une ou plusieurs valeurs de césure.	155
Figure 7- 10 : Comparaison de médianes pour deux échantillons indépendants.	158
Figure 7- 11 : Comparaison de deux médianes dans le cas d'échantillons dépendants.	160
Figure 7- 12 : Comparaison de médianes dans le cas d'échantillons indépendants.	162
Figure 7- 13 : Définition des modalités pour la variable du critère.	162
Figure 7- 14 : Comparaison de médianes dans le cas de plusieurs échantillons dépendants.	164
Figure 8- 1 : Création de tableaux croisés pour mesurer l'association.	168
Figure 8- 2 : Analyse de corrélation par le coefficient de Pearson.	170
Figure 8- 3 : Analyse de corrélation partielle.	171
Figure 8- 4 : Analyses de régression automatique.	177
Figure 8- 5 : Précision du modèle.	178
Figure 8- 6 : Analyse de régression linéaire simple.	180
Figure 8- 7 : Analyse d'ajustement des fonctions.	182
Figure 8- 8 : Association entre la masse grasse corporelle et le poids.	184
Figure 8- 9 : Analyse de régression multiple.	185
Figure 8- 10 : Choix des options de la régression linéaire.	185
Figure 8- 11 : Analyse de régression logistique binaire.	190
Figure 8- 12 : Définition des paramètres.	191
Figure 8- 13 : Analyse de régression multinomiale.	197
Figure 8- 14 : Définition de la modalité de référence.	198

Figure 8- 15 : Analyse par modèles linéaires généralisés. 202
Figure 8- 16 : Définition de la variable dépendante ou réponse. 203
Figure 8- 17 : Définition des variables facteurs et covariables. 203
Figure 8- 18 : Ajustement du modèle par introduction de variables. 204

Figure 9- 1 : Analyse en composantes principales. 215
Figure 9- 2 : Définition des caractéristiques et d'extraction. 215
Figure 9- 3 : Définition de rotation et des options. 216
Figure 9- 4 : Graphique de valeurs propres et des composantes. 218
Figure 9- 5 : Diagramme de composantes. 219
Figure 9- 6 : Définition des variables de ligne et colonne. 220
Figure 9- 7 : Définition des modalités des variables. 220
Figure 9- 8 : Définition des paramètres. 221
Figure 9- 9 : Représentation graphique de toutes les modalités des variables étudiées [Jalby, 2009-2010]. 224

Index

ACP, 211, 225
AFCM, 223, 224, 225
Affichage de variables, 16, 32, 33, 40
Ajustement, 64, 93, 171, 173, 176, 181
Analyse statistique, 11, 21, 26, 27, 37, 38
Analyses de variances, 115
Analyses descriptives, 11, 119
Analyses statistiques, 15, 21, 25, 27, 32, 37
ANOVA, 56, 57, 113, 115, 116, 118
Caractères, 20
Coefficient de contingence, 167
Commandes, 25, 26, 27
Convertir, 22
Corrélation, 11, 56, 58, 114, 165, 167
Correspondance, 11, 60, 209, 219
Description graphique, 11, 75

Editeur de données, 16, 17, 18, 19, 20, 25
Etudes, 15, 16, 19, 21, 43, 142
Etudiant, 227

Facteur de pondération, 72, 73, 74
Factorielle, 11, 209, 211, 214, 215, 216
Factorisation, 211, 217
Fichier, 16, 28
Filtration, 13, 19, 21, 22
Fusion, 19, 20, 34, 35, 36

Gaussiennes, 11
Graphiques, 11, 54, 67, 69, 80, 81

Imputation multiple, 11, 19, 75, 77

Logistique, 57, 58, 176, 189, 190, 192
Loi de probabilité continue, 109, 115

Maximum de vraisemblance, 176, 189, 196
Mesures d'association, 11
Méthode des moindres carrés, 176
Méthodes d'estimation, 176
Microsoft Office Excel, 15
Modalités, 18, 19, 20, 21, 40, 41
Modélisation linéaire, 176, 177
Multiple, 11, 176

Nomenclature, 17, 19, 20, 30
Non paramétriques, 61, 62, 141
Notions, 11, 47
Nullité, 173
Numérique, 11, 72, 95, 111, 158, 162

Opérateurs, 20
Ouvrir, 22, 28, 34

Papiers scientifiques, 227
Paramétriques, 11, 61, 62, 64, 70, 71
Phi, 167, 168

Régression, 11, 54, 56, 57, 58, 165

Saisie, 15, 16, 17, 19, 20, 21
Saisie, 11, 13, 15, 16, 19, 38
Séquences, 155
Simple, 22, 176
Sous-commandes, 25, 27
SPSS, 11, 15, 16, 17, 19, 20
Statistique appliquée, 37
Syntaxe, 25, 26, 27

Test binomial, 153, 154
Test de Friedman, 56, 163, 164
Test de Kruskal-Wallis H, 161

Test de Mann-Whitney, 56, 141, 157, 158
Test de Wilcoxon, 55, 56, 111, 159, 160, 161
Test du Chi-deux, 148, 149, 193
Test t, 55, 56, 109, 111, 113, 115
Tests, 54, 55, 58, 61, 62, 63

Type, 17, 18, 20, 49, 54, 57

V de Cramer, 167, 168
Valeurs manquantes, 11, 17, 19, 43, 44, 67
Variables quantitatives, 11, 51, 64, 77, 86, 89

www.ingramcontent.com/pod-product-compliance
Lightning Source LLC
Chambersburg PA
CBHW041121300426
44113CB00002B/24